"品读南京"丛书

丛书主编

徐 宁

南京历代名著

徐宁 编

南京出版传媒集团

南京出版社

图书在版编目（CIP）数据

南京历代名著 / 徐宁编.—南京：
南京出版社，2016.4
ISBN 978-7-5533-1148-7

Ⅰ.①南…　Ⅱ.①徐…　Ⅲ.①人文科学—名著—介绍
—中国　Ⅳ.① Z835

中国版本图书馆 CIP 数据核字（2015）第 283760 号

丛 书 名：品读南京
书　　名：南京历代名著
丛书主编：徐　宁
本书作者：徐　宁
出版发行：南京出版传媒集团
　　　　　南 京 出 版 社
　　社址：南京市太平门街53号　　　　邮编：210016
　　网址：http://www.njcbs.cn　　　　电子信箱：njcbs1988@163.com
　　淘宝网店：http://njpress.taobao.com　　天猫网店：http://njcbcmjtts.tmall.com
　　联系电话：025-83283893、83283864（营销）　025-83112257（编务）

出 版 人：朱同芳
出 品 人：卢海鸣
责任编辑：卢海鸣　张　龙
装帧设计：潘焰荣
责任印制：杨福彬

排　　版：南京新华丰制版有限公司
印　　刷：南京工大印务有限公司
开　　本：787毫米×1092毫米　1/16
印　　张：13.75
字　　数：190千
版　　次：2016年4月第1版
印　　次：2018年9月第2次印刷
书　　号：ISBN 978-7-5533-1148-7
定　　价：43.00元

天猫1店　　　天猫2店

编 委 会

总 序

徐 宁

　　南京，举世闻名的"六朝古都""十朝都会"，作为首批中国历史文化名城，其本身就是一部书，一部博大精深的书，一部诗意隽永的书，一部文脉悠长的书，一部值得细细品读的书。

　　南京的历史，可以追溯到遥远的史前时代。汤山猿人的头骨化石，证明了早在 60 万年前，南京便已有人类活动。大约在 1 万余年前，文明的火种播撒到这里，新石器时代的人类在溧水"神仙洞"留下的陶器碎片，成为他们曾经生活在南京的证据。距今大约五六千年前，在中华文明方兴未艾之际，在南京城内的北阴阳营，出现了古老的村落，先民们开始了耕耘劳作的历史。回溯人类古老文明兴衰的历史，我们会发现，无论是埃及、巴比伦、印度，还是中国，文明的光辉都如出一辙地兴起于大江大河之滨。南京襟江带河，气候温润，土壤肥沃，得天独厚的地理环境自然而然受到先民们的垂青。早先的人类，或许没有想到南京之后的辉煌与壮美，他们只是凭着生存与繁衍的本能，选择了这一方水土。

虎踞龙盘形胜地

　　南京的山水形胜，用"虎踞龙盘"来形容最为传神。

　　南京占据了长江下游的特殊地理位置，东有钟山，西有石头山（今清凉山、国防园和石头城一带），北有覆舟山（今小九华山）和鸡笼山，南有秦淮河。从自然地理的角度来看，南京山水齐具，气象雄伟，符合古代堪舆"四象"的格局，是"帝王龙脉"之所在，诸葛亮所言"钟山龙盘，石头虎踞，此乃帝王之宅也"实非虚谈。从军事的角度来看，南京三面环山，一面临水，地势险要，易守难攻，尤其是南京城西北奔流而过的浩瀚长江，江面宽阔，水流湍急，在冷兵器时代无疑是一道难以逾越的"天堑"。从经济的角度来看，南京东连丰饶的长江三角洲，西靠皖南丘陵，南接太湖水网，北邻辽阔的江淮平原。交通便利，既有秦淮河舟楫之利，又有"黄金水道"长江沟通内外。同时，南京地处富庶的江浙与广袤的中原之间，利于互通有无，促进不同地域文化的交流。

民主革命的先行者孙中山先生在《建国方略》中赞美南京："其位置乃在一美善之地区。其地有高山，有深水，有平原，此三种天工，钟毓一处，在世界中之大都市诚难觅如此佳境也。"

金陵十朝帝王州

正是这些优越的先天条件，让南京在中华文明史上显得如此与众不同——历史上曾有孙吴、东晋、宋、齐、梁、陈、南唐、明、太平天国以及中华民国十个王朝（政权）在此建都，人称"十朝都会"。

早在周元王四年（公元前472年），越王勾践命令谋士范蠡在中华门外长干里筑城，史称"越城"，标志着南京建城史的滥觞。公元前333年，楚威王熊商击败越王，尽取越国故土，并在石头山筑城，取名金陵邑，这是南京主城区设立行政建置的开端。公元229年吴大帝孙权正式定都建业（东晋南朝称建康，今南京），开启了南京建都的历史。此后，东晋、宋、齐、梁、陈相继定都于此，南京由此得名"六朝古都"。

五代十国时期，杨吴权臣徐知诰（即南唐先主李昇）于公元937年以金陵为国都，改国号为唐，史称南唐。1368年，明太祖朱元璋在应天称帝，以应天为首都，改称"南京"，这不仅是南京之名的开始，也是南京第一次成为统一的全国性的首都。1853年，洪秀全领导的起义军势如破竹，席卷半个中国，而他所建立的太平天国政权也定都于此，取名天京。1912年，封建帝制被民主共和的浪潮所终结，中华民国成立，而作为这个新时代的象征，孙中山先生便是在南京就任中华民国临时大总统，死后则葬于中山陵。此后，到了1927年，国民政府以南京为首都。1949年，中国人民解放军百万雄师过大江，解放南京，历史翻开了新的一页。

在中华文明发展的历史长河中，南京阅尽人间沧桑。仅从南京名称的变化，便可见一斑。古人曾赋予南京冶城、越城、金陵、秣陵、扬州、丹阳（杨）、建业、江宁、建邺、建康、白下、蒋州、昇州、上元、归化、集庆、应天、天京，以及石头城（石城）、秦淮、白门、留都、行都、陪都、南都、龙盘虎踞、江南第一州等名号。

纵观中国历史，定都南京的王朝（政权）屡屡在汉民族抵御外族入侵的紧急关头挺身而出，承担起"救亡图存"的责任与使命，成为中华文化的保护者、传承者、复兴者和创造者。在历史的关键时刻，如果没有南京这座城市作出牺牲、担当和贡献，中华文明的进程不仅难以延续，中华民族的历史也要重新书写。与同为我国"四大古都"的北京、西安、洛阳相比，南京在中华文化史上占有特殊的历史地位，富有独特的文化魅力。

江山代有才人出

在中国的古都中，南京堪称是英才辈出之地。一代代帝王将相，一代代文人骚客，一代代才子佳人，一代代高僧大德、一代代富商巨贾纷至沓来，或建都，或创业，或致仕，或定居……他们被南京的钟灵毓秀所滋养，又反过来为南京和中国民族谱写出一曲曲辉煌壮丽的篇章。

孙权、朱元璋、孙中山这样的开国伟人自不必说，他们的文韬武略，丰功伟绩，彪炳千秋；一代名将谢玄、岳飞、韩世忠、徐达、邓廷桢、徐绍桢，气吞山河，力挽狂澜，战功赫赫；一代名臣范蠡、诸葛亮、王导、谢安、刘基、曾国藩，励精图治，运筹帷幄，富国强兵，他们共同为南京乃至中华民族的和平发展与辉煌荣光奠定基石。历朝历代，南京这块沃土人文荟萃，群星璀璨，既有谢灵运、谢朓、鲍照、李白、刘禹锡、杜牧、李煜、周邦彦、李清照、辛弃疾、萨都剌、高启、纳兰性德这样的大诗人大词家，又有范晔、沈约、萧子显、裴松之、许嵩、周应合、张铉、解缙这样的史学家和方志学家；既有支谦、康僧会、葛洪、法显、僧祐、陶弘景、达摩、法融、文益、可政、宝志、太虚、达浦生、丁光训这样的宗教人物，又有萧统、刘勰、颜之推、李煜、焦竑、李渔、汤显祖、孔尚任、吴敬梓、曹雪芹、袁枚这样的文坛泰斗；既有皇象、王羲之、王献之、颜真卿这样的书法巨擘，又有顾恺之、陆探微、张僧繇、萧绎、顾闳中、王齐翰、董源、卫贤、巨然、髡残、龚贤、郑板桥、徐悲鸿、傅抱石这样的绘画名家。科学技术领域亦是人才济济。南朝时期祖冲之，在世界上第一次将圆周率值推算到小数点后第7位，比欧洲早了1000多年；明朝初年郑和从南京出发，七下西洋，乘风破浪，直抵非洲，成就世界航海史上的佳话，比哥伦布发现新大陆还要早87年，南京由此成为中国海上丝绸之路的重要城市。

诗词歌赋甲天下

古往今来，南京独特的山川形胜和丰厚的历史底蕴，给世人提供了不竭的创作灵感和源泉。在南京诞生或以南京为主题的诗词歌赋比比皆是。创作者不仅有才子佳人，更有帝王将相和外来使节。诗词歌赋的门类众多，既有乐府诗、游仙诗、边塞诗，也有山水诗、宫体诗、怀古诗以及各类辞赋，其中流传下来的大多是经典之作，南京因此有"诗国"之称。

南朝诗人谢朓《入朝曲》中的一句"江南佳丽地，金陵帝王州"，传唱千年，将南京定格为一座美丽的帝王之都。南宋女词人李清照《临江仙》中的"春归秣陵树，人老建康城"，表达出的则是对南京的无限眷恋。明朝开国皇帝朱元璋《燕子矶》中"燕子矶兮一秤砣，长虹作竿又如何？天边弯月是挂钩，称我江山有几多"，展现出了一位草莽皇帝唯我独尊的豪情。清朝画家郑板桥《念奴娇·金陵怀古·长干里》中"淮水秋清，钟山暮紫，老马耕闲地。一丘一壑，吾将终老于此"，则表达了对南京山川的无限热爱和归隐南京的愿望。毛泽东主席《七律·人民解放军占领南京》"钟山风雨起苍黄，百万雄师过大江。虎踞龙盘今胜昔，天翻地覆慨而慷"，彰显的是革命领袖豪迈的英雄气概。而明朝朝鲜使臣郑梦周笔下的"皇都穆穆四门开，远客观光慰壮怀。日暖紫云低魏阙，春深翠柳夹官街"，流露出的则是远道而来的客人对明代首都南京的由衷赞美。

南京更是一座常令世人抚今追昔、抒发胸中块垒的城市，历代以南京为题材的怀古诗佳作迭出。从唐朝诗人李白《登金陵凤凰台》中的"吴宫花草埋幽径，晋代衣冠成古丘"，刘禹锡《西塞山怀古》中的"王濬楼船下益州，金陵王气黯然收。千寻铁锁沉江底，一片降幡出石头"，到南唐后主李煜"四十年来家国，三千里地山河"；从宋朝宰相王安石《桂枝香·金陵怀古》中的"念往昔，繁华竞逐。叹门外楼头，悲恨相续。千古凭高对此，漫嗟荣辱。六朝旧事随流水，但寒烟衰草凝绿。至今商女，时时犹唱，《后庭》遗曲"，到元朝词人萨都剌《满江红·金陵怀古》中的"六代繁华，春去也，更无消息。空怅望、山川形胜，已非畴昔"，再到清代官员纳兰性德《梦江南》"江南好，建业旧长安。紫盖忽临双鹢渡，翠华争拥六龙看，雄丽却高寒"。这些诗词歌赋意境高远，讲述的都是盛衰兴亡。南京的诗词歌赋宛如一条淙淙溪流，千百年来，流淌不息。南京在为世人提供创作舞台的同时也成就了自己"诗国"的美名。

传世名著贯古今

南京这座古老的城市，给中国乃至整个世界，留下了一批又一批不朽的文化遗产。

文学方面，既有《世说新语》《昭明文选》《桃花扇》《儒林外史》《红楼梦》之类的巅峰之作，又有《文心雕龙》《诗品》之类的经典文艺理论和批评著作。史学方面，既有记录国家历史全景的《后汉书》《宋书》《南齐书》《元史》，又有专注于南京地方历史全貌的《建康实录》《景定建康志》《洪武京城图志》《首都志》《金陵古今图考》。书画方面，既有《古画品录》《续画品》之类的理论著作，又有《芥子园画谱》《十竹斋书画谱》之类的入门教材。宗教方面，既有不朽的佛教和道教典籍《抱朴子》《佛国记》《弘明集》《永乐南藏》《金陵梵刹志》，又有重要的伊斯兰教文献《天方典礼》《天方性理》《天方至圣实录》。科技医药等领域，既有《本草经集注》《本草纲目》之类的医药学名著，又有《首都计划》《科学的南京》之类的科技规划作品。

南京的传世名著文脉悠长，绵延不断。一部部南京传世名著，宛如一座座高峰，矗立在中国文化的高原上，让海内外世人叹为观止。

城市是文化的载体，文化是城市的灵魂。著名文物保护专家朱偰先生在《金陵古迹图考》中写道："文学之昌盛，人物之俊彦，山川之灵秀，气象之宏伟，以及与民族患难相共、休戚相关之密切，尤以金陵为最。"南京在中国历史上创造了一个又一个辉煌和奇迹，南京外在的秀美与内在的深邃交织在一起所形成的独特城市气质，催生了南京人开明开放的气度和博爱博雅的蕴含，以及对这座城市深深的眷念和热爱。

文化是一个民族的精神血脉，是人民的精神家园。优秀传统文化是一个民族的根与魂。为了进一步培育和践行社会主义核心价值观，推进"书香南京"建设，我们决定编写这套"品读南京"丛书。丛书以分篇叙述的形式，向读者系统介绍1949年以前（个别内容延续到1949年之后）具有鲜明南京地方特色、又有国际影响力的南京历史文化"名片"。丛书以全新的视角和构架，运用最新的研究成果，点、线、面结合，全方位、多角度重现南京的历史文脉，展现南京在各个领域的创造和成就，将一个自然秀美、历史悠久、文化灿烂、人文荟萃的南京呈现给世界。

（作者系中共南京市委原常委、宣传部长）

目　录

南京历代佳作（26部）

前　言

南京是中国著名的历史文化名城之一。几千年来，奔腾不息的长江不仅孕育了长江文明，也催生了南京这座江南城市。南京别具一格的山川形胜让诸葛亮发出"钟山龙盘，石头虎踞，此乃帝王之宅也"的惊叹，自此便开启了南京"十朝都会"的傲然传说。

溯望南京城市发展史，我们明了，朝代更迭、政权变换只不过是整个历史长卷中的标点，在不同时期点顿过地理版图的扩张，休止过不合时宜的政治乐章。但是，却从来没有阻断过镌刻在南京城市肌体上的中华文明的发展。也正因如此，南京的文化虽历尽沧桑，却历久弥新。

千百年来，无数骚人墨客在南京抒怀吟唱，激扬文字，并创作出数以万计与南京有关的不朽名著，留下了属于这座城市的文学瑰宝，也赋予她无愧于中华文化，并跻身于世界历史文化名城之林的独特神韵。魏晋时期刘义庆所著的《世说新语》，让无数文人至今仍仰慕昔日魏晋名士的潇洒风流；《文心雕龙》提出的"句有可削，足见其疏；字不得减，乃知其密"，令后来者管窥刘勰创作思维的博大精深。唐宋时期，无论《建康实录》还是《景定建康志》，都为续接南京的历史文化做出了不可磨灭的贡献。明清以来，南京传世名著的创作更是迎来了继六朝时期以来的第二个高峰。创作于明代，被英国《不列颠百科全书》称为"世界有史以来最大的百科全书"的《永乐大典》，像一艘庞大而华丽的"宝船"，把中国 14 世纪以前的文化统统装入其中，带给人们太多的惊奇和赞叹，它的亡佚也带来了同样强烈的悲伤和遗憾。中国文学史上的巅峰之作，生活原型来自于南京的《红楼梦》，更是成为不朽的艺术典型，在中国文学史和世界文学史上永远放射着奇光异彩。

悠悠金陵，几千年文脉绵相传；寥寥文字，数万部经典难尽陈。千百年来，人们可能并没有深刻地认识到这些文化瑰宝与南京城市发展之间的必然联系，但事实上，这些传世名著一直以其独特的方式，潜移默化地影响着南京城市文化性格的形成和发展。时至今日，面对这些曾经被奉为经典，而光芒未能尽放的传世名著，我们该做些什么？

2014 年，习总书记在江苏考察时提出了"文化建设再上新台阶"的要求，并在讲话中提到《世说新语》《文心雕龙》《红楼梦》等多部与南京有关的传世名著，这给我们的问题提供了答案。因此，为了全方位、多层次、广角度地弘扬中华传统文化的魅力，将传统经典中蕴含的历史、科技、文化价值尽情释放，2015 年 4—12 月，南京市全民阅读活动领导小组办公室组织实施了"南京传世名著"评选等系列活动，经过专家初选，先从近万部作品中初选出 50 部候选名著；接着，由名家推荐、大众点赞；2015 年 11 月 11 日，最终由专家评审，从初选出的 50 部作品中评选出 24 本"南京传世名著"。

每一部巨作在历史长河中虽饱历风霜，但最终都发扬光大并泽被后世。其中，有的著作以南京为创作背景，从不同角度、跨不同时期，向后人展示了南京悠久的城市发展史、璀璨的文学艺术以及发达的科教资源等内容；有些著作看似与南京并无交集，但经过考证有明显的"南京元素"，有确凿证据证明它们或背景与南京有关，或在南京创作，或首次在南京出版。让我们跟随作者平实的笔触，去探寻古圣先贤曾经在南京留下的点滴印迹，去追忆那些定格南京人物风貌的历史片段，去体验深刻在中国优秀传统文化肌体中的"南京基因"吧！

南京传世名著

（24部）

《抱朴子》

葛洪

《抱朴子》（内篇、外篇）是东晋时期著名的道教学者、炼丹家和医药学家葛洪的代表作。其书于西晋光熙元年（306年）羁留广州时开始撰写，至东晋建武元年（317年）在建康（今南京）任丞相掾时完稿，此后，内容又略有增补。其中《抱朴子外篇》50卷，每卷一篇一名。该书属葛洪"聘辞章"之作，行文以韵语和骈言为多，数典引征之内容俯拾皆是，多以批评和针砭时弊为主，"言人间得失，世事臧否"，大致可以归为子学之儒家类典籍。《抱朴子内篇》20卷，也每卷各一篇，皆有篇名。该书汇集了先秦时期特别是魏晋以来道教神仙方术之大成的学说，"言神仙药，鬼怪变化，养生延年，禳邪却祸之事"，并充满着神仙家言，是一部系统传播道教神学思想的著作。书中有关炼丹术（化学实验）和药物学的理论也是备受世人关注的古代科学典籍。

葛洪（283—363年），字稚川，自号抱朴子。丹阳句容（今江苏句容）人。出身江南士族。13岁丧父，家道逐渐中落，然其好学，"躬自伐薪以贸纸笔，夜辄写书诵习，遂以儒学知名。性寡欲，无所爱玩，不知棋局几道，摴蒲齿名。为人木讷，不好荣利，闭门却扫，未尝交游"（《晋书·葛洪传》）。16岁起，博览经史百家。后从道士郑隐学炼丹术和神仙导养之法。西晋太安元年（302年），郑隐为避战乱，乃率众弟子东投霍山，唯葛洪独留故里。次年，张昌、石冰率民揭竿而起，并攻打扬州。葛洪以将兵都尉身份参加镇压有功，迁为伏波将军。平乱结束后，葛洪辞职前往洛阳，"搜求异书以广其学"。此时，适逢以汝南王司马亮、楚王司马玮、赵王司马伦、齐王司马囧、长沙王司马乂、成都王司马颖、河间王司马颙、东海王司马越为首的"八王之乱"，葛洪为避北方战乱，只能在徐、豫、荆、襄、江、广数州之间奔波周旋，最终在广州滞留数年。此时他开始有了绝意仕途、潜心修道的意愿。西晋王朝颠覆之际，他回到故里。东晋开国后，王室念其旧功，赐爵关内侯，食句容二百邑。咸和（327—334年）初年，司徒王导召补州主簿，转司徒掾，迁咨议参军。干宝与葛洪深相亲友，推荐他为散骑常侍，领大著作，为葛洪谢绝。咸和六年（333年），葛洪听说交趾郡产丹砂，便请求到交趾郡所辖勾漏县当县令，率子侄同行。南行广州后，为刺史邓岳所留，故隐于罗浮山炼丹。在罗浮山滞留多年，优游闲养，著述不辍。葛洪"博闻深洽，江左绝伦，著述篇章，富于班、马，又精辩玄赜，析理入微"（《晋书·葛洪传》）。卒于东晋兴宁元年（363年），享年81岁。

东汉末至两晋二百余年间，是中国历史上最混乱、政治上最黑暗的时代。当时除南北政权对峙外，晋皇室司马氏集团内部互相倾轧，骨肉相残，军阀割据，农民暴动，民不聊生，生灵涂炭，饿殍遍野，整个社会处在前所未有的痛苦和灾难当中。特别是"八王之乱"后，晋王室混战不辍。时为齐王司马冏部下的大司马户曹掾孙惠概括说："自永熙以来，十有一载，人不见德，惟戮是闻。公族构篡夺之祸，骨肉遭枭夷之刑，群王被囚槛之困，妃主有离绝之哀。历观前代，国家之祸，至亲之乱，未有今日之甚者也。"（《晋书·司马冏传》）葛洪就生活在这样一个国家政局动荡，社会经济萧条，人民苦难无边的时代环境里。葛洪出身官宦名门世家，早年受儒家思想影响，关心社会时事，曾有过为国家建功立业或以著述为"文儒"的念头，但冷酷的社会现实使他幡然醒悟，深感"荣位势利，譬如寄客，既非常物，又其去不可得留也。隆隆者绝，赫赫者灭，有若春华，须臾凋落。得之不喜，失之安悲"（《抱朴子外篇·自叙》），最终导致他由一位心系国事的儒家学者转变为一位道教大家。

从初著《抱朴子外篇》到再撰《抱朴子内篇》，12年的历程，就是葛洪由

《抱朴子》书影

儒转道或弃儒归道的彻底变化的过程。前书属于子书，属于儒家著作，而后书则是地道的道教学者的著作。

《抱朴子外篇》的主旨是"言人间得失，世事臧否"。他以"文儒"的身份来"论世务"、"议政事"。针对统治集团争权夺利，造成社会动荡及人间灾难，他指出："云观变为狐兔之薮，象魏化为虎豹之蹊，东序烟烬于委灰，生民燋沦于渊火，凶家害国，得罪竹帛。良史无褒言，金石无德音。夫何哉？失人故也。"（《汉过篇》）在《吴失篇》中，他同样认为："吴之秒季，殊代同疾，知前失之于彼，不能改弦于此，鉴乱亡之未远，而蹈倾车之前轨。"汉、吴政权的结果都是覆灭，王国维一针见血地道出："《汉过》《吴失》二篇，皆为晋而作。"可见葛洪总结汉、吴失政亡国的教训显然是将批判矛头指向晋王朝的重大政治过失。

在政治方面，葛洪的《审举篇》《君道篇》《臣节篇》《官理篇》《省烦篇》《用刑篇》诸篇中提出了一整套举措，如《官理篇》在论及"君"与"臣"的关系时举例道："夫君犹器也，臣犹物也，器小物大，不能相受矣。"指出"君"、"臣"必须相适应的辩证关系，显示出作者的良苦用心，意在为统治集团进行政治说教，表达了他除时弊、修残局的政治愿望。在学风方面，葛洪在《勖学篇》《崇教篇》《钧世篇》诸篇中指出"世道多难，儒教沦丧，文武之轨，将遂凋坠"，必然导致社会学风败坏的恶果。在社会风气方面，葛洪撰有《酒戒篇》《刺骄篇》《饥惑篇》《疾谬篇》诸篇，毫不留情地鞭挞社会丑陋之习。在谈到文风时，葛洪指出："德行、文章者，君子之本也。"（《循本篇》）可见，他把文、德并重，完全同传统的重德轻文的价值观念是背

《抱朴子》书影

道而驰的。

《抱朴子内篇》20卷，是魏晋神仙道教理论的代表作，也是总结仙道法术和道教法术的主要典籍之一。同时，又是研究中国古代化学史、医药学史和养生学、民俗学不可或缺的重要著作。内容大致可分为三个方面：

第一，神仙理论。葛洪在《论仙篇》《塞难篇》《对俗篇》《辨问篇》和《至理篇》诸篇中充斥着求仙成道的论述，尤以《论仙篇》为最。其中大肆宣扬神仙可求、神仙不死和如何学仙之法等事理。他在《对俗篇》中提出："人有明哲，能修彭老之道，则可与之同功矣。若谓世无仙人乎，然前哲所记，近将千人，皆有姓字，及有施为本末，非虚言也。"葛洪的神仙理论与战国及秦汉以来神仙学说的影响，不无关系，谓葛洪乃神仙道教学说之集大成者，亦不为过。

第二，仙道方术和法术。仙道方术主要指仙药、金丹、黄白、行气和房中诸术。《金丹篇》谓："夫金丹之为物，烧之愈久，变化愈妙。黄金入火，百炼不消，埋之，毕天不朽。服此二物，炼人身体，故能令人不老不死。"《杂应篇》也提及服药吞气的作用。

至于道教法术，《杂应篇》还专门就"不寒之道"、"不热之道"、"辟五兵之道"、"隐沦之道"、"坚齿之道"、"聪耳之道"、"明目之道"、"远行不极之道"等法术作了细释。《至理篇》则强调服药与行气相结合的神妙功能。《登涉篇》对于如何免除蛇蝮、蛟龙、蜈蚣等伤害之道以及辟除百鬼之法均做了较为系统地阐释。

第三，道教科学。《抱朴子内篇》中关于古代炼丹实验及成就，主要集中在《金丹篇》《黄白篇》中。其中《金丹篇》所涉及的药物有铜青、丹砂、水银、矾石、牡蛎、石流黄、太乙、余粮等22种。同时，在提及《太清丹经》《九鼎丹经》《金液丹经》之外，还具体介绍了岷山丹法、务成子丹法、羡门子丹法等，并称："凡此九丹，但得一丹便仙。"《仙药篇》中记载的种种"仙药"，实际上均具有养生和延年益寿的重要作用。其所谓"服金者寿如金，服玉者寿如玉"的说法，应是汉末炼丹家魏伯阳《周易参同契》"金性不败朽，故为万物宝，术士服食之，寿命得长久"理论的进一步继承与发挥。古代道教的炼丹术是现代化学实验形成的前提和基础，《抱朴子内篇》对炼丹术进行了详细说明，有些记载是前人从未提及的。道教炼丹家们在炼丹过程中既催生了古代化学，同时也丰富了古代医药学的宝库，厥功至伟。其中，《仙药篇》记载了大量中草药名和单方，包括许多草木药形状、习性和产地，以及入药分量和医治作用等，是中国古代医药学不可多得的宝贵财富。

《抱朴子》自面世以来，深受历代学者的关注，评价褒贬不一。明人朱健在嘉靖鲁藩本《抱朴子》序中写道："抱朴子者，内精玄学，外谙时政，汉魏以来，无其伦也。若泥而论之，则千载之下，《抱朴子》含冤多矣。"近百年来，《抱朴子内篇》已经成为研究道教史、哲学史、化学史、医药学史乃至养生学和气功的重要资料来源。英国、法国、日本、意大利、澳大利亚、荷兰和美国的汉学家研究中国科技史和中国道教史，无不把《抱朴子内篇》作为考究的对象。1898 年在法国出版的《道教研究文献目录》中就载录了葛洪（抱朴子）的名字。1935 年，中山大学吴鲁教授将《抱朴子内篇》中《金丹篇》和《黄白篇》两篇文章译成英文，进一步扩大了该书在海外的知名度。英国著名学者李约瑟博士在《中国科学技术史》中对葛洪和《抱朴子内篇》研究有素，并予以高度评价。英国埃克赛特大学科学史教授斯蒂芬·F.梅森博士在《自然科学史》中评价葛洪是"公元四世纪最著名的炼丹士"。《抱朴子外篇》属于儒家子学著作，内容涉及社会、风俗、史学、哲学、道德、政治、法律、文化等一系列问题。其中有许多政论性批判现实弊端和揭露社会黑暗的论述，大致受到汉代王充《论衡》、王符《潜夫论》、扬雄《法言》等书的影响，有的重要论述甚至超过了前人。他在《任能篇》《审举篇》《贵贤篇》《擢才篇》《钦士篇》等篇中提出举贤任能的思想，显然具有治国兴邦的积极意义。他对汉代至西晋历史研究的总结，提出了"前事不忘，今之良鉴"（《崇教》）这一以史为鉴思想的名言，更为后世所重视。

（杨永泉）

《佛国记》

《佛国记》是中国古代最早留学天竺的佛教学者、旅行家和翻译家法显撰写的旅历专著。全书记述了作者从晋隆安三年（399年）至晋义熙七年（411年）经西域至天竺（今印度），嗣后回国，前后约15年，行程约4万里，是一部介绍30余国旅行经历，反映异国风土人情和佛教盛况内容的纪游性实录。因该书以佛教文化为题材，故此书当属佛教类典籍。由于《佛国记》全书记述的地域

法显

范围除中国外，还包括印度、阿富汗、尼泊尔、巴基斯坦、斯里兰卡等国在内，内容包括中亚、南亚和东南亚的历史、地理和交通（含南亚至中国的航海交通）、宗教、文化、风俗、物产、社会和经济制度等，成为研究当时亚洲诸国最早的重要史料，并在佛教、艺术、语言及自然诸多学科方面对中国产生了广泛影响。

法显（342—423年），俗姓龚，平阳武阳（今山西临汾）人。3岁为沙弥，20岁受比丘戒。法显所处年代，正值南方东晋统治集团内争与北方16国兵灾频起的战乱纷繁时代。饱尝连年兵祸和现实苦难的人民大众希冀或渴望得到精神上的慰藉，就连生活于上层的皇家贵族也因政局动荡不定而感到惶惶不安，朝不保夕。这就给佛教在两晋南北朝时代的迅速发展创造了机遇。虽然当时佛教经籍已经流通，但戒律极为缺乏。僧侣集团客观上也需要一整套佛教戒律来维持本身的宗教制度。法显当时因感到所读律藏译文严重舛阙，因此他立志前往天竺寻求戒律。

西晋隆安三年（399年），法显约同学慧景、道整、慧应、慧嵬等从长安出发，西度沙河，越葱岭到天竺求法。当时河西走廊地区，少数民族割据建国，地界严格，交通阻碍，加上沿途"上无飞鸟，下无走兽。

遍望极目,欲求度处,则莫知所拟,唯以死人枯骨为标识耳。"(《佛国记》)以此足见前途之艰难险阻。作者先后遍历天竺诸地,获得《摩诃僧祇众律》《萨婆多众钞律》《杂阿毗昙心》《方等般泥洹经》和《摩诃僧祇阿毗昙》等;此后又在狮子国(斯里兰卡)获得《长阿含》《杂阿含》《杂阿藏》及抄获《弥沙塞律》等梵本。东晋义熙七年(411年)秋,法显由海路归国,次年夏途经广州,数月后抵达青州长广郡牢山(今山东青岛崂山)南岸。法显到青州后,敬信大法的刺史李嶷闻之,躬自迎劳,并请法显留住半年之久。第二年秋,法显南归晋都建康(今南京),在当时的佛教翻译中心道场寺(斗场寺)同佛陀跋陀罗、宝云等学僧译出《大泥洹经》《摩诃僧祇律》《方等泥洹经》《綖经》《杂阿毗昙心》等经律论诸书。其中著名的《佛国记》就是法显于义熙十四年(418年)在道场寺撰写完成的。元熙初年(419年),法显离开建康至荆州,卒于辛(新)寺,享年82岁。

《佛国记》,又称《法显传》,或称《法显记》《法显行传》《佛游天竺记》《佛游天竺本记》《历游天竺记传》《释法显游天竺记》《释法明("显"字改"明"为避唐中宗李显讳)游天竺记》《昔道人法显从长安行西至天竺传》《三十国记》等,其中最为世人常用的书名当为《佛国记》和《法显传》。

本书记述法显从后秦弘始元年,即东晋隆安三年(399年)与同学慧景、道整等同契,欲往天竺寻求戒律,始发于长安,至晋义熙九年(413年)到达晋都建康,前后凡十三年四个月间在天竺、狮子国等国的陆海旅程

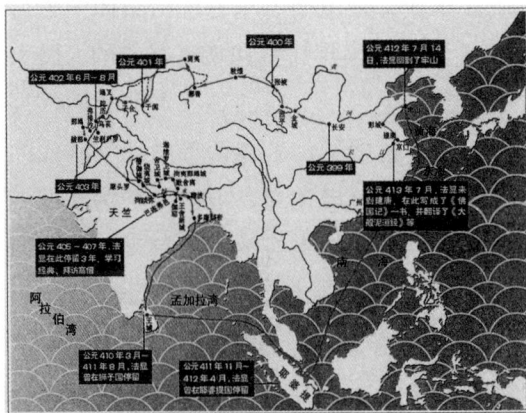

法显西行图

记录。从该书的记载顺序时间上看,曾先后经历了乾归(甘肃兰州)、耨檀(青海西宁东)、鄯善(新疆若羌地区)、焉夷(新疆焉耆回族自治县境)、于阗(新疆和阗县东南)、子合(新疆叶城县)、於麾(新疆叶尔羌河上游一带)、竭叉(新疆塔什库

尔干塔吉克自治县）、陀历、乌苌、宿呵多、犍陀卫、竺刹尸罗、弗楼沙、那竭、罗夷、跋那、毗荼（以上为北天竺、西天竺诸国）、摩头罗、僧伽施、沙祇大、拘萨罗、蓝莫、毗舍离、摩竭提、迦尸、拘睒、达嚫、瞻波、多摩梨帝（以上为中天竺、东天竺诸国）、狮子国（斯里兰卡）、耶婆提（印度尼西亚苏门答腊岛）等国和地区。

《佛国记》书影

《佛国记》内容大体可分为三大部分：第一部分为法显等自隆安三年至五年（399—401年）从长安出发，入敦煌，度西域鄯善、焉夷、于阗、子合、於麾、竭又六国到达葱岭。第二部分为自隆安六年至义熙七年（402—411年）由葱岭入西天竺、北天竺陀历、乌苌、宿呵多、犍陀卫等十国，又入中天竺摩竭提、迦尸、拘睒、达嚫等十三国，又入东天竺多摩梨帝和狮子国。第三部分为自义熙七年至义熙八年（411—412年）浮海东还归程经历，即自狮子国乘大商船东行，被大风吹至南海耶婆提，又随另一商船准备前往广州，暴风雨将商船漂至东海，饱尝三个多月鲸波骇浪之险的法显最终随船抵青州长广郡牢山南岸。书末附记了从青州南下晋都建康之行。法显在《佛国记》最后总结自己的天竺之行时感慨道："法显发长安，六年到中国（中天竺），停六年还，三年达青州。凡所游历，减（咸）三十国，沙河已西，迄于天竺，众僧威仪法化之美，不可详说。窃惟诸师未得备闻，是以不顾微命，浮海而还，艰难具更。幸蒙三尊威灵，危而得济，故竹帛疏所经历，欲令贤者同其闻见。"

法显离开长安的时间是隆安三年（399年），元兴三年（404年）到摩头罗国、僧伽施国（中天竺），义熙四年（408年）从多摩梨帝（东天竺）回国，义熙八年（412年）夏始达青州，次年南归建康，前后约合15年。所谓"减三十国"，大概指西域六国、天竺21国，包括狮子国（斯里兰卡）和耶婆提（今属印度尼西亚），合计29国。

在法显之前，亦有许多求法学僧西行天竺，如三国末至西晋初的朱

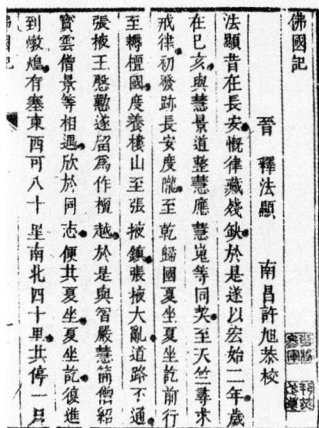

士行、西晋时期的竺法护，东晋时期的康法朗、于法兰、竺佛念、慧常、支法领、法净、昙猛等人，他们都是法显西行求法的先驱。与法显同期的除同行的慧景、道整、慧应和慧嵬外，旅途相遇的求法者还有智严、慧简、僧绍、宝云、僧景诸人。事实上，这些学僧最后到达天竺者仅有朱士行、慧叡、昙猛，而能够携众经以归者，法显无疑要算第一人了。

在中国佛教史上，确实有一些西行僧人回归后写过行记，但没有流传下来，唯《佛国记》保存并影响后世。唐代西行求法者所撰的行记都曾以该书为参考，如玄奘述、辩机撰《大唐西域记》以及义净撰《南海寄归内法传》和《大唐西域求法高僧传》等。唐代以降，开始有人将法显同唐代的玄奘于佛教史上的地位及影响齐名并举。如唐人义净《大唐西域求法高僧传》写道："观夫自古神州之地，轻生殉法之宾，显法师则创辟荒途，奘法师乃中开王路。其间或西越紫寒而孤征，或南渡沧溟以单逝……然而胜途多难，宝处弥长，苗秀盈十而盖多，结实罕一而全少。寔由茫茫象碛，长川吐赫日之光；浩浩鲸波，巨壑起滔天之浪。独步铁门之处，亘万岭而投身；孤漂铜柱之前，跨千江而遗命。"

此外，历代的释家经录和典籍均载有法显事迹，著录《佛国记》其书，虽名有异则为一书也。如《出三藏记集》卷二和《法经》卷六作《佛游天竺记》，《历代三宝记》卷七作《历游天竺记传》，《隋书》卷三十三《经籍志》作《法显传》或《法显行传》，《大唐内典录》卷三和《法苑珠林·传记篇》作《历游天竺记传》，《后汉书·西域传》李贤注作《释法显游天竺记》，《初学记》卷二十二作《佛游天竺记传》，《通典》卷一百七十四作《释法明游天竺记》，《贞元新定释佛目录》卷五作《历游天竺记传》，《宋史·艺文志》作《法显传》。到了明代，除少数书籍作《佛国记》或《法显记》外，大多丛书均作《法显传》之名。

一百多年来，《佛国记》逐渐受到中外学者的重视，关注、整理、研究和翻译该书的著述成果日益增多，除中国学者外，还有一些欧洲学者和日本学者对《法显传》研究有素，硕果累累，并有近十种英文译本、法文译本和日文译本问世。由此可见《佛国记》在世界佛教研究领域的学术价值。

（杨永泉）

《后汉书》

魏晋南北朝时期是中国历史上战乱频繁的时期，但也是各项事业不断发展进步的时期，其间出现了不少大师巨匠。在史学领域就有范晔，以其如椽巨笔撰写了中国历史上前四史之一的《后汉书》，奠定了其一代史学宗师的地位。

范晔，字蔚宗，生于东晋隆安二年（398年），死于刘宋元嘉二十二年（445年），顺阳（今河南淅川）人，东晋末刘宋初的著名史学家。范晔家族是两晋南朝的著名门阀士族，祖先历任朝廷高官。西晋时期，

范晔

范晔的前四代祖范晷任雍州刺史、左将军；渡江后的东晋时期，前三代祖范汪任徐兖二州刺史、安北将军等职；前二代祖范宁任临淮太守等职。其父范泰任中书侍郎，桓玄篡夺东晋政权时被免职，迁居丹徒（今江苏镇江）。后因支持刘裕消灭桓玄，被刘裕再度任用为国子博士、南郡（今河南南阳）太守、御史中丞、东阳太守等。范泰对于刘裕这个寒族将领一直给予高度支持。在东阳太守任上，为帮助刘裕打败卢循起义军，范泰供应大量粮食，又派出千人的军队助阵。因此，再次受到刘裕的重用，从地方官入朝担任侍中、尚书常侍、司空等要职。

范晔虽然生在世代官宦的家庭，但他的童年并没有多少快乐。他的生母是范泰的妾，晋代自"永嘉以来，嫡待庶如奴，妻遇妾若婢"。因此，在妻妾等级分明的魏晋南北朝，范晔的生母没有多少家庭地位，在怀着范晔的时候还要参加家庭劳动。最后，范晔出生在厕所中，头为厕所的砖头碰伤，因此小名"砖"。作为妾生子，范晔在家中的地位也不高，时常受到歧视。嫡兄范晏曾骂他"汲汲于名利"，认为他会给家族带来祸害。后其父将他"出继从伯弘之，袭封武兴县五等侯"。但他"少好学，

博涉经史……年十七，州辟主簿，不就"。

刘宋武帝永初元年（420年），刘裕夺晋，23岁的范晔决定加入刘宋统治集团。据《宋书》记载，他应召担任宋武帝刘裕"相国掾、彭城王刘义康冠军参军，随府转右军参军，入补尚书员外郎，出为荆州别驾从事史，寻召为秘书丞，父忧去职。服终，为征南大将军檀道济司马，领新蔡太守……为司徒从事中郎，迁尚书吏部郎"。自此，范晔的仕途一帆风顺。元嘉九年（432），范晔迎来了仕途的大挫折。这年彭城王、司徒刘义康生母彭城太妃去世，葬前百官前去吊唁，范晔也同去吊唁，刘义康的幕僚故旧并集王府。范晔因做过刘义康的参军，其弟范广渊此时担任司徒祭酒，当晚轮值，晚间范晔便留宿在刘义康王府。魏晋南北朝的名士不拘礼节、饮酒放纵、追求享受的风气在范晔身上也有所体现。他住在刘义康王府，面对彭城王妃的死亡不仅没有丝毫哀戚，反而夜半纵酒，他还在醉意中开窗听挽歌以为欢乐。这种违反礼制的行为，大大激怒了刘义康，因此范晔被贬任宣城太守。贬任一级并外调，对风华正茂、踌躇满志的范晔来说是一个沉重的打击。正是这次打击，使他开始了《后汉书》的写作。在宣城太守任上，范晔留了大约数年，后"迁长沙王刘义欣的镇军长史，加宁朔将军"。元嘉十六年（439年），生母去世，"服阕，为始兴王濬后军长史，领南下邳太守"。"寻迁左卫将军，太子詹事"。元嘉二十二年（445年），因徐湛之告密，他被牵连到密谋拥立刘义康案而与其弟及四子一同被杀。

《后汉书》是范晔一生中最重要的著作，凝聚了他的毕生心血。范晔贬任宣城太守，"不得志，乃删众家后汉书为一家之作"。他的《后汉书》以刘珍的《东观汉记》为基础，以华峤的《后汉书》为蓝本，吸取其他各家后汉书的长处，择精选优而成。《后汉书》包括光武帝刘秀等十纪，律历、礼仪等十志（未成），刘玄、刘盆子等八十列传，记载了东汉二百年间从光

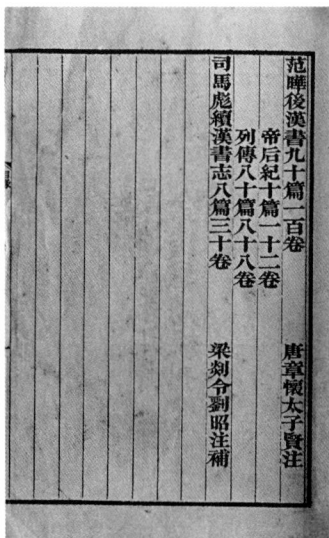

《后汉书》书影

武帝刘秀到献帝刘协的重要史料。因范晔被杀，十志并没有完成，现在所存的十志是司马彪《续汉书》的八志，由后梁刘昭补入，形成后来的120卷本。范晔的《后汉书》具有以下几方面的重大贡献。

一是《后汉书》脱离了专为帝王将相树碑立传的传统，对于历史上一些个性突出、操行俱绝、贡献很大的小人物也予以立传。如《独行传》就写了很多一介之夫；《宦者传》写了对历史有巨大贡献，"一心王室"的蔡伦；而《文苑传》《列女传》更是将以前史书从不关注的民间文人、妇女载入史册，为历史留下了大量的珍贵资料。《后汉书》的这些创举对后来的修史者产生了很大的影响。清代学者邵晋涵说："范氏所增《文苑》《列女》诸传，诸史相沿，莫能刊削。盖时风众势日趋于文，而闺门为风教所系，当备书于简策，故有创而不废也。"

二是《后汉书》保留了大量的历史资料。《后汉书》记载了东汉自光武帝刘秀至献帝刘协的近二百年历史。从时间上看，范晔所在的东晋末、刘宋初离东汉并不远。相对而言，因年代不远，资料比较翔实，评价比较客观。如书中全面地反映了东汉的内外官之争、党锢祸害、图谶迷信等情况。全文收录了一些有价值的资料。如崔寔的《政论》，桓谭的《陈时政》，张衡的《客问》《上陈事疏》和《请禁图谶》等，蔡邕的《释诲》等。这些著名文论因范晔的良苦用心而得以保留，现在已经成为研究东汉社会、政治、经济等方面的重要资料。

三是《后汉书》全面总结了东汉的盛乱治衰的历史经验，达到"正一代得失"的目的。如在《宋书·王充王符仲长统传》中，范晔对他们的进步政治观给予了充分的肯定，并载入他们的重要文章如王符的《潜夫论》、仲长统的《昌言》，此举可以明显看出范晔的思想倾向。范晔觉得犹不过瘾，还在文后又写了一篇近600字的评论，从历史变化的长远趋势观察东汉的政治，将王符等人的文论立意引向更高的层次。刘秀在建立东汉后，对于帮助他打天下的28位中兴功臣并没有给予政治实权，这引起了历史上一些人的评论。而范晔在《后汉书》中认为，这正是刘秀的优秀之处，其目的是保护功臣。提高功臣的待遇，不让他们参与政治，可以避免西汉初年的杀功臣行为，让没有战功的下层人士参与政权，可以广开入仕之途。这一举措达到两个目的，是"至公均被"之举。从

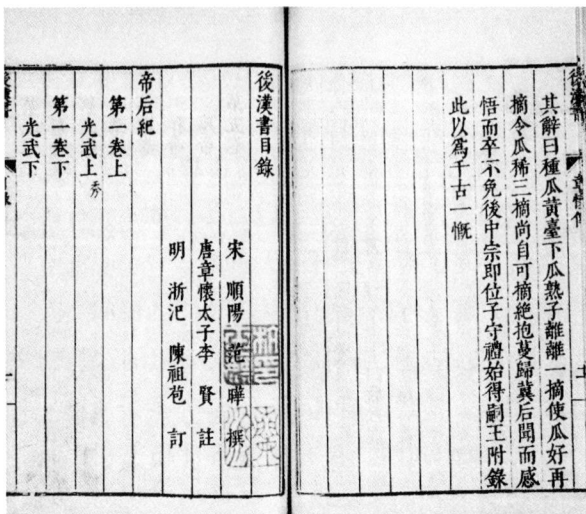

《后汉书》书影

后汉的历史中，我们也能发现，东汉对待功臣是相当宽容的，所以范晔的结论符合历史实际。

四是对中国史学有很大的贡献。虽然中国有悠久的修史传统，《左传》《战国策》等史书也出现较早，但是它们在中国史学史上仅算是修史中的一种前期探索。《史记》《汉书》创设了纪传体，也只是相对完善，给后人修史打下基础，远没有达到尽善尽美的程度。而范晔在总结前人修史基础上，进一步完善了纪传体的体例并进行了新的分类，他的这些创新开创了史书修撰的新阶段，对后世的史书编修产生了很大的影响。如范晔在书中取消了表的设置，保留了纪、传、志的体例。在人物类传上，增设了《党锢传》《宦者传》《文苑传》《独行传》《逸民传》《列女传》《方术传》等七种新的列传，大部分为后代修史者所传承。所谓"此书一出，众家后汉书逐渐废佚不传"。先后写过《后汉书》的有刘珍、谢承、司马彪、华峤、谢沈、袁山松、薛莹、张璠、袁宏等人。到了范晔的《后汉书》出来后，诸家后汉书均告亡佚，只余袁宏的《后汉纪》了。

除了因撰写《后汉书》成就史学家之誉外，范晔还是著名的文学家、音乐家和书法家。他在《自序》中说："性别宫商，识清浊，斯自然也。"又说："吾于音乐，听功不及自挥，但所精非雅声，为可恨。然至于一绝处，亦复何异邪？"他在音乐上的造诣很深厚，是当时有名的音乐家，连皇帝都要听他演奏，但他不轻易为人露技。史载："晔长不满七尺，肥黑，秃眉发。善弹琵琶，能为新声。上欲闻之，屡讽以微旨，晔伪若不晓，终不肯为上弹。上尝宴饮欢适，谓晔曰：'我欲歌，卿可弹。'晔乃奉旨。

上歌既毕，晔亦止弦。" 在文学上，范晔也有自己的见解："常谓情志所托，故当以意为主，以文传意。以意为主，则其旨必见；以文传意，则其词不流。然后抽其芬芳，振其金石耳。" 他的诗歌受到钟嵘的高度评价。从《隋书·经籍志》看，范晔还有集十五卷，录一卷，《和香方》一卷，《杂香膏方》一卷以及《百官阶次》一卷。其《双鹤诗序》收入《艺文类聚》卷九十；《乐游应诏诗》一首收入《文选》卷二。范晔还善于写隶书，他在《自序》中说："吾书虽小小有意，笔势不快，余竟不成就，每愧此名。"

范晔其人其事其书在历史上留下了很大的反响，有的事至今还在争议之中。如范晔参加拥立刘义康之事，从清中叶起就有人认为这是一个阴谋，是当时的宋文帝为了除掉刘义康而设计的一个圈套。因为宋文帝与其弟刘义康的矛盾很深，元嘉十七年（440 年）文帝鉴于"刘义康擅势专朝，威倾内外……无复人臣之礼，上稍不能平"，以"合党连群，阴谋潜计"的罪名剪除刘湛、刘斌等刘义康亲信十余人，并将刘义康贬任豫章（今江西南昌）刺史。为了进一步探听和掌握刘义康的动态，文帝派徐湛之打入刘义康的内部。徐湛之伪装忠于刘义康，用"诱引之辞"引导刘义康、范晔、孔熙先兄弟等人组成谋反集团。在获得直接证据时，由徐湛之向宋文帝自首告密，最终打败了刘义康集团，秘密杀掉刘义康，除掉政治对手。因此，范晔被杀只是这个阴谋中的一个环节。其实因挽歌事件，范晔对刘义康是没有好感的，因此说范晔参加刘义康的谋反集团根据不足，最多是知情不举（其间，范晔曾经向文帝密告刘义康要谋反，但是文帝没有采纳）。因此，范晔之死是一个冤案。

范晔是长期生活在建康（今南京）的历史名人，他创作的《后汉书》虽然是在宣城开始创作的，但是在其后到京城担任中央要职后，一直没有停止写作，直到他临死还没有完成志的部分。因此，《后汉书》应该说与建康有不解之缘，也是与今天南京有很大关系的一部传世名著。

（王　波）

《世说新语》

刘义庆

在浩如烟海的中国古代典籍中，南朝宋临川王刘义庆所编的《世说新语》，是一部既清新隽永、妙趣横生，又经久耐读的经典名著。这部书自诞生以来就十分受人欢迎，后来的爱好者、模仿者代不乏人。对于南京人来说，若欲了解古代的南京文化，尤其是六朝金陵的独特风味，这部《世说新语》自然是必读之书，而且读起来更具有一种亲切感和轻松感。

刘义庆是刘宋开国皇帝刘裕的侄子，袭封临川王，史称其"爱好文义"，"足为宗室之表"。《世说新语》原名《世说》，后人因汉代刘向已有同名著作，遂改称《世说新书》《世说新语》，宋代以后通称《世说新语》。在传统学术分类体系中，《世说新语》属于子部的"小说类"，鲁迅《中国小说史略》给它起了一个更确切的名字，叫做"志人小说"，"志"就是记载的意思。《世说新语》开创了古代小说的一种特殊体裁，通常称为"世说体"，其内容以记述人物轶事为主，篇幅简短，用笔简约，韵味隽永。这是古代小说的早期形态之一，有些类似今天的"小小说"。《世说新语》问世不久，就广为流传，成为经典名著，南朝梁代著名学者刘孝标专门为此书作注，引录当时传记、谱牒、地志等各类文献多达数百种，注文与正文相映生辉，进一步奠定了此书的经典地位。

《世说新语》作为"志人小说"，它的内容以人物轶事为中心。这本书将当时的名流轶事分为36个门类，36个门类的顺序，基本上是仿照九品中正制的做法，由高往低排列。排在最前面的四个门类，依次为"德行"、"言语"、"政事"、"文学"四类，属于上卷，这基本上是模仿《论语》中的"孔门四科"，其中所记大都是褒扬赞美之事。接下来的是中卷，包含有"方正"、"雅量"、"识鉴"、"赏誉"直至"夙惠"、"豪爽"等九类，也都各有令人称道之处，虽然比前不足，但比后有余。下卷又分上下，前面的"容止"、"自新"、"贤媛"、"伤逝"、"任诞"等，收录了很多个性鲜明、很能体现魏晋名士风流气度的人和事，多以正面肯定的为主。至于排列在最后的 12 个门类，尤其"假谲"、"俭啬"、"汰侈"、"忿狷"、"纰漏"、"惑溺"等门类，则颇寓有批评劝诫的意味，多半属于反面事例，不免受人非议。36 个门类，总共包含了一千多则故事。这些故事所涉及的人物，上自汉魏，下至刘宋时期，多达一千五百多个（包含后来刘孝标注释中涉及的人物），其中大部分人物都是后人眼中所谓魏晋名士的代表，如大家耳熟能详的"竹林七贤"以及王、谢等世家大族的子弟，而其记载叙述的核心，又是能够体现魏晋风流的人物品评、清谈玄言、任诞隐逸之类的名士言行，所以这本书后来被鲁迅戏称为"名士底教科书"（《中国小说的历史的变迁·六朝时之志怪与志人》）。

所谓"魏晋风度"或"名士风流"，对于后人来说，其实是可以神往而无法复制的，因为它是魏晋那个特殊时代的产物，有特定的历史因缘和社会背景。相应的，记载这些风流名士的《世说新语》也便成为空前绝后的作品，尽管后来模仿者众多，如南朝刘孝标的《续世说》，唐代王方庆的《续世说新书》，宋代王谠的《唐语林》，孔平仲的《续世说》，明代何良俊的《何氏语林》等等，却无一能超越此书。

谈到《世说新语》和魏晋风流，就不能不提到南京在六朝时代的特殊地位。在东晋以前，中国的政治和文化中心一直都在北方，尤其是在黄河中下游地区的古代中原。《世说新语》记录了一些东汉和西晋的事迹，有不少都发生在那时的都城

《世说新语》书影

洛阳。洛阳自古以来被认为居天下之中，不仅在地理上，更在文化上与古代中国人的心理和情感相照应。东汉时代儒学独尊，《世说新语》开卷第一则故事的主人公，就是"登车揽辔，有澄清天下之志"的东汉清流人物代表陈蕃。在他身上，我们可以明显看到传统儒家所推崇的"平治天下，舍我其谁"的社会责任感和自信心。那时，无论在政治上还是文化上，整个华夏的中心还都在中原，文化的核心也是儒家的正统思想。

但到了东汉末年，政局动荡，天下大乱，儒家所维系的社会秩序崩溃，很多士人消极避世，或是醉心于玄学清谈之中。整个社会的世风人心和思想道德不断受到冲击，处于风雨飘摇之中，很难再维持原本的中正平和。于是出现了魏晋之世任诞狂傲、蔑弃名教的"竹林七贤"，出现了以崇尚清谈、视政事为俗务的王衍等人为代表的贵族名士。西晋末年，司马氏王朝受到"八王之乱"和北方少数民族入侵的连续打击，土崩瓦解，西晋宗室连同许多中原的世家大族开始向南迁徙，定都于昔日吴国的都城建康，即现在的南京。汉末魏晋以来的清谈玄学风气，也随着北方的移民一起南渡到了建康。从洛阳到建康，对当时的东晋汉族政权来说，不仅是地理环境的转变和文化中心的迁移，实际上也是中国文化学术转型的象征。以儒家礼教文明为中心、崇尚中和克制的社会风气开始转变，外来的佛学思想大行其道，原本即有深厚南方文化基因的老庄学说亦盛极一时，名士们谈玄论道，挥麈清谈，崇尚自由而率性的生活。政治中心和文化中心的南移，终于使得六朝时代的南京成为魏晋风流的最后归宿地。

偏居一方的南朝一直没能平定中原，但南京却无疑取代了陷落的洛阳，成为六朝数百年间中国文化命脉延续和复兴的基地。在这一历史转变过程中，士人的情感心

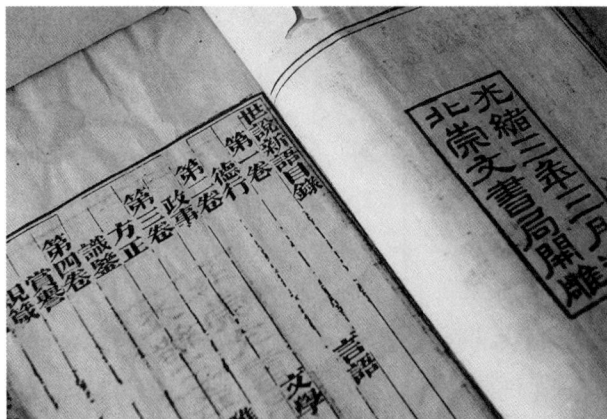

《世说新语》书影

态与生动形象都反映在《世说新语》的相关记载里。作为一部古代文学经典，《世说新语》的语言简练晓畅，读来妙趣横生。比如有名的"王蓝田食鸡子"一段："王蓝田性急。尝食鸡子，以箸刺之，不得，便大怒，举以掷地。鸡子于地圆转未止，仍下地以屐齿蹍之，又不得，瞋甚，复于地取内口中，啮破即吐之。"（《世说新语·忿狷》）短短数句，将王述吃鸡蛋的动作与神态描写得栩栩如生，生动地凸显了王述急躁的个性，可谓言简意丰，风韵俱足，是很多长篇大论的描写都无法达到的。鲁迅在《中国小说史略》中曾经这样评价《世说新语》："记言则玄远冷峻，记行则高简瑰奇，下至谬惑，亦资一笑。"可谓十分恰当。除了简约传神的叙事之外，《世说新语》中还有很多清俊淡雅的描写，有如中国传统的水墨写意画，比如王子猷雪夜访戴、张季鹰莼鲈之思、谢道韫咏絮之才等，都是脍炙人口的名篇，后代以此入诗入画的不在少数。

　　《世说新语》的篇幅虽然简短，但其中许多故事却脍炙人口，成了后来使用频率极高的成语或典故。在现代汉语中，人们依旧使用着大量源于《世说新语》的成语，比如"标新立异"、"志大才疏"、"管中窥豹"、"琳琅满目"、"期期艾艾"、"望梅止渴"等等，其中不少成语典故，比如"楚囚相对"、"新亭对泣"、"木犹如此，人何以堪"等，更是与南京直接相关。《世说新语》中所记录的那些名人轶事，很多仍然可以在今天南京的山川名胜古迹中找到印迹，正如魏晋风流也早已沉淀为南京文化的一部分一样。从这一点上说，《世说新语》不仅是南京贡献给世界的文学与文化名著，更是体现南京六朝文化光辉的传世名著。

（程章灿）

《弘明集》

《弘明集》书影

《弘明集》是中国佛教史上最早的文献汇编，为齐梁间的著名佛教文献学家、目录学家、佛教建筑设计家、艺术家和律学大师僧祐所编纂。《弘明集》最初行世本为 10 卷（见《出三藏记集》卷十二《弘明集目录序》），均为梁代以前的作品，梁天监（502—529 年）中，又增补了梁代当时的作品，重新编定为 14 卷 180 余篇文章（含书信、表奏、诏敕）。全书所收集的文章，始于东汉后期的《牟子理惑论》，止于梁天监八年（509 年），时间跨度三百余年，文章作者近百人（僧 19 人）。编纂者前后花了近五十年才收集完成。至于为什么要编此书，作者在《弘明集后序》中明确指出："余所集《弘明》，为法御侮。通人雅论，胜士妙说，摧邪破惑之冲，弘道护法之堑，亦已备矣。然智者不迷，迷者乖智，若导以深法，终于莫领；故复撮世典，指事取征。言非荣华，理归质实，庶迷途之人，不远而复。总释众疑，故曰《弘明论》云。"

僧祐（445—518 年），俗姓俞，祖籍彭城下邳（今江苏徐州邳县），生于南朝宋都建康（今南京）。7 岁时随父母入建初寺礼佛，不肯还家。父母依其所愿，允许他出家该寺，奉僧范为师。年 14 投钟山定林寺法达法师门下。时法达"戒德精严，为法门梁栋"。僧祐"师奉竭诚"。年 20 在该寺受具足戒。时定林寺又有"博通经律，志业强悍"、"律行精纯，德为物范"的律学之师法献，僧祐亦服膺奉事，持操坚明。又从"一时名匠，为律学所宗"的律学名家法颖，僧祐"竭思钻求，无懈昏晓，遂大精律部，有励先哲"。特别是法颖二十余年对僧祐律学之业的形成影响深刻,使僧祐成为齐梁之际的一代律学大师。齐永明(483—493年)中,竟陵文宣王萧子良请僧祐开讲律学,听众常有七八百人。齐武帝萧赜敕其入三吴(苏州、湖州、绍兴)选拔僧众,并宣讲《十诵律》,同时弘化受戒法。"凡获信施,悉以治定林、建初,及修缮诸寺,并建无遮大集、舍身斋等。及造立经藏,搜校卷轴,使夫寺庙开广法言无坠,咸其力也"。僧祐讲诵弘布律学为其后半生近四十年主要法业之一。《出三藏记集》卷十二载其《法集总目录序》说:"且少受律学,刻意毗尼,旦夕讽持,四十许载,春秋讲说,七十余遍。"

此外,僧祐对佛教文献学、目录学和佛教建筑设计(光宅寺铜像、栖霞山大佛像和浙江剡县石佛像)以及佛教艺术也有突出贡献。一生著述宏富,传世的有《出三藏记集》15卷、《释迦谱》5卷、《世界记》5卷、《法苑集》10卷、《弘明集》20卷、《十诵义记》10卷、《法集杂记传铭》10卷。今仅存《释迦谱》《出三藏记集》和《弘明集》三部。

僧祐在齐梁两代因大规模弘法,声誉日隆,加上其德素高洁,法仪戒范,深受皇室王公贵族及僧众的崇敬。梁武帝受菩萨戒时,曾以其为戒师,并入内殿为六宫受戒。僧祐与当时之僧旻(467—527年)、法云(467—529年)被称为梁代的三大法师。僧祐的缁素门徒有智藏、宝唱、慧廓、明彻、刘勰和临川王萧宏、南平王萧伟等万人以上。梁天监十七年(518年)五月于建初寺去世,春秋七十四。

僧祐活动之际正是佛教在中国迅速发展的鼎盛时期,也是佛教遭到儒、道两大家有史以来诋毁与抨击最强烈的阶段。儒佛之间、佛道之间的学说争辩与交锋,自然造成朝野上下思想观念的混乱,造成所谓"邪说"流行。僧祐总结了自晋代以来儒、道二教("俗教")和社会上怀疑佛法的众生("俗士")的六大疑问,进行明辨释疑,奉劝世人崇佛为重。这六大疑问是:"一、疑经说迂诞;二、疑人死神灭,无有三世;三、疑莫见真佛,无益国治;四、

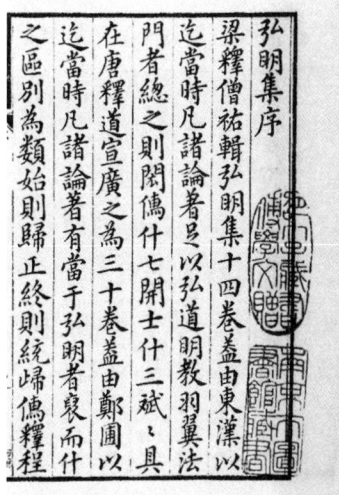

《弘明集》书影

疑古无法教，近出汉世；五、疑教在戎方，化非华俗；六、疑汉魏法微，晋代始盛。以此六疑，信心不树，将溺宜拯，故较而论之。"（《弘明集后序》）

《弘明集》所收的文章基本上都是围绕着僧祐概括的六大疑问而展开争论的。其中第二疑就是"神灭"与"神不灭"之争的问题，第五疑就是夷、夏之争的问题。这两大疑问的要害问题就是舶来佛教思想与本土儒、道两家思想的强烈碰撞与交锋。此外，还有"沙门不敬王者"之争，佛教徒在餐食时以踞坐还是方坐之争以及人们对佛家轮回报应说疑惑的解答。

首先，夷、夏之争问题。这是道士顾欢的《夷夏论》引起的一场争辩。《南齐书》卷五十四《顾欢传》引顾欢《夷夏论》谓："佛号正真，道称正一。一归无死，真会无生。在名则反，在实则合。"主张佛、道同源，但又强调二者有夷、夏之别，并使用刻薄的词语诋毁佛教。《弘明集》卷六载舍宅为寺（栖霞寺）者明僧绍《正二教论》和谢镇之《折夷夏论》《重书与顾道士》两封信，均对顾欢诋佛思想进行针锋相对的批驳。同书卷七朱昭之《难顾道七夷夏论》、朱广之《疑夷夏论谘顾道士》、释慧通《驳顾道士夷夏论》、释僧愍《戎华论折顾道士夷夏论》，群起而反击此论。又有道士冒充"张融"名著《三破论》共十九条，指责佛教"入国破国"、"入家破家"、"入身破身"。《弘明集》卷八载有刘勰《灭惑论》、释僧顺《答道士假称张融三破论》，在反驳《三破论》的种种论调时，反复申明佛教之殊胜，对治国、齐家十分有益。

第二，"神灭"与"神不灭"之争问题。主张"神不灭"是佛家的一贯思想。《弘明集》卷五载东晋慧远《沙门不敬王者论·形尽神不灭》说："神也者，圆应无主，妙尽无名，感物而动，假数而行。感物而非物，故物化而不灭；假数而非数，故数尽而不穷。""神"与"形"的关系正如火与薪的关系一样，"火之传于薪，犹神之传于形；火之传异薪，犹神之传异形"，论证"形尽神不灭"。卷五还有慧远《明报应论》和《三报论》均阐述这一问题。本书卷二宗炳《明佛论》、卷三宗炳《答何承天书难白黑论》《答何衡阳难释白黑论》，还有卷五郑道子《神不灭论》都是围绕这一问题展开讨论，批判"神灭"学说。到了齐梁之际，范缜《神灭论》出现，震惊了朝野，遂使"神灭"与"神不灭"两种截然不同的观点之争达到了白热化。《弘明集》卷九载萧琛《难范缜神灭论》、曹思文两篇《难范缜神灭论》，同时卷十又有梁武帝萧衍《敕答臣下神灭论》后，王公达显六十二人站在皇室的立场，齐对范缜发难，批判《神灭论》。此为中国哲学史上、佛教史上有着深远影响的事件之一。

第三，"沙门敬王者"之争问题。佛教自成礼仪戒律，主张除礼敬佛外，不拜敬王者，这同中国封建制度的纲常礼仪是冲突的。东晋咸和（326—334年）年间，成帝司马衍即位，东骑将军庾冰辅政，他于咸康六年（340年）为晋成帝作诏，要求沙门礼敬君王，时尚书令何充等人上表提出反对意见，当时没有定论。元兴（402—404年）年间，太尉桓玄当政，再次提出沙门敬王者的问题，中书令王谧等人极力反对，《桓玄与王令书论道人应敬王事》中保存了双方激烈争辩的书信八封。桓玄后致书慧远征询意见。慧远亦复信桓玄谓："出家则是方外之宾"、"袈裟非朝宗之服，钵盂非廊庙之器"、"不得与世典同礼"。最后迫使桓玄放弃而止。《弘明集》卷十二收录了庾冰、何充、桓玄、王令和慧远诸人辩论此事的所有文章与书信。

此外，同书卷十二还收录了《郑道子与禅师书论踞食》《范伯伦与王司徒诸书论道人踞食》《范伯伦踞食表》等文，内容主要是讨论佛教徒在餐食时以踞坐还是方坐的形式上因观念不同而发生书信辩论事件。

第四，弘道与明教问题。佛教自东汉末年传入汉地，必然会遭到中国本土思想文化的抵制与反对，故佛法初进，只能在少数佛教徒中流行，举步维艰。魏晋以降，随着玄学的盛行，佛教学说开始跨入鼎盛发展阶段，但与传统的儒、道两家学说的关系也发展至最激烈的冲突期。为反击对佛教的各种抨击，以此向抵触佛法者释难解疑，包括阐释精神不灭、三世轮回和因果报应等方面的佛教思想。

《弘明集》所收文章内容广泛，学说争议焦点突出，既有佛教学者的作品，又有与佛教思想对垒的儒、道两家学者的作品，把正反两方观点的文章如数收录，从客观上反映了舶来文化进入汉地演进过程中的种种思想冲突激荡中的波涛与浪花，为研究中国佛教史乃至中国思想史提供了极为珍贵的历史文献。应该说，该书对后世的影响是广泛的深刻的，尤其对南京佛学研究具有不可估量的重大意义。

（杨永泉）

《文心雕龙》

刘勰

生活在南京的人，对杜牧的《江南春》一定不陌生。诗里描述六朝时期南京寺院林立的盛景时，有一句脍炙人口的"南朝四百八十寺，多少楼台烟雨中"。说到所谓的"四百八十寺"，就不得不提到位于钟山的定林寺。这个寺院始建于南朝宋，到南朝梁时规模已非常庞大。《文心雕龙》的作者、南朝著名文学家刘勰（约465—约520年），即与这座名刹有不解之缘。

据《梁书·刘勰传》记载，刘勰字彦和，山东莒县人。他出身于寒门庶族家庭，父亲去世很早，家道由此中落。虽然刘勰一向喜爱读书，从未因为生活困难而放弃学习，但在注重门第的南朝，刘勰的才华很难得到施展，甚至连基本的生活都存在问题。他只有依靠在当时有政治背景、物质基础和藏书丰富的寺庙，才能获得个人生活和文化知识上的支持。南齐永明二年（484年），刘勰正是在这样的境况下进入了定林禅寺，度过了他的青年时期。在寺中高僧学者僧祐的指导下，他对佛法有了更精到的见解，而在整理寺院典籍时，刘勰阅读了寺院所藏各类文献。正是在居住钟山定林寺的最后几年里，大约从齐建武二年（495年）至齐中兴元年（501年），刘勰完成了《文心雕龙》。然而，这部伟大的文学理论批评著作一开始并没有得到人们的认可。刘勰趁文坛泰斗沈约出行的时候，带上自己的著作，在沈约车前摆出要卖书的样子。沈约看到了，很好奇，把书拿过来读，读后大加称赞，还常常搁在案头翻阅。沈约不仅文学地位高，也有很高的政治地位，"刘勰鬻书"的消息很快传遍了整个建康城，刘勰也因此受到朝廷的注意，自此踏入仕途。梁朝代齐之后，刘勰到了主持编录《文选》的梁昭明太子萧统身边，成为其重要的文学侍从。

　　鲁迅先生曾说，魏晋是"文学的自觉时代"。魏文帝曹丕在《典论·论文》中，首先提出"文章，经国之大业，不朽之盛事"的观点，将文学置于很高的地位。文学受到重视，越来越多的士人参与到文学创作中来。南朝宋文帝时期，更设立文学馆，文学得到了官方的认可，成为一种独立的学问。闻名后世的《文选》和《玉台新咏》两部总集，也是在南朝后期编纂完成的，可见南朝文学创作风气之盛。然而，文学毕竟是一门新兴的学问，在文学创作中，许多问题被提出来。比如，文学与经典及史学的关系如何？不同的文体之间是否存在写作方法上的差异？……在思考和争论中，产生了不少文学理论。比如曹丕、陆机、挚虞等人对文体分类的讨论，南朝永明时代有关诗歌声律的"四声八病"学说，南朝人关于文学审美性与实用性之分的"文笔之辨"等，这些都为《文心雕龙》奠定了基础。

　　魏晋南北朝人，包括刘勰本人，也没有停止对文学理论问题的思考，这就是刘勰所谓"为文之用心"（《文心雕龙·序志》）。刘勰以"文心"二字作为书名，表明他对文学宏观理论的关注。至于书名中"雕龙"的含义，则与齐梁之交的文坛争论有关。按照周勋初先生《梁代文论三派述要》一文的说法，梁代文坛存在三个文论派别：以裴子野为代表的"守旧派"，以萧纲、萧绎为代表的"趋新派"和萧统、刘勰等人为代表的"折衷派"。裴子野曾写过一篇《雕虫论（并序）》，批评南朝刘宋以来"藻饰雕虫之艺"盛行，人们喜欢浮丽文弱的作品，而写这种作品，就像在虫子上雕刻，过于注重形式，远不如前人作品典雅精深，没有价值和意义。刘勰以"雕龙"作为书名，充分肯定文学创作中的形式艺术之美，显然有与裴子野的《雕虫论》分庭抗礼之意。

　　《文心雕龙》开头的《原道篇》中说，世间万物，如日月、龙凤，都有纹饰藻绘，这是自然之道，人也应该合乎这样的自然之道，进行文学创作。可以说，刘勰充分肯定文学创作中的修饰和词采。刘勰在《文心雕龙》中还专门写作《丽辞篇》《夸饰篇》

《文心雕龙》书影

等篇，详细论述具体的修辞方法，而在最末的《序志》中，刘勰又一次强调"古来文章，以雕缛成体"。可以说，刘勰对于文学的文采、藻饰、修辞等方面的重视，在《文心雕龙》里贯穿始终。但是，另一方面，刘勰并非一味强调文学外在的形式，他同时也反对"趋新派"华而不实的文风。实际上，《文心雕龙》起首三篇《原道篇》《征圣篇》和《宗经篇》，都在强调文学创作需要符合儒家为文的传统，作品应当说明一些事理，而不是仅仅追求华美的文辞，否则就会如楚汉的某些辞赋作品那样"楚艳汉侈，流弊不还"（《宗经篇》）。刘勰认为，文人之所以在文学作品中进行修饰，是为了表达感情、说清道理。若没有感情和道理，只知道堆砌辞藻，就是欺世盗名的"为文而造情"（《情采篇》），算不得第一流的文人。相比之下，以宫体诗诗人为主体的"趋新派"常常用靡丽的辞藻描写宫廷生活的奢侈、女性装饰的艳丽等等，不太涉及儒家思想道德，也很少流露诗人的真情实感，显然是刘勰所不赞成的。简而言之，刘勰认为，文学需要"雕"琢，否则便不符合文学的天赋特质。但是，用来雕琢词章的文辞，又必须依托于一定的感情与事理，否则言之无物，空洞无味。也就是说，文学家运用自己的才华，所雕之物应该是有体有格的"龙"，而不该在细微的"虫"上使用太多不相称的、浮夸的技巧。这大概便是书名中"雕龙"的意义。

刘勰在《序志》中曾说："擘肌分理，唯务折衷。"事实上，刘勰也的确吸收了"守旧派"与"趋新派"各自理论中的长处，在二者之间折衷平衡。除了思想内容上的折衷平衡，《文心雕龙》的篇章结构，也是一个高度平衡的完整体系。

《文心雕龙》全书共有50篇，除了最末一篇《序志》，用来说明刘勰写作《文心雕龙》的意图和全书写作的方法、结构，其余49篇，按照《序志》中的说法，可以分为四个部分。第一部分为"总论"，包括前五篇即《原道篇》《征圣篇》《宗经篇》《辨纬篇》《辨骚篇》，这是"文之枢纽"，也是文学创作的根本。刘勰借这五篇以明确儒家思想传统在文学创作与理论批评中的核心地位。第二部分是"文体论"，从《辨骚篇》至《书记篇》，共二十一篇，"论文叙笔"，讨论了三十五种文体，每种文体先梳理其源流，其次解释文体名称的来历，继而列举各种文体的名篇，最后总结各种文体的写作规律。《辨骚篇》兼有总体论和文体论的双重属性，所以成为两部分的中转枢纽。第三部分是"创作论"，包括从《神思篇》到《总述篇》的十九篇，主要讨论艺术构思、风格、修辞与声律等问题。其中，《通变篇》谈论文学创作中的继承与创新，《风骨篇》提出比"风格"更为深层的"风骨"，这两篇在文学批评史上具有很重要的地位。第四部分是"批评论"，由《物色篇》《才略篇》《知音篇》和《程器篇》四篇组成。《知音篇》集中讨论文学批评的重要性，是"批评论"中最值得注意的。

《文心雕龙》综合了前代的文学理论批评遗产，超越出新，行文雅洁，文字优美。在中国古代文学理论批评名作中，《文心雕龙》以结构严密、系统性强而著称，其眼光和水准已远远超过了同时代的其他作品。宋代以后，语言通俗、结构松散的"诗话"、"文话"、"词话"等成为文学批评的流行方法，结构严密、论述系统的文学批评理论著作基本销声匿迹。在这个意义上，《文心雕龙》可以说是"前无古人，后无来者"。清代学者章学诚称赞《文心雕龙》"体大而虑周"，这是非常恰如其分的评价。

刘勰不仅专精文学理论与批评，也擅长创作，"为文长于佛理"。当时建康城的很多寺塔碑文以及名僧碑志，都请刘勰来撰写。他对佛教非常虔诚，他在人生的最后几年离开了宫廷，又一次回到了定林寺整理佛经，待到佛经整理工作完成，他便于定林寺出家，法号"慧地"，不到一年，在定林寺圆寂。佛教认为一切"如梦幻泡影"，我们今天已经很难再看到佛家弟子刘勰在俗世留下的印记。如果一定要追寻的话，我们可以爬上钟山山顶，越过紫霞湖，下到半山腰，找到定林寺的遗址。层层树木中，如今尚有一口古井，或许一千五百年前的某个清晨，青年刘勰曾在这口井边听着寺院的钟声，饮着清冽的井水，吟咏经书，揣摩文理，构思那部不朽的名著《文心雕龙》。

（程章灿）

《千字文》

中国传统的启蒙教育尤为重视识字。在封建时代，"万般皆下品，唯有读书高"。主要的幼学启蒙读物有《三字经》《百家姓》《千字文》《幼学琼林》《昔时贤文》《龙文鞭影》等，其中南朝梁武帝时期在南京刊行问世的《千字文》，被认为是世界教育史上使用时间最长、影响最大的识字课本。

《千字文》成书于公元六世纪初，由南朝著名文人、员外散骑侍郎周兴嗣（？—521年）奉命编纂。据《梁书·周兴嗣传》记载，周兴嗣，字思纂，祖籍陈郡项（今河南沈丘）。汉太子太傅周堪后代。高祖周凝，官至晋征西府参军、宜都太守。周兴嗣世居姑孰（今安徽当涂）。13岁时，他只身来到南朝都城建康（今江苏南京），游学十余载。在此期间，他博览群书，淹通古今，文采飞扬、"才学迈世"，贵族官僚竞相与其交往。

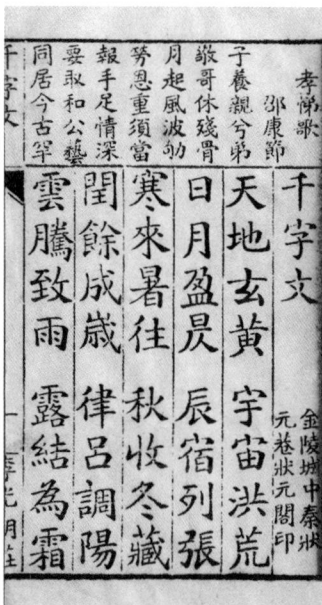

《千字文》书影

南齐隆昌中（494年），侍中谢朏为吴兴太守，只与周兴嗣一人谈论文史。谢朏回到都城建康后，对周兴嗣赞美有加。不久，周兴嗣被举荐为秀才，出任桂阳（今湖南省桂阳）郡丞，太守王嵘对其一直比较熟悉和赏识，这时更是礼遇有加。

公元502年，萧衍代齐建梁，周兴嗣上奏《休平赋》以颂扬梁武帝的业绩。其文辞藻华美，对仗工整，平仄押韵，宛若天成。萧衍读后十分欣赏他的才华，立即授予他安成王国侍郎，将其调入华林省，担任文学侍臣。从此，周兴嗣出入宫廷内外，陪伴在梁武帝左右，吟诗颂词，曲水流觞。梁武帝爱好文学，熟谙重用文学之士可以安邦治国，长治久安。他网罗了一大批文人墨客，每逢重大事件和活动，这些文士就填词作赋，歌功颂德，粉饰太平。但大多数文士泥古不化，所作诗词歌赋流于空泛和庸俗，唯独周兴嗣的作品清新俊逸，别具一格，因而赢得梁武帝的青睐和信任。周兴嗣很快以其文学才能被梁武帝提拔为员外散骑侍郎，调入文德、寿光省。

《千字文》书影

梁天监七年（508 年），梁武帝将南京城内自己的三桥旧居改为光宅寺，命周兴嗣与陆倕各写一篇《光宅寺碑文》。碑文完成后，梁武帝只使用了周兴嗣的作品。此后，周兴嗣奉命为梁武帝撰写了《铜表铭》《栅塘碣》《北伐檄》等重要文章，几乎篇篇都是石破天惊之作，每每令梁武帝称叹不已。

梁武帝在位 48 年，一生戎马倥偬，但始终未忘读书，他深知那些"生于宫廷之中，长于妇人之手，未尝知忧知惧"的皇子愚的恶的多，而贤的善的少。为了巩固梁朝江山，他希望自己的兄弟子侄，能够在他统治的太平年代成为饱学之士，满腹经纶。为此，他亲自登台授课。由于当时还没有一本合适的启蒙读物，而流行的一些典籍，如《尚书》《左传》《论语》《史记》《汉书》《三国志》等等，对于初学者来说，程度较深，令人望而却步。梁武帝深深感到有必要编写一本深入浅出的启蒙读物，来教育初学者。起初，他命文学侍从殷铁石，从大书法家王羲之的书碣碑石中拓下一千个各不相同的字，每字一纸，一字一字地教授自己的兄弟子侄，可是这种教法杂乱无章，不便记忆，收效甚微。梁武帝寻思，若是将这一千个各不相同的字，编缀成一篇通畅又有韵味的文章，岂不更妙。

于是，他召来自己最信赖的文学侍从周兴嗣，说出了自己的想法，命令周兴嗣将这一千个各不相同的字，编写成一篇互不重复而又通俗易懂的启蒙读物。

　　周兴嗣回到家里，闭上房门，将这一千个各不相同的字，摊在桌上、床上乃至地上，逐一揣摩，反复吟诵。入夜，万籁俱寂，唯有周兴嗣屋内的灯光还亮着。通过方格窗，影影绰绰可以看见周兴嗣在屋内时而起身徘徊、时而低头沉思……他苦思冥想了一整夜，直到晨曦微露、金鸡报晓时，方才恍然大悟。周兴嗣乐不可支，边吟边书，终于将这一千个不同的字联缀成一篇内容丰富的四言韵书——《千字文》（原名《次韵王羲之书千字》）。据说，周兴嗣因精神高度集中，用脑过度，一夜之间，累得须发皆白。

　　第二天，周兴嗣将《千字文》呈给梁武帝，梁武帝作为它的第一位读者，读后龙颜大悦，拍案叫绝，当即命令有关部门拿去刊诸于世，作为初学者的识字课本。从此，不仅中国帝王之家有了一本集识字、书法和思想内容于一体的启蒙读物，而且中国社会乃至世界教育史上也有了问世最早、流传最久、影响最大的蒙学教材。

　　周兴嗣因出色地编写出《千字文》一书，深得梁武帝的赏识。梁武帝对他慰勉有加，不仅赏以金银玉帛，而且于天监九年（510年）将他擢升为新安郡丞。任期满后，复为员外散骑侍郎，佐撰国史。天监十二年（513年），升给事中，撰史如故。周兴嗣不负所望，先后撰写出《皇帝实录》《皇德记》《起居注》《职仪》等百余卷。此后，周兴嗣还担任过临川郡丞。梁普通二年（521年），周兴嗣病故。

　　《千字文》用四字韵语写出，行文流畅，气势磅礴，辞藻华丽，内涵丰富。以"天地玄黄，宇宙洪荒"开头，以"谓语助者，焉哉乎也"结尾，全文共250句，每四字一句，互不重复，句句押韵，前后贯通，全文以儒学理论为纲、穿插诸多常识，内容涉及天文、地理、历史、农业、

智永《真草千字文》

园艺、饮食起居、修身养性以及封建纲常礼教等各个方面。可谓是包罗万象，涵盖面广泛，熔知识性、可读性和教化性为一炉。1500多年来，《千字文》哺育了一代又一代我国乃至周边国家如日本、朝鲜、越南等国家的儿童。历朝历代产生了不同的注释本、字体本和翻印本，形成一个斑斓多彩的儿童启蒙读物世界。

《千字文》较宋代编写的《三字经》和《百家姓》，成书时间要早400到600年，它与《三字经》《百家姓》配套成龙，合称"三、百、千"，成为中国封建社会启蒙教育的入门教材。明代学者吕坤谈到启蒙教育时说："初入社学，八岁以下者，先读《三字经》以习见闻，《百家姓》以便日用，《千字文》亦有义理。"旧有打油诗云："学童三五并排坐，天地玄黄喊一年。"

《千字文》也是历代各流派书法家进行书法创作的重要素材。隋唐以后，凡著名书法家均有不同书体的《千字文》作品传世。

（朱明娥）

《诗品》

钟嵘（465—518 年），字仲伟，颍川长社（今河南长葛）人，齐梁时期著名文论家。颍川钟氏世代官宦，钟嵘十一世祖钟繇，官至魏相国，是三国时代著名书法家。十世祖钟毓，曾任魏侍中、御史中丞。七世祖钟雅为晋侍中，因保护晋元帝渡江有功，加封广武将军。祖父钟挺为颍川郡公，父钟蹈乃南齐中军参军。悠久深厚的家族文化传统，为钟嵘撰写传世名著《诗品》，奠定了坚实的基础。

据《梁书·钟嵘传》载，钟嵘自幼即深思好学。南齐永明年间，钟嵘为国子生，在国子学（中国古代教育管理机关和最高学府）中学习儒家经典。因精熟《周易》，他受到当时的国子学祭酒王俭的赏识。在国子学毕业后，钟嵘以秀才的身份担任南康王侍郎，正式踏上仕途。后又改任抚军行参军，出任安国令。永元年末，担任司徒行参军。梁武帝代齐之初，朝纲未定，政事纷乱，钟嵘上书提出治理国家之策，为梁武帝采纳，并因此出任中军临川王行参军的职务。钟嵘不仅长于文学品评，也擅于文学创作，文采艳发。衡阳王元简出守会稽时，特别引荐钟嵘担任文职僚佐，执掌各类公文撰写。当时，隐士何胤在会稽若邪山筑室修行，碰上山洪暴发，拔树漂石，只有何胤的小室岿然独存。王元简命钟嵘作《瑞室颂》加以表彰，辞藻典雅华丽，体现了钟嵘的文学素养。

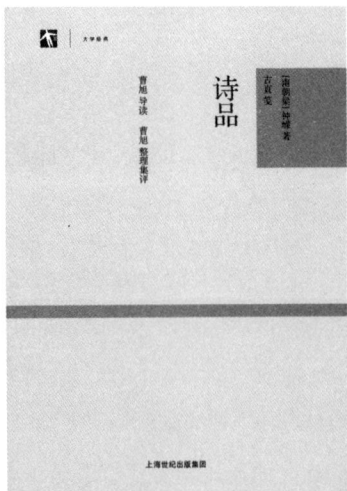

《诗品》应撰成于梁武帝时期，因为钟嵘在书中称梁武帝为"方今皇帝"。钟嵘认为，只有在作家离世之后，才能对其诗文加以论定，而《诗品》中卒年最晚的诗人，是卒于天监十二年（513 年）的沈约。可知钟嵘在建康（今南京）时期即开始《诗品》的创作，成书则是在514年以后，

《诗品》书影

大约去世前不久方才完成。

《诗品》与建康的关系极为密切，书中内容虽然并未明确提及建康，但其在"建康文学圈"的背景下孕育而生，则是毫无疑问的。《诗品》问世之前，东吴、东晋、宋、齐、梁五朝均定都建康。作为一国之都，建康聚集了当时国内大批文人才士，钟嵘就是在建康求学并走上仕途。钟嵘与居住在建康的不少文士相互切磋诗艺，如他在《诗品》卷中"谢朓条"说，谢朓多次与自己谈论诗歌，情辞激昂，持论超过他的诗歌创作。南齐永明年间，钟嵘为国子生时，

《诗品》书影

谢朓为卫将军王俭东阁祭酒，二人讨论诗歌，就是在这段时间。《诗品序》还记载，钟嵘曾与永明体诗歌代表诗人之一王融讨论声律问题，钟嵘与沈约也有所接触。《南史·钟嵘传》记载，钟嵘曾希望得到沈约的推介，只是沈约并未答应。《诗品序》中，钟嵘对诗歌声律问题提出讨论，就"四声八病"之说表达了自己的看法。这些例子都表明，钟嵘与当时生活在建康的文士交往之密切。可以说，也正是在建康城的文学氛围的影响之下，钟嵘才开始了《诗品》的创作。

《诗品》的创作并非偶然。纵观齐梁时期的文坛，五言诗蓬勃发展，但在钟嵘看来，因为缺乏正确的导向，五言诗创作误入歧途：人们不专心于儒家经典和小学文字的学习，却执着于诗歌写作；又因为缺乏深厚的文学功底，写出的诗难免体式冗杂，音律不谐。那些贵族子弟，唯恐落后于他人，日夜吟诵不已。诗作单看似乎警策，细读之后，却是缺乏要妙之旨。更有甚者，一些轻薄之徒，嘲笑曹植、刘桢的诗歌古拙，而奉鲍照为"羲皇上人"，认为谢朓独步古今。实际上，他们学习鲍照和谢朓，也不得要领，以致朱紫相夺，标准无依。这种风气尤以当时的首都建康为盛。刘绘是当时活跃在建康的后进文坛领袖之一，他有着卓越的诗歌鉴赏能力，对这种不良诗风深恶痛绝，他曾经口头上表示，准备写作专书来进行纠正，

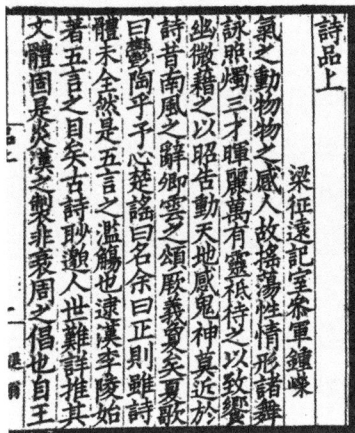

可惜最后没能写成。这虽然是一个历史遗憾，但却激发了钟嵘撰写《诗品》的愿望。钟嵘有感而作，终于完成了这部名垂千古的著作。

东汉以后，随着荐举人才政策的实施，社会上普遍流行着品评人物的风气，将所品人物分为九等。曹魏实行"九品中正制"，就是按九等来选拔人才和任用官吏。这种风气越来越流行，影响遍及当时的各种文学和艺术批评，出现了不少按照等级划分高下的文艺批评著作，如沈约《棋品》、谢赫《古画品录》、庾肩吾《书品》等，钟嵘《诗品》亦是其中之一。

在结构上，《诗品》由序言与品评两部分组成，二者互为表里，互相发明。序言首先叙述了梁以前中国诗歌史的发展脉络，从上古时期的乐歌谈到齐梁五言诗的创作。接下来，作者设定了《诗品》的结构，将全书分为上、中、下三品，每品之中，以时代为先后，不以优劣为诠次。从整体来看，《诗品》最值得注意的有以下三点：第一，倡言五言诗体"居文辞之要，是众作之有滋味者也"，确认并提高了五言诗的地位；第二，反对诗歌创作过分讲究声律、用事，提倡自然之美；第三，确定入选诗人的品第，并揭示其诗歌的嗣承关系和发展源流。

五言诗出现于汉代，经过曹氏父子的大力倡导，至齐梁时期，创作势头已完全超过了四言。即便如此，在当时人的观念中，其地位仍然不及四言，比如刘勰就称四言是典雅正宗的"正体"，而五言乃是时尚流行的"流调"（《文心雕龙·明诗》），这代表了当时人们的普遍看法。

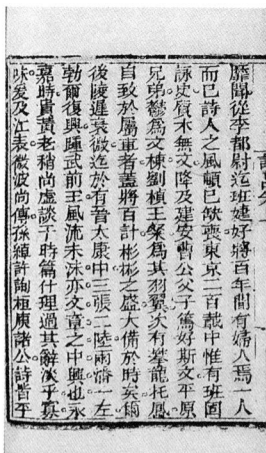

《诗品》书影

五言诗这种尴尬地位与其繁盛的创作势头极不相符。钟嵘决定为五言诗正名。在《诗品序》中，他首先肯定四言文辞简约、蕴藉深广的优势，随后指出，四言因其体式的限制，不利于反映丰富多彩的生活及表达曲折复杂的感情。相比之下，五言则繁简适中，长短适度，是诗体中很有"滋味"的一种。因此，《诗品》专评五言诗人及其诗篇，不及其他。钟嵘对五言诗的高度评价，对五言诗的发展起到了积极的推动作用。

南齐永明年间，沈约、谢朓、王融等人在作诗中倡导"四声八病"，形式上追求四声调谐，避忌八病，追求对偶工整，辞藻巧艳。这是当时的一种新体诗歌，对唐代格律诗的形成有着重要的意义。但钟嵘认为，沈谢等人的"四声八病"说因为限制过多，不利于语言的流畅表达，也妨害了诗歌的自然之美。此外，在刘宋大明（457—464 年）、泰始（465—471 年）年间，有一些诗人喜欢在诗中使用过多的典故，导致作品如同抄书一般，这也使诗歌的发展走向一个误区。针对这两种不良倾向，钟嵘在《诗品序》中予以纠正。他认为，如果作诗时对声病拘忌过多，就会有碍诗歌情感的自然抒发，诗歌本来用于诵读，只要清浊通畅、声韵和谐就足够了，不必拘泥于繁复的"四声八病"之说。同时钟嵘认为，诗与偏于实用的应用文不同，乃吟咏性情之作，没有必要用典。他以"思君如流水"、"高台多悲风"、"清晨登陇首"、"明月照积雪"等名句为例子，认为这些名句都是脱口而出，并没有讲究什么平仄。钟嵘提倡的这种自然平易的诗风，与当时诗坛的主流风气明显不同。

钟嵘按照艺术成就的高低，将《诗品》中选录的诗人分为上、中、下三品，共 120 人，但凡入选，"便称才子"（《诗品序》）。上品共有 12 家，其中有钟嵘颇为推崇的"古诗"（因不知作者，故称古诗）、曹植、阮籍、陆机、左思、谢灵运等，中品有秦嘉、徐淑、曹丕、嵇康等，下品有班固、郦炎、赵壹等。钟嵘对所选录的诗人逐一品评。对自己喜爱的诗人，他会竭力推崇，给予极高评价。对于存在不足的诗人，他也毫不客气地指出。同时，钟嵘还努力为中国诗歌勾勒出一个完整的谱系，寻找出历代诗歌传承发展的脉络。这种追本溯源的方法，体现了他诗歌批评的历史发展观，也是《诗品》最具特色的批评方法之一。值得关注的是，入选《诗品》的东晋之后的诗人，绝大多数都在建康居住过。南北朝对峙时期，北方由于战乱频繁、胡人入侵、世家大族南渡等原因，文化落后于南方。而建康作为南朝的首都，汇集了当时最为优秀的诗人，不仅是当时的政治中心，也是南朝的文学文化中心。

作为一部重要的诗歌理论批评著作，《诗品》被后人誉为"百代诗话之祖"，对后世的诗话形式产生深远影响。它与同时代的刘勰《文心雕龙》，并称为中国文学批评史上的"双璧"。

（程章灿）

《昭明文选》

萧统

南朝诗人谢朓写过一首《鼓吹曲》，诗的开头两句是："江南佳丽地，金陵帝王州。"对南京而言，这是恰如其分的称赞。我们现在看到的最早记载这一诗句的古代典籍，就是南朝梁昭明太子萧统（501—531年）所编的《文选》。无论是有意还是无意，当南京与这部传诵千载的文学经典——《文选》结缘以后，后代人眼中的南京，便多多少少包含了一些书香与六朝繁华的底蕴。

从春秋到南朝梁代，中国文学已经走过将近一千年的历程，在这一过程中，辞赋、诗歌和散文等各种文学形式都涌现了难以计数的名篇。到了南朝这一被后世认为"文学繁荣"的时代，人们就更痴迷于文学这门古老的艺术，无数的诗篇、文章被创作了出来。林林总总数量繁多的作品，一方面令读者目不暇接，另一方面，作品虽多却良莠不齐，也使人眼花缭乱，需要花一番披沙拣金的功夫。于是，自然而然地，便会有诗文选本出现，而萧统的这部《文选》，无疑代表了那个时代文学选本中的最高水准。

萧统是南朝梁武帝萧衍的太子，虽是太子，他却在继位之前去世，谥号"昭明"，人称昭明太子，《文选》也因此常常被称为《昭明文选》。萧统幼年十分聪慧，据《梁书》本传记载，他三岁就学习《孝经》和《论语》，5岁就遍读"五经"，且都能够背诵。7岁时，萧统出居梁武帝专门为他建造的东宫，宫中存放了大量图书典籍，又有当时知名的学者、诗人如沈约、徐勉等做他的老师，所以，萧统从小就接受着当时最好的皇家教育。他酷爱读书，非常勤奋，"读书数行并下，过目皆忆。每游宴祖道，赋诗至十数韵"，很早便显露出他卓越的文学才华。在昭明太子留给后人的遗迹中，最为多见的一种就是"昭明太子读书台"，至今在南京的玄武湖以及紫金山等地，还有多处流传至今的昭明太子读书台。《文选》是这位爱好诗文的翩翩公子留给世间的一份珍贵的文化资源。

梁武帝治下的梁朝初年是一段相对和平繁荣的时期，这也为南朝那些流连风月、爱好诗文的王孙贵族提供了相应的社会条件。朝堂中文人才子众多，昭明太子身边也聚集了一批当时最优秀的文士学者，不仅有陆倕、刘孝绰等十分著名的"东宫十学士"对其进行教导，还有《文心雕龙》的著者刘勰、年轻的庾信等与其讨论文理、吟咏唱和，这些文士影响了萧统的文学创作和思想，其中有一些人甚至直接参与了《文选》的编撰。

按照惯例，萧统行过冠礼之后，便要开始熟悉政务，为日后继位为君做准备了，这在当时被称为"监抚"。从此之后，一直到昭明太子去世，他都是以储君的身份活跃在文坛与政界，而《文选》的编撰也正是在这一时期完成的。其具体工作应该是由萧统身边文士参与或负责的。

此书名为"文选"，顾名思义，就是一部文学作品的选本。当我们阅读这部我国现存最早的一部文学总集时，可以对上至春秋、下至南朝梁代这八九百年间的古典文学有一个基本了解。但是，初读《文选》的人，会发觉它与我们今日所习惯的文学观念颇为不同。《文选》中并没有收录被称为我国古代第一部诗歌总集的《诗经》中的作品，也没有选录《尚书》《左传》以及战国诸子等先秦散文作品，更没有《史记》与《汉书》等两汉史传散文，因为在编选者看来，《诗经》《尚书》《左传》等属于儒家经典，《史记》

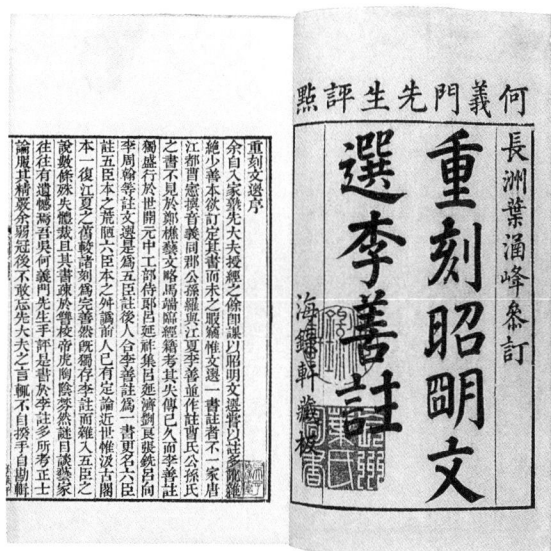

《昭明文选》书影

《汉书》等属于史部著作，先秦诸子以说理为主，总之，这些都不属于讲究事义翰藻的"文章"的范畴。那么，在《文选》编撰者眼中，"文"的标准是什么呢？这就是萧统《文选序》中所说的"事出于沉思，义归乎翰藻"。这句话既强调了文学的审美特点，又指出了文学作品中用典与修辞的必要性。对于"辞采"、"文华"、"翰藻"的追求，代表了六朝时代对于文学观念的新理解和当时文学创作的新风尚。

《文选》所收录的文学作品，主要有赋、诗、骚、文几大类。赋体之中，既有两汉司马相如、班固、张衡等人的大赋，也有魏晋陆机、潘岳、江淹、鲍照等人的抒情小赋。诗主要是汉代以来三曹七子、阮籍、左思、谢灵运等人的五言诗作，骚是屈原、宋玉等的楚辞作品，文则大部分是各种文辞华美的实用文体，如诏诰书表之类。这一编选标准，实际上代表了齐梁时代人们对于文学含义的理解，与后人的理解不同。

但是，作为一部传诵千年的文学经典，萧统所编的《文选》并非完全迎合六朝时期的审美倾向，他依旧有着自己独特的取择标准。比如陶渊明，这位被后世尊为隐逸诗和田园诗之祖的诗人，在六朝雕缋满眼的作品中绝对称得上是一个另类。他在那个时代的文坛地位远不如现在这样高，在著名的诗评家钟嵘的《诗品》中，陶渊明被列在中品，排在多位今人较少听闻的诗人之后。而萧统却慧眼独具，对陶渊明的人品与诗文给予极高的评价。他不仅亲自命人搜罗陶渊明的诗文，进行整理编定，还在《文选》中选录了陶渊明的数篇作品，其中即有后人耳熟能详的《归去来兮辞》和《归园田居》等代表性诗文，这在那个时代是十分难能可贵的。这个例子说明，《文选》体现了萧统个人的审美趣味。据《梁书》记载，萧统曾在东宫之中建立了一座苑囿——"玄圃"，并与手下的一批文士在那里举行诗文唱和活动。其间，有一位下属官员建议"奏女乐"，但萧统并不正面回应，而是咏诵左思《招隐诗》中的句子以作答："何必丝与竹，山水有清音。"由此可见，陶渊明那样清新自然的诗风，确实更

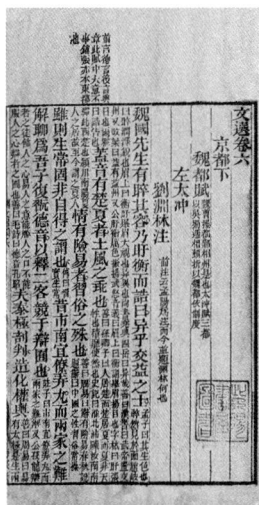

《昭明文选》书影

符合萧统的口味。

即使经过了一千多年，以今天的眼光来看，《文选》所收录的130位作者的700余篇作品，仍然几乎都是经典佳作，所以，尽管后代编有形形色色的诗文选集，但没有一部可以替代其在中国文学史上的地位。唐代科举考试中以诗赋取士，这使以选录诗赋为主的《文选》成为家喻户晓的文学读本，以致民间有"文选烂，秀才半"的谚语流行。《文选》的传世，也滋养了无数的诗人学者，如初唐四杰、李杜、王孟、元白等古代著名诗人作家。即便是提倡古文、反对六朝骈俪之文的韩愈、柳宗元等唐宋八大家，也依旧从《文选》中汲取文学滋养。直到现代的新文学运动兴起，人们还以"《选》学妖孽"来代称坚守传统古典文学阵营的旧文学作家。另外，《文选》还随着唐朝文化的影响，漂洋过海到了日本，并对日本古典文学产生了深刻的影响。这使得《文选》当之无愧地成为世界文学经典。

学界有人认为，《文选》的选录标准与文体分类有值得商榷之处，可惜的是，历史并没有给萧统更多的时间来补充修订。萧统二十六岁那年，母亲丁贵嫔去世，他的人生由此出现逆转。据说，丁贵嫔墓地的风水不利于萧统，于是萧统听从道士的建议，在墓旁埋下一只蜡鹅。这在古代属于巫术，是很被忌讳的。信奉佛教的梁武帝得悉此事后勃然大怒。当时，梁武帝已步入晚年，猜忌心加重，加上皇子众多，觊觎皇太子之位者不乏其人。此事发生后，萧统便一直处于忧惧之中。在三十一岁那年三月，萧统于玄武湖中不慎落水，此后便卧病在床，没有多久就去世了。根据史书记载，昭明太子出葬之时，整个南京城的百姓"奔走宫门，号泣满路"，足见人们对这位太子的爱戴。他的墓地，大约是在今栖霞区南象山的狮子冲附近。

（程章灿）

《建康实录》

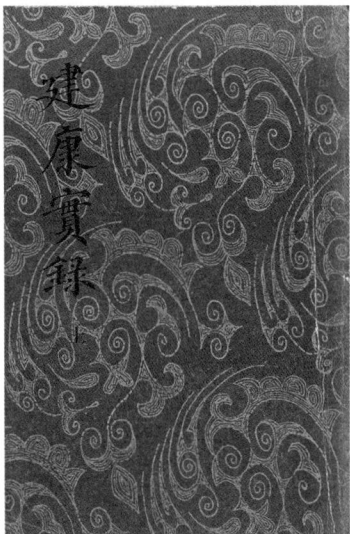

《建康实录》书影

《建康实录》20卷，唐许嵩撰。

许嵩生平事迹不详，本书自序署郡望高阳（今河北高阳），当属祖籍。据书中作者对建康城地理的描述，可知其曾经实地踏勘，很可能长期居住于此。书中两度以唐肃宗至德元年（756年）为时间参照点，因此至德元年应是作者撰著本书的时间。且书中征引典籍不及唐玄宗、肃宗朝以后者，据此估计许嵩当生活于唐玄宗、肃宗时代。另《宋史·艺文志》著录"许嵩《六朝宫苑记》二卷"，今已不传，亦未见于他处著录。

《建康实录》是记述定都于建康的东吴、东晋、宋、齐、梁、陈六朝史事的专书，始于汉献帝兴平元年（194年）孙吴起事，终于陈祯明三年（589年）后主失国，前后约四百年，其中六朝四十帝实际定都建康时间321年。本书卷一至四记吴，卷五至十记东晋，卷十一至十四记宋，卷十五、十六记齐，卷十七、十八记梁，卷十九、二十记陈，叙各代兴废大端、君臣行事，尤注重六朝遗迹的记载，保存了唐代以前大量建康史地资料，对于研究六朝史，特别是南京地区历史地理，有重要的参考价值。

作者在自序中说到本书撰著情况："嵩述而不作，窃思好古，今质正传，旁采遗文"，所记六朝史事，当是以不同史书为蓝本。吴、晋两朝所依为编年纪事体旧史，诸臣事实附载于薨卒条下；刘宋一朝大率采萧子野《宋略》，前为编年体，后附纪传体功臣传，陈朝与此相类；齐、梁两朝则全用纪传体，梁后且附不都于建康的萧詧后梁，遂致体例不纯。然本书贵在于正史之外，能旁征博引。魏晋南北朝时期史学繁荣，官私纂述甚众，而历久渐散佚。许嵩所见尚多，《建康实录》引用唐初及唐以前典籍五十余种，今多不存，幸赖此书保存了大量后世不传的资料，故《四库全书总目》论其"引据广博，多出正史之外，唐以来考六朝遗事者，多援以为征"，足以补遗阙、订讹误者不胜枚举，亦是研究建康都城的重要观照。作者又说："若土地山川，城池宫苑，当时制置，或互兴毁，各明处所，用存古迹，其有异事别闻，辞不相属，则皆注记，以益见知"，亦非虚言。其广搜地记史料，兼加实地考察，书中记述六朝遗迹达一百多处，翔实可信，成为后世研究六朝遗迹的重要依据。如《六朝事迹编类》几乎有一半引用此书，《景定建康志》所记六朝古迹全部承袭《六朝事迹编类》，《至正金陵新志》又转承《景定建康志》。

《建康实录》唐宋时流传颇广，官私书目多有著录，元明两代未见传刻记载，清乾嘉以降，复为世人所重视，转抄刊印。现存最早刊本为南宋高宗绍兴十八年（1148年）十一月荆湖北路安抚使司重刻递修本，书尾有重雕校勘官韩轸等衔名九行。此本书尾保存了北宋仁宗嘉祐年间刊本情况："江宁府嘉祐三年十一月开造《建康实录》，并案《三国志》、东西《晋书》并南北史校勘，至嘉祐四年五月毕工，凡二十卷，总二十五万七千五百七十七字，计一十策"，及校正官张庖民等衔名七行。绍兴刊本中遇仁宗名"祯"不刻，注"御名"二小字，尚保留嘉祐本原貌；遇高宗名"构"不刻，注"今上御名"四小字；又有遇"构"字不刻注为"太上御名"者，因知此书在孝宗年间曾补板重修。惜嘉祐本早已不传，官私书目均未见著录。绍兴刊本今亦仅存孤本，曾经毛晋、季振宜、徐乾学、周锡瓒、汪士钟、杨以增等大家收藏。20世纪30年代流入北京琉璃厂书肆，为周叔弢先生

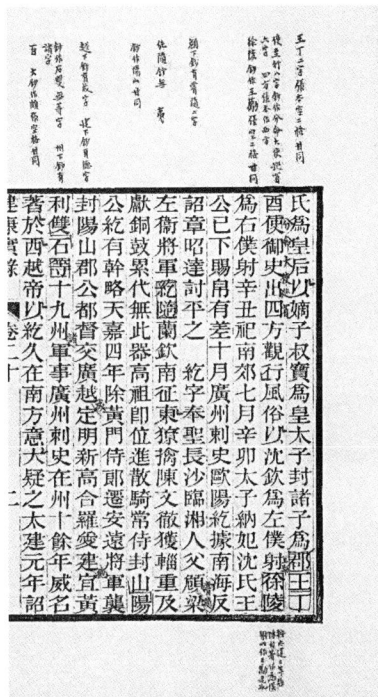

《建康实录》书影

购得，后捐予国家，现藏于中国国家图书馆。

此书重要钞本，首推顾广圻乾隆五十三年（1788 年）所得朱奂滋兰堂钞宋本。顾氏借周锡瓒藏宋本校改，认为此本即钞自该宋本；复据正史校补，遂称佳善。嘉庆四年（1799 年）顾氏转售黄丕烈。嘉庆十一年（1806 年）贻训堂主人向黄丕烈借得此钞本，翻刻及半，归板于张海鹏；张海鹏依原式续刻，于嘉庆十三年（1808 年）完成。张氏跋称此系宋以来第三刻本。

乾隆年间编撰《四库全书》，收江苏巡抚采进本《建康实录》。另见于各家著录的，有王鸣盛藏钞本、彭元瑞钞本、丁丙藏钞本、周星诒钞本、刘承干钞本、甘元焕钞本等，均源自宋绍兴本。

光绪二十三年（1897 年），甘元焕复得张海鹏刻本，与原藏钞本互校，立意翻刻，未成即病故。其子曾沂缵承先志，亦未及杀青而逝。后由其表侄叶树南重加校勘，光绪二十八年（1902 年）始藏事，书后附校勘一卷。中华书局点校本即以此为底本。

《建康实录》一书，《新唐书·艺文志》列入杂史类，《四库全书总目》列入别史类。历代钞刻版本虽繁，其源则一，即现存孤本宋绍兴刊本。后出之本虽经校勘，多依正史改订，而此书之可贵，正在与正史相异处。

（薛　冰）

《景定建康志》

《景定建康志》50卷，宋马光祖修，周应合纂。

南宋建康府为沿江重镇，有留都之称。建炎三年（1129年）五月，高宗诏改江宁府为建康府。绍兴二年（1132年）修建行宫。另设江南东路安抚使司、沿江制置使司等。南宋乾道、庆元、景定年间三次修纂建康府志。乾道五年（1169年），建康知府史正志主持修纂《乾道建康志》，共10卷，二百八十版，所记止于乾道年间，多取材于宋朝石迈《上元古迹》，为南京历史上第一部官修府志。庆元六年（1200年）建康行宫留守吴琚主修《庆元续建康志》，取材宋朱舜庸撰《金陵事迹》，所记止于庆元年间，共10卷，二百二十版。乾道、庆元府志均已失传。景定年间，第三次修纂府志，也是一次府志的重修。景定二年（1261年）二月，建康知府马光祖聘请周应合编纂府志。马光祖，字华父，号裕斋，婺州金华（今浙江金华）人，宝庆二年（1226年）进士，三任建康知府。周应合，原名弥垢，字淳叟，号溪园先生，隆兴府武宁（今江西武宁）人，淳祐十年（1250年）进士，任实录馆修撰。开庆元年（1259年）任江南东路安抚使司干办公事，兼明道书院山长。博物洽闻，学力充赡，又富有修志经验，曾编纂《江陵志》，记载有法，图辨表志，粲然有伦。景定二年（1261年）三月三日，在建康府钟山阁下设立志局。马光祖指出：南渡中兴，此为根本，有关于国家的大事记载宜详于他府。庆元、乾道志在体例、结构和内容上存在种种不足，诸如散漫无统，无地图以考疆域，无年表以考时世，古今人物不可泯者，行事之可为

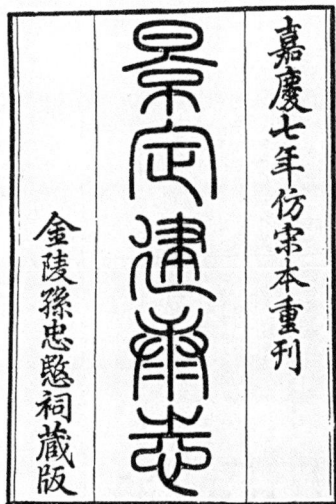

《景定建康志》书影

劝戒者，诗文之可以发扬者，求之皆阙如。再者庆元至今已逾六十年未续修。乾道、庆元两部志书互有详略，而与《六朝事迹编类》《建康实录》进行校对，又有多处不相吻合。对前志补缺、正讹，并续补庆元以后事迹，方为全书。周应合提出定凡例、分事任、广搜访、详参订四条建议。除"分事任"外，其他三条均为马光祖采纳。《景定建康志》采用史书体裁，由图、表、志、传、录五个部分构成，设《留都录》四卷、《地理图及地名辨》一卷、《年表》十卷、《官守志》四卷、《儒学志》五卷、《文籍志》五卷、《武卫志》二卷、《田赋志》二卷、《古今人表传》三卷、《拾遗》一卷，为乾道、庆元两志之所无；《景定建康志》中的《疆域志》三卷、《山川志》三卷、《城阙志》三卷、《祠祀志》三卷，资料采录自前志者占十分之四，增补者占十分之六。历时一百二十天，志稿基本完成。初刻一千六百一十八版。"每卷每类之末，各虚梓以俟续添，固未敢以为成书也。"（《景定修志本末》）后陆续补刻，续添内容，如《留都录》、《建康表》增补景定三年至咸淳五年（1362—1269年）之事。卷数也略作调整，《年表（建康表）》初刻十卷，定稿九卷（表一、表二合为一卷）；《疆域志》初刻三卷，定稿二卷；《城阙志》初刻三卷，定稿四卷；《风土志》初刻一卷，定稿二卷；总卷数仍为50卷。到咸淳五年全部刻竣，共一千七百二十八版。

清《四库全书总目提要》评价《景定建康志》："援据该洽，条理详明，凡所考辨，俱见典核。"民国《续修四库全书总目提要》评价："宋代方志，整密该博，无逾此编。"《景定建康志》因其深邃的编纂思想和完善的体例结构，成为南宋方志的代表作，对后世方志的编纂产生了深远的影响。马光祖在序文中阐述方志的编修目的、功用及其内涵云："郡有志，即成周职方氏之所掌，岂徒辨其山林川泽都鄙之名物而已。天时验于岁月灾祥之书，地利明于形势险要之设，人文著于衣冠礼

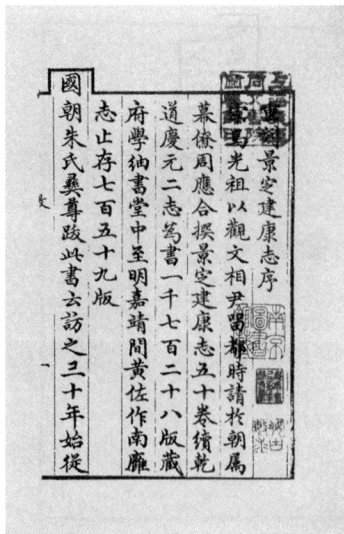

《景定建康志》书影

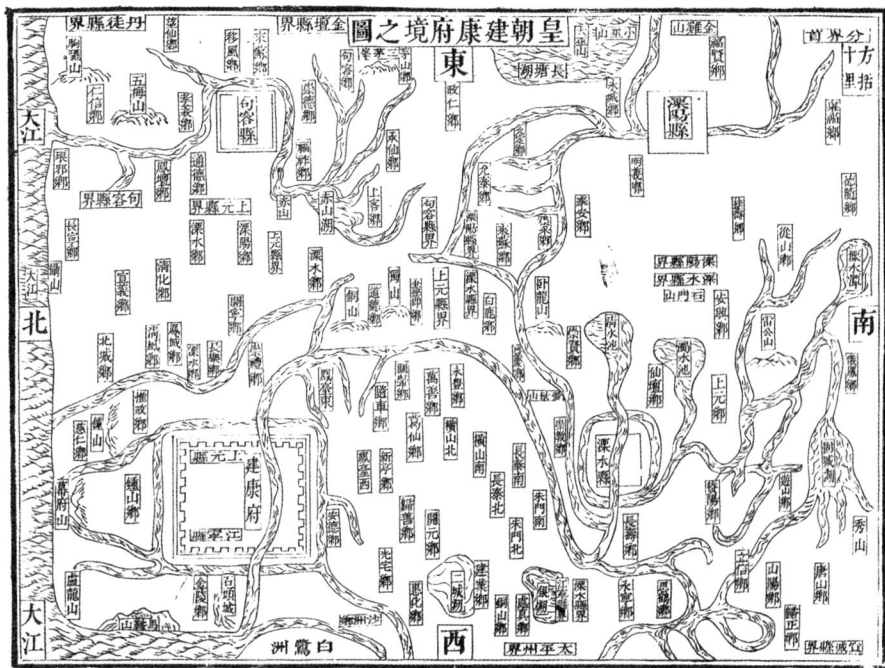

《景定建康志》书影

乐风俗之臧否。忠孝节义，表人材也；版籍登耗，考民力也；甲兵坚瑕，讨军实也；政教修废，察吏治也。古今是非得失之迹，垂劝鉴也。夫如是，然后有补于世。"

《景定建康志》的体例备受推崇。元代张铉在《至正金陵新志·修志本末》中称："惟《景定志》五十卷，用史例编纂，事类粲然，今志用为准式。"清代孙星衍《重刊〈景定建康志〉后序》称："《建康志》体例最佳，各表纪年隶事，备一方掌故，山川古迹，加之考证，俱载出处，所列诸碑，或依石刻书写，间有古字。马光祖、周应合俱与权贵不合，气节迈流俗者，其于地方诸大政，兴利革弊，尤有深意存焉。"清代谢启昆主修《嘉庆广西通志》，盛称《景定建康志》，分图、表、志、传四篇，"体例最善"，并采用其体例。阮元总裁《嘉庆浙江通志》《道光广东通志》，赵谦之总编《光绪江西通志》，黄彭年总纂《光绪畿辅通志》等纷纷仿效，成为清代修志鼎盛时期的主流。

（周建国）

《永乐大典》

解缙

《永乐大典》，是明成祖朱棣永乐年间在南京编撰的一部百科全书式的大型类书，全书22937卷（其中目录、凡例60卷），分装11095册，约三点七亿字，汇集了14世纪之前的古籍七八千种，是中国古代规模最大的一部典籍。《简明不列颠百科全书》称《永乐大典》"可能是有史以来世界上最大的百科全书"；而且它早于法国狄德罗等编纂的《百科全书》及英国《不列颠百科全书》三百余年。

明太祖朱元璋洪武二十一年（1388年），时任中书庶吉士的解缙上书，建议"编辑经史百家之言为《类要》"，以方便帝王阅读。朱元璋赞赏他的想法，但解缙不久即因事被贬，奉旨回家侍父读书，故未能实行。洪武三十一年（1398年），太祖命侍读唐愚士主持编纂《类要》，又因皇帝驾崩而中止。惠帝朱允炆建文年间一度续编，然燕王朱棣发动"靖难之役"，此事遂不了了之。

永乐元年（1403年）七月，成祖朱棣下令翰林侍读学士解缙，要求编纂一部大型类书，"天下古今事物，散载诸书，篇帙浩穰，不易检阅，朕欲悉采各书所载事物，类聚之而统之以韵，庶几考索之便，如探囊取物耳"，并且提出具体要求："凡书契以来经史子集百家之书，至于天文、地志、阴阳、医卜、僧道、技艺之言，备辑为一书，毋厌浩繁！"解缙受命，汇集学者147人，仿照《韵府群玉》和《回溪史韵》二书体例，历时一年余，在永乐二年（1404年）编成进呈，赐名《文献大成》。但朱棣检看此书，认为仍不够完备，遂于次年谕令重修，命太子少师姚广孝、刑部侍郎刘季篪和解缙为总裁，学士王景等28人为副总裁，"命礼部简中外官及四方宿学老儒有文学者充纂修，简国子监及在外郡县学能书生员缮写，开馆于文渊阁，命光禄寺朝暮给膳"。这些人的生活待遇优厚，由光禄寺早晚供给酒肴、茗果，还发给膏火费，官员参与编修工作的可以免上朝。朝野内外参与编纂工作的官员、学者有两千多人，连抄写者多达三千余人。当时就有人以"天下文艺之英，济济乎咸集于京师"来形容其盛况。

文渊阁是皇家图书馆。太祖朱元璋修建皇宫时，就在奉天门之东建文渊阁，贮藏古今典籍。明军攻占元大都后，将元王朝的典藏全部转运至南京，其中包括元人所掠得的宋、辽、金三代藏书，极为丰富。皇帝常在文渊阁中披览图书，听翰林讲经论史。奉天门的位置在午门之北，应在今南京午朝门公园内。其东侧一带，便是《永乐大典》的诞生地。编纂工作中，首先采用文渊阁的藏书为底本，同时派人分赴全国各地采购图书，共集中了经、史、子、集、释藏、道经、戏剧、平话、工技、农艺等各类图书七八千种。其编排方式，是按《洪武正韵》的韵目，"用韵以统字，用字以系事"，以单字立目，每字下先注该字音、义，次列楷、篆、隶、草各体，再分类汇辑各书中与该字有关之天文、地理、人事、名物及诗词典故、杂艺等诸项记载，整段、整篇以至整部原封不动地编入；同一事物有不同说法的亦兼收并蓄，以供参考，不作辨析。

永乐五年（1407年）定稿进呈，成祖朱棣看了十分满意，亲自为之作序，并赐名《永乐大典》；而抄写誊清工作直至永乐六年（1408年）冬天才全部完成，此后就收藏在文渊阁中。

永乐初年不惜代价编纂规模如此巨大的《永乐大典》，其重要原因之一，是想借此消除"靖难之役"的影响。朱棣是朱元璋的第四子。朱元璋去世后，传位于皇太孙朱允炆，史称建文帝。不久，朱棣即以"清君侧"为名义发动"靖难之役"，于建文四年（1402年）夺取政权，在南京登基称帝。但在朝中建文旧臣与天下知识分子眼中，朱棣的做法有违封建伦理，明里暗里怀着抵触情绪。朱棣恩威并施，对列入五十"奸臣"名单者严酷处置，名单以外的人概不追究，对建文年

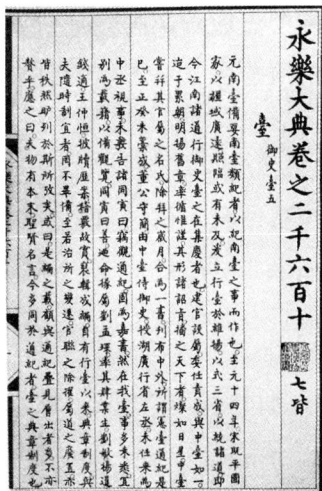

《永乐大典》书影

间任命和提拔的官员，则明令"仍依现职不动"。编纂大型类书以弘扬"文治"，是太祖的遗愿，借此也可以表示自己是太祖的忠实继承人；而参与编纂工作的天下才俊，又被直接置于朝廷控制之下，长年累月埋首旧书古籍，无暇多问政事。同时，这样一部"序百王之传，总历代之典"的"一统之制作"，也有助于成祖显示"文治武功"，成为"永乐盛世"的一个重要标志。

不过，《永乐大典》的编纂，确实达到了保存古代典籍的作用。我们今天所能看到的宋、元善本，不过三千余部，而《永乐大典》收书达七八千种。清代乾隆年间修《四库全书》时，已从中辑出佚书三百八十五种，近五千卷，多种失传的重要典籍得以重现原貌。加上此后专家学者陆续辑出，现已达六百种，所以《永乐大典》被誉为"辑佚古书的渊薮"。

主持《永乐大典》编纂工作的总裁解缙，江西吉水（今江西吉安）人，生于洪武二年（1369年），自幼聪颖过人，诗、文、书法俱佳，与徐渭、杨慎并称明代三大才子。洪武二十一年（1388年）解缙中进士，历官御史、翰林待诏；明成祖即位，升为侍读，入文渊阁，参预机务，累进翰林学士兼右春坊大学士。但他自恃才高而好直言，为人所忌恨，屡遭贬斥；尤其是为立太子事，与朱棣争执，解缙坚持应立长子，而朱棣就是不立长子，因此失宠。永乐五年（1407年）解缙被诬"阅试卷不公"贬去交趾（今越南）；永乐八年（1410年）被诬"私见太子"、"无人臣礼"而被逮捕，关押天牢之中，永乐十三年（1415年）年冬，被处死。解缙曾参与编纂《太祖实录》，编纂《永乐大典》是他一生事业的巅峰；所著还有《解学士集》《天潢玉牒》等。

《永乐大典》编成后，仅抄写一部，作为皇家御用，因卷帙浩繁，工费过大，未能刊印。永乐十九年（1421年）迁都北京后，《永乐大典》运至北京，贮于宫中文楼，但一直少人过问，除了孝宗朱祐樘为求长寿，曾将《永乐大典》中的金匮秘方书转录给太医院外，只有世宗朱厚熜喜读此书，曾经按韵浏览。嘉靖三十六年（1557年），宫中失火，奉天门及三大殿均被焚毁。世宗担心殃及文楼，急令将《永乐大典》全部抢运出外。为防不测，同时，世宗决定重录一部副本，并与阁臣徐阶等商讨，制定了严格的规章制度，嘉靖四十一年（1562年）秋，召选书写、绘画生员一百零九人，开始抄绘。誊写人员早入晚出，登记领取《永乐大典》，完全依照原样重录，每人每日抄写三页，要求内容一字不差，规格版式完全相同。这项工作历时六年，直到穆宗朱载垕隆庆元年（1567年）才完成。此后《永乐大典》正本仍藏宫中，抄录的副本收藏于皇史宬。思宗朱由检崇祯二年（1629年），曾将《永乐大典》中有关日食的内容刊印出来。

明朝灭亡后，《永乐大典》正本不见下落。研究者多认为已毁于火灾，最大可能是李自成兵败撤离北京时纵火烧皇宫，当时仅武英殿幸存，其余建筑全毁。清圣祖康熙年间，学者徐乾学、高士奇等在皇史宬中发现《永乐大典》副本，世宗雍正年间移入翰林院保存。高宗乾隆年间因纂修《四库全书》需要，对《永乐大典》进行清点，当时已缺失二千四百余卷。仁宗嘉庆间纂修《全唐文》和《大清一统志》，也都曾利用过《永乐大典》。其间由于监管制度不严密，《永乐大典》遂被有机会出入翰林院的官员、学者大肆窃取。文宗咸丰十年（1860年），英法联军侵占北京，翰林院曾遭到野蛮破坏和劫掠，《永乐大典》也曾被侵略军作为战利品载运回国。德宗光绪元年（1875年）重修翰林院衙门时，清点《永乐大典》，只剩下五千多册；二十年后再次清点，竟仅存八百册了。光绪二十六年（1900年）"庚子事变"中，翰林院成为战场，发生火灾，贮存《永乐大典》的敬一亭也被烧毁，散失的《永乐大典》被八国联军用于修工事、垫马槽。经此劫难，翰林院所藏《永乐大典》副本散失殆尽。流传到民间和海外的《永乐大典》零本，则为各收藏机构和私人藏家争相收藏。

中华民国成立后，经鲁迅先生倡议，由教育部将翰林院仅存《永乐大典》六十四册移交京师图书馆收藏；此后京师图书馆陆续又征集到二十九册。中华人民共和国成立后，国家图书馆将《永乐大典》定为四大专藏之一，征集、保护和利用方面都出现了新局面，1959年曾由中华书局将中外收存的七百二十卷汇集影印出版。据海内外学者调查，现存于各公私收藏的《永乐大典》约有四百册，中国国家图书馆收藏二百二十二册（其中六十册现在台北）；上海图书馆、四川大学图书馆，以及英国、日本、德国、美国等国家和地区的公私藏家手中，还藏有近二百册。

（薛　冰）

《本草纲目》

李时珍

《本草纲目》是我国明代伟大的医药学家李时珍所写的一部辉煌巨著。

李时珍（1518—1593 年），字东璧，号濒湖，故而世称李濒湖。湖北蕲州（今湖北蕲春）瓦硝坝人，生于明武宗正德十三年（1518 年）。李时珍出生在一个世医家庭，其祖父是个走村串户的铃医（即民间俗称的走方郎中），社会地位十分卑微，更何况受到世俗"学书费纸，学医费人"和"医者小道"诸如此类的习惯思想的消极影响，致使其祖父尽管一生勤勉，治病救人，竟然连个名字都不曾留下。父亲李言闻，字子郁，号月池。在家乡行医多年，专心致志为父老乡亲除病疗疾，医术高明且医德高尚，深受百姓的爱戴。李言闻曾被举荐为太医院吏目。他不仅从事临床诊疗活动，还著书立说，把自己的理论思考成果都倾注于字里行间，写出了《四诊发明》《医学八脉注》《痘疹证治》《人参传》《蕲艾传》等医药书，可惜大多失传了，只有《四诊发明》的部分内容还保存在李时珍的《濒湖脉学》中。

李时珍自幼接受了严格的家教熏陶，加之自身聪明好学，所以 14 岁时就考中了秀才。他刻苦攻读，努力进取，《蕲州志》赞其"刻意读书，十年不出户阈，上自坟典，下及子史百家，罔不贿洽"。由于家学渊源的关系，他对医学颇有兴趣，其所摘抄的有关的医学内容就有上百万字。或许正是他沉潜于医而入了迷，使得他三赴武昌乡试竟未果，此后便一心一意踏上了行医之路。这样，旧官场少了一个官僚，人世间却多了一位良医。

李时珍追随父亲的足迹奋然前行。他 26 岁时就受聘于楚王府，担任奉祠正，具体掌管良医所。由于医疗业绩显著，被推荐到太医院任院判（即业务院长）。他对病患都一视同仁，一心赴救，但看不惯官场的繁文缛节，所以不久便选择离开。此后，他开始考古证今，仔细注解本草群书之舛谬，编著本草专著。他一方面亲自种植栽培、加工炮制了部分药物，亲身进行一些药物的毒性试验，也就是学习神农，以身尝药，以求得对药物药性的认知；另一方面不顾人到中年，以极大的热忱进行着广泛的实地考察和采访。他栉风沐雨，风餐露宿，走原野，翻高山，闯峡谷，涉江河，足迹遍布湖北、湖南、河南、河北、江西、安徽、江苏等地，访问了富有实践经验和一技之长的农夫、樵夫、车夫、猎户、矿工、养殖业者等人，由此获得了大量的药物学珍贵资料和许多民间有效的单验方，从而为《本草纲目》的写作准备了翔实的资料。他边做艰辛仔细的调查研究工作，边及时记下自己的心得体会，历时整整二十七载，"稿凡三易"，终于完成了这部旷世杰作。它凝聚着李时珍的毕生心血，是"功夫不负苦心人"的有力佐证。

李时珍在完成这部本草专著之后，希望它能够早日问世，以造福生民。为此，他不辞辛劳，四处奔波，亲自联系书商，以期使之能刊行。他遍访黄州、武昌，结果令人失望。明万历八年（1580年），在万不得已的情形下，他带着书稿来到了当时全国最大的书籍刻印中心南京，寻求书商的支持。然而书商们只对小说、戏曲、丛书之类的感兴趣，对刊刻一部本草书实在没有兴趣。万般无奈之下，李时珍只得沿江而下，直奔太仓直塘的弇山园，拜会文坛领袖王世贞，希望由他出面，来写篇序文。所谓"愿乞一言，以托不朽"。不巧的是，适逢王世贞的道教之师昙阳子去世，王世贞只是留李时珍几日聚饮，还写了一首调侃诗："李叟维肖直塘树，便睹仙真跨龙去。却出青囊肘后书，似求玄晏先生序。华阳真逸临欲仙，误注本草迟十年。何如但附贤郎写，羊角横抟上九天。"李时珍又无奈地失望而回。

李时珍在忍耐中等待，在等待中忍耐。时光飞逝，十年光阴在弹指间又过去了。李时珍也垂垂老矣，且已卧病在床，

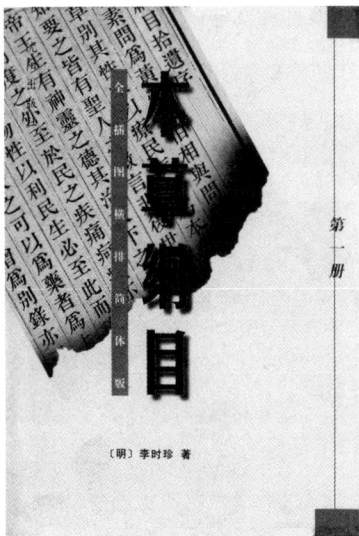

《本草纲目》书影

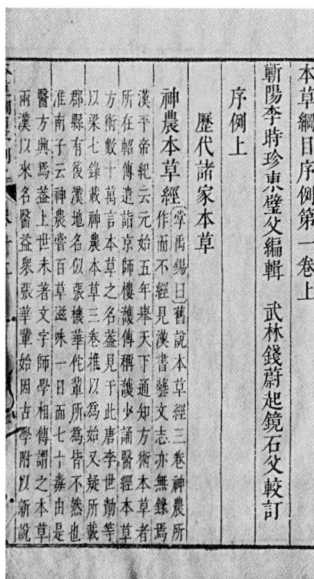

《本草纲目》书影

再也没有足够的精力去亲力亲为了。只得委托自己的长子李建中代表他前往南京洽谈出版事宜。首要的是前往太仓，取得王世贞的序文。此时王世贞也快走到生命的尽头，想起十年前李时珍期盼的眼神，一种内疚涌上心头。于是不吝辞藻，奋笔疾书，挥毫写下了一篇神采丰茂的序文。其中写道：“长耽典籍，若啖蔗饴，遂渔猎群书，搜罗百氏，凡子史经传，声韵农圃，医卜星相，乐府诸家，稍有得处，辄著数言……上自坟典，下及传奇，凡有相关，靡不备采。如入金谷之园，种色夺目；如登龙君之宫，宝藏悉陈；如对冰壶玉鉴，毛发可指数也。博而不繁，详而有要，综核究竟，直窥渊海，兹岂禁以医书觇哉？实性理之精微，格物之通典，帝王之秘篆，臣民之重宝也。”

得到了王世贞生花妙笔的序文，刊刻出版就顺理成章了。南京书商胡承龙立即安排雕版刊刻。明朝万历二十一年（1593年）刚完成雕刻文字，李时珍便与世长辞了。三年后的1596年《本草纲目》正式问世，金陵版的《本草纲目》成为此书的首版。南京也因此成为《本草纲目》首版的诞生地，是《本草纲目》出版成书走向全国影响世界的出发点。

《本草纲目》是李时珍毕生心血凝聚而成的科技瑰宝，它集我国16世纪以前药学之大成，在训诂、语言文字、历史、地理、植物、动物、矿物、冶金等诸多领域都有突出成就。《本草纲目》全书计有52卷，有190万字，载药1892种，其中包括植物药1094种，动物药444种，矿物药275种，其他类药79种。它比宋代唐慎微所著的《证类本草》新增了374种药物。并有附方11096首，插图1160幅。

《本草纲目》按“物以类从，目随纲举”的原则编撰，将所载药物分为水、火、土、金石、草、谷、菜、果、木、服器、虫、鳞、介、禽、兽、人16部，并以此为纲；每部之下又细分若干类，以类为目，总计60类。正是通过物以类聚、纲举目张的方法，对自然药物进行了科学的分类，创立了当时最为先进的药物分类法。总的思路是"从微至巨"、"从贱至贵"，从无机到有机，从低等到高等。这个具体的分类法里，其实蕴含了生物自然进化的科学思想，这说明李时珍的研究水平，达到了当时科学的高峰。诚如英国剑桥大学中国科技史专家李约瑟博士所说的那样："毫无疑问，明代最伟大的科学成就，是李时珍那部在本草书中登峰造极的著作《本草纲目》……李时珍作为科学家，达到了同伽利略、维萨里的科学活动隔绝的任何人所能达到的最高水平。"

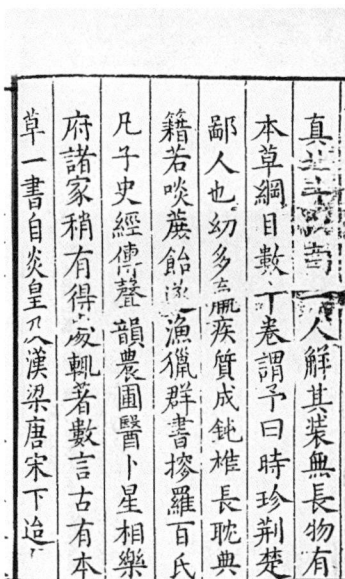

《本草纲目》书影

《本草纲目》在"正误"条下，毫不犹豫地纠正了前人的错误，提高了我国药物学宝库的知识水平和科学水准。李时珍采用历史考证方法，详实地辨析了前人论断中的舛谬，对药名、产地、形态、性味、主治、功效、毒副作用等有关内容，都加以辨疑订误，把中国本草学提升到前所未有的高度。

同时，《本草纲目》还以病名为纲，以辨证用药为目，列举了内、外、妇、儿、五官各科诸病的主治药物，为临床诊疗提供了宝贵经验。在"附方"中，将药物配伍、组方用药给予后学以示范。所有这些，对我国临床医学的发展与进步发挥了积极作用。

《本草纲目》出版后，先后有多种译本，对世界自然科学也有举世公认的贡献，其有关资料曾被达尔文引用。《本草纲目》1593 年金陵版现存 7 部，5 部在国外，国内仅存 2 部，分别藏于中国中医科学院图书馆和上海科技大学出版社。2010 年，《本草纲目》1593 年金陵版入选《世界记忆名录》。

（金　鑫）

《金陵梵刹志》

葛寅亮

《金陵梵刹志》53 卷，明葛寅亮撰。

葛寅亮（1570—1646 年），字水鉴，号屺瞻，浙江钱塘（今杭州）人。父大成，任福建崇安（今武夷山）县丞，葛寅亮随至闽，读书武夷山中。万历二十八年（1600 年），葛寅亮中浙江乡试第一。次年，成进士，授南京礼部仪制司主事，迁祠祭司郎中。葛寅亮在任，日夕遵章守制，勤于职守。他为"靖难之役"后不肯降附的"殉国名臣"平反昭雪，疏请修建黄观、方孝孺祠；将被罚入乐籍的牛景先后人给照除名，复姓从良；他又为南京诸佛寺"厘饬僧规，清复赐租，修葺禅宇"，对南京佛教加以改革。不久返乡，筑室南屏山麓，讲学西湖南之萧寺，从游者多四方名士。

万历三十九年（1611 年），起为江西右参议。万历四十四年（1616年）三月，起为湖广提学副使。天启元年（1621 年）六月，刑部侍郎邹元标上书推荐葛寅亮，称其为济世长才，不宜长困林皋。次年四月，升任左都御史的邹元标再次上书推荐寅亮，并称近年以京察锢人，正直官员多以朋党遭黜。葛寅亮感激邹元标疏荐，但回书否认自己因朋党而被斥。五月，葛寅亮降为福建按察佥事，分管水利道。他廉洁无私，竭力职事，不避劳远。疏浚省会内河，人称葛公河。参与驱逐荷兰殖民者侵占澎湖岛的战斗，立下功劳。四年后，升为湖广布政司右参议，寻降为湖广按察佥事。同年九月，升为福建布政使司右参议，管屯盐事务。后转提学，在任期间公明严正，品题允当，私窦尽绝。

天启六年（1626 年）十月，升南京尚宝司卿。崇祯元年（1628 年）正月，上疏抨击权阉魏忠贤擅政以来，朝中升、荫、加衔官泛滥，成规大坏，奏准清除其尤甚者。寻又告去。

崇祯十七年（1644年）三月，明王朝被李自成农民起义军推翻，后清军入关，占据北京，开始了清王朝的统治。五月，明朝残余势力在南京拥立福王朱由崧继位，建立南明弘光政权。九月，弘光朝起用葛寅亮为太常寺卿。十二月，葛寅亮朝见。弘光元年（1645年，清顺治二年）正月，转大理寺卿。葛寅亮上疏指斥朝廷内外贪贿成风，要求惩贪奖廉。但弘光政权由权奸马士英等把持，内部纷争严重，政以贿成，葛寅亮之疏根本不能落实。遂转户部侍郎。五月，清军攻克南京，弘光政权灭亡。

后葛寅亮赴福建，继续参加抗清斗争。七月，唐王朱聿键在福州建立南明隆武政权，葛寅亮任工部侍郎。隆武二年（1646年，清顺治三年）四月，疏言务去饰治繁文，必收近取实局。唐王视为老成格言，书铭座右。后晋升尚书。八月，因大将郑芝龙降清，隆武政权随之灭亡。葛寅亮忧愤成疾，绝食而卒，其妾胡氏扶枢归西湖，后葬三台山。

葛寅亮著述较多，据其门人张右民称，有《四书湖南讲》行于世，《易系辞讲》《治安策》《仕学录》《造适集》《莞尔集》藏于家。民国《杭州府志》记载，还有《金陵梵刹志》《诸子纂》《葛司农遗集》。此外，《金陵玄观志》十三卷，亦为葛寅亮所撰。

葛寅亮虽以儒学安身立命，由科举而出仕，为官数载，归隐林下，又讲儒学（主要是陆王心学）于西湖之南，却也信奉佛教。

葛寅亮任南京礼部祠祭清吏司郎中时，南京佛寺中制度涣散，寺田流失，佛寺萧条。葛寅亮信奉佛教，而南京佛教、佛寺之事又正是其主管诸务中的一项。于是，他发心振救，锐意改革。他将具备规模的佛寺按照"就近"原则，分为大、次大、中、小几种类型，以大寺统次大寺、中寺，次大寺、中寺统小寺，实行严格统属管理。他清田定租，对于佛寺赐田被豪右霸占的，皆悉力复之，并召集佃户确定寺田租额。他主持订立佛寺各项

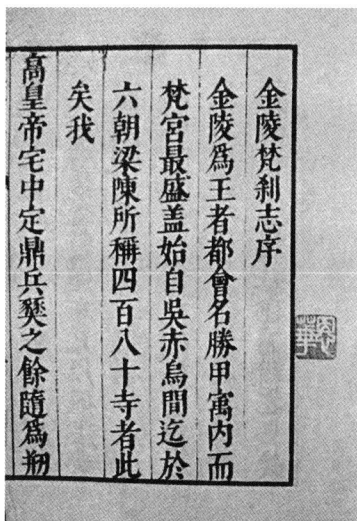

《金陵梵刹志》书影

制度，包括行政管理制度、经济管理制度、教育制度等。为了巩固和记录改革成果，他编撰了《金陵梵刹志》，传于后世。葛寅亮在南京的佛教改革，是以南京礼部名义推行的自上而下的佛教改革，在当时规模最大，措施最为详备。葛寅亮的改革，使南京佛教得到一定程度的振兴，并成为全国样板。葛寅亮因此得罪势豪权宦，竟遭辱罢官，其改革亦告失败。

葛寅亮虽然仕途起起伏伏，但他编撰的《金陵梵刹志》却成为经典，流传后世。

《金陵梵刹志》一书详细地记载了明代南京各佛寺的历史沿革、殿堂分布、房田公产、山水古迹、名僧事迹、寺租赋税、僧规制度等，卷首《御制集》《钦录集》二卷还收录了明太祖的佛学论文、明代诸帝有关佛教的诏敕法令等，是一部十分难得的明代佛教史著作，具体价值如下：

首先，它对研究明代佛教史、明代史等有重要参考价值。

清人编《四库全书总目》，批评《金陵梵刹志》"略如志乘之体，编次颇伤芜杂"。这种批评，今天看来，是有失偏颇的。《金陵梵刹志》仿北魏杨衒之《洛阳伽蓝记》而体裁不同，不仅述雄观，亦兼述祠政，虽然超出传统的志书体例，却为我们今天留下了许多十分难得的史料。

比如，关于明代佛寺经济，各种方志、寺院志乃至四部文献中很少记载，而《金陵梵刹志》则在记载南京一百八十余所佛寺时，详列各寺土地数量、寺田经营、房产商业等，并附录有数篇寺田租税的判决文书，为我们提供了极为珍贵的明代佛寺经济史料，其价值不言而喻。

再如，《金陵梵刹志》记载了葛寅亮等人订立的佛寺内部的一些管

《金陵梵刹志》中的栖霞寺

《金陵梵刹志》中的灵谷寺

理制度，包括僧官的迁补、住持的选任等寺政管理制度，公产、公田、公费等佛寺经济管理制度，以及寺学等佛寺教育管理制度，使南京佛寺在当时成为管理制度健全的样板。这些史料，也为他书所无，它对于我们研究明代佛教、明代历史无疑具有很高的价值。

其次，它对研究南京佛教史具有重要参考价值。

《金陵梵刹志》记载登录明代南京各寺的位置、殿堂、基址四至、公产乃至各种条例，多来自于实地调查、各寺报告，主要是第一手资料。其对明代尤其是明代后期南京佛寺方方面面的记载，更为真实可信。后人论述、提及明代南京佛教和佛寺，舍该书而无能为也。

第三，《金陵梵刹志》明确记载明代南京各寺寺址，尽列各寺之雄观胜景，对今天的南京城市建设、旅游开发具有重要的参考价值，富有现实意义。最显著的事例，就是如今大报恩寺及琉璃塔的复建。

另外，对于南京佛教界乃至中国佛教界，《金陵梵刹志》的相关记载，如其中的各种管理制度等，也不无借鉴意义。

（何孝荣）

《桃花扇》

孔尚任

《桃花扇》传奇 40 出，孔尚任著，清圣祖康熙三十八年（1699 年）六月完稿，康熙四十七年（1708 年）刊成初版，被认为与洪昇《长生殿》齐名，有"南洪北孔"之誉。

孔尚任（1648—1718 年），字聘之，又字季重，号东塘，别号岸堂，自号云亭山人，山东曲阜人，孔子第六十四代孙。他早年受到舅翁秦光仪和明末遗民通俗诗人贾凫西的影响，已有意以戏剧形式表现南明一代的兴亡故事。康熙六年（1667 年）中秀才，曾应乡试而不第；康熙十八年（1679 年）隐居曲阜县北石门山中读书，二十年（1681 年）尽卖田产，捐纳为国子监生。康熙二十三年（1684 年）冬，圣祖南巡回京途中，到曲阜祭孔，孔尚任受荐举在御前讲《大学圣经》首节，并担任孔林圣迹导览，得到圣祖的褒奖，破格授任国子监博士。次年正月应召进京赴任，七月随工部侍郎孙在丰往淮扬，疏浚黄河海口，至康熙二十八年（1689 年）冬离扬州还京，仍任国子监博士。

在淮扬的这三四年，对孔尚任创作《桃花扇》具有重要影响。他有感于官员治河无策，耽于宴乐，遂趁此机会寻访南明旧地，结交前朝遗民，包括与侯朝宗、李香君过从甚密的冒襄，以及亲历弘光朝事的杜浚、《板桥杂记》的作者余怀，搜集了丰富的创作素材，也更为准确地把握了明末清初文人遗老的精神状态。尤其是康熙二十八年（1689 年）七月，他前往金陵，乘画舫游秦淮河；到虎踞关访明遗民画家龚贤，并在龚贤去世后为其料理丧事，收拾遗作；过明故宫，拜明孝陵，游青溪；上栖霞山白云庵访原锦衣卫千户、道士张怡（瑶星）。在近两个月身临其境的考察中，他写下不少诗文，如《泊石城水西门作》之三云："满市青山色，乌衣少故家。清谈时已误，门户计全差。乐部春开院，将军夜宴衙。伤心千古事，依旧后庭花。"分明是为南明史事而感慨。又如游秦淮后有诗云："宫飘落叶市生尘，剩却秦淮有限春。停棹不因歌近耳，伤心每忘酒沾唇。山边水际多秋草，楼上船中少旧人。过去风流今借问，只疑佳话未全真。"可见他寻访旧迹、探问轶闻后，也有自己的思考分析。访张瑶星后有诗云："著书充屋梁，欲读从何展？数语发精微，所得已不浅。先生忧世肠，意不在经典。埋名深山巅，穷饿极淹蹇。每夜哭风雷，鬼出神为显。说向有心人，涕泪胡能免。"可见两人所谈论的，肯定不是经典学问，而是能令人声泪俱下的兴亡感怀。《桃花扇》中说张道士"总结兴亡之案"，非出无因。

康熙三十年（1691年），孔尚任得到唐制胡琴小忽雷，后与顾彩合著《小忽雷》传奇。康熙三十四年（1695年）九月，孔尚任迁户部主事，担任宝泉局监铸。宝泉局是户部管理的铸造制钱机构。康熙三十八年（1699年）六月，《桃花扇》三易其稿而成，立即被广为传抄，当年秋天曾被清圣祖派人索观，次年正月被搬上戏台。然而就在这年三月，孔尚任被罢官。此后他逗留北京两年多，才返回曲阜故乡。康熙四十七年（1708年）得天津诗人佟蔗村资助，《桃花扇》刊印出版。十年后，孔尚任去世，其著作另有《湖海集》《出山异数记》《岸塘文集》《阙里新志》等。

《桃花扇》所写的，是明代末年发生在南京的故事。全剧以侯朝宗、李香君的悲欢离合为主线，展现了明末南京的社会现实，表现了东林、复社与权奸之间的斗争，揭露了弘光小朝廷的政治腐败和衰亡原因。

李香君是"秦淮八艳"之一，实有其人。据余怀《板桥杂记》和侯朝宗《李姬传》所述，她原名李香，是秦淮名妓李贞丽的养女，13岁就坠入风尘，曾向人学过汤显祖的《玉茗堂四梦》，而尤工《琵琶记》。余怀描写她"身躯短小，肤理玉色，慧俊婉转，调笑无双"，所

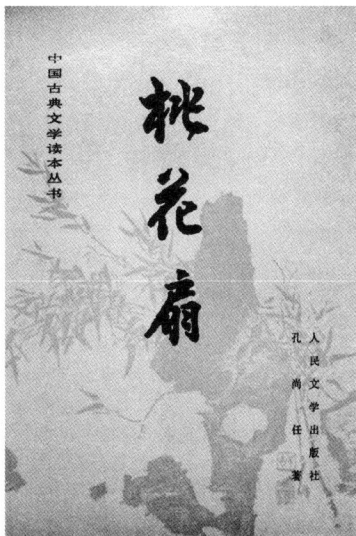

《桃花扇》书影

以人送雅号叫"香扇坠"。余怀曾作诗赠她:"生小倾城是李香,怀中婀娜袖中藏。何缘十二巫峰女,梦里偏来见楚王。"这首诗由魏学濂书写在媚香楼墙壁上,杨文骢(龙友)又添画了崇兰诡石,时人称为"三绝"。于是李香君的名声大盛,"四方才士,争一识面为荣"。据说复社的领袖张溥和夏允彝对她都有好评。

明思宗崇祯末年,复社骨干、"明末四公子"之一的侯朝宗来南京参加科举考试,落第未归,寓居莫愁湖畔,经杨龙友介绍结识李香君,两人情好日密。订婚之日,侯方域题诗扇为信物以赠香君。

当时隐居南京的魏忠贤余党阮大铖正为复社士子所不容,得知侯方域手头拮据,遂以重金置办妆奁,托其结拜兄弟杨龙友送去以笼络侯朝宗,意图借以缓和与复社的关系,被李香君看破端倪,义形于色,退回妆奁,阮大铖因此怀恨在心。

李自成攻占北京,马士英、阮大铖在南京拥立福王登基,改元弘光,擅权乱政,排挤东林、复社士子。时镇守武昌的宁南侯左良玉以"清君侧"为名兵逼南京,弘光小朝廷恐慌。因左良玉曾得侯朝宗之父提拔,侯朝宗遂写信劝阻,却被阮大铖诬陷为暗通叛军。侯朝宗为避害只身逃往扬州,投奔督师史可法,参赞军务。阮大铖等逼迫李香君嫁给漕抚田仰,李香君以死相抗,血溅定情诗扇。后杨龙友将扇面血痕点染成桃花图,这就是贯穿全剧的桃花扇的来历。

阮大铖邀马士英在赏心亭赏雪选妓,被李香君趁机痛骂以泄恨,但仍被选入宫中教戏。李香君托苏昆生将桃花扇带给侯朝宗,侯朝宗回南京探望,却被阮大铖逮捕入狱。

《桃花扇》书影

清军渡江，弘光君臣逃亡，侯方域方得出狱，避难栖霞山，在白云庵相遇李香君，在张道士点醒之下，双双出家。

孔尚任一再强调《桃花扇》是"南都信史"，借剧中人物之口说《桃花扇》"就是明朝末年南京近事。借离合之情，写兴亡之感，实事实人，有凭有据"；在《桃花扇》"凡例"中也说："朝政得失，文人聚散，皆确考时地，全无假借。至于儿女钟情，宾客解嘲，虽稍有点染，亦非乌有子虚之比。"然而剧中人物、事件，不乏与史实出入之处，如史可法、杨龙友的结局处理，严重失实，

《桃花扇》书影

侯朝宗与李香君的出家，于史无据。其实是否"信史"，对于文学创作并不重要。《桃花扇》真正的历史意义所在，是读者可以从中看出，在孔尚任生活的清代康熙年间，文人学士眼中已在变形的南明史，以及已归顺新朝的汉族知识分子的某种心态。

其实，在清圣祖平定三藩之乱后，所谓的"前明遗老"已失去政治上的意义，他们对于"遗民"身份有意无意的标榜，对于明末史事不能忘情的絮絮叨叨，至多只能算挽歌一曲罢了。"桃花扇底送南朝"，使遗老和贰臣们得以在酒旗歌扇之间，对于自己真实的和伪装的心理重负，从此都有了一个交待。这才是《桃花扇》在问世之际最大的"现实意义"。它在当时的大受欢迎也就不奇怪了。

孔尚任被罢官，过去研究者多以为是因《桃花扇》而罹入文字狱，也是出于误会。《桃花扇》问世之初，就得到了清朝权贵的赏识。据孔尚任自己说："王公荐绅，莫不借钞，时有纸贵之誉。"当年秋天，忽然有宦官找孔尚任，急要《桃花扇》。孔尚任的缮写本流传在外，急忙在别人家找到一部传抄本，连夜送进宫中。据说圣祖很喜欢看《桃花扇》的演出，每看到《设朝》《选优》等出，都会皱眉顿足说"弘光弘光，虽欲不亡，其可得乎"，并"往往为之罢酒"，其着眼点分明在戏曲的

思想性。也就是说，《桃花扇》的思想性是得到清朝统治者认可的。《桃花扇》因此红极一时，即使在孔尚任被罢官以后，北京城里上演《桃花扇》仍"岁无虚日"。有人还特地邀请孔尚任去看演出，并让他"独居上座"，命演员轮流向他敬酒，请他评定高下。《桃花扇》从未被列入禁书目录，在清高宗乾隆年间至少还被翻刻过两次。孔尚任被罢官的真实原因，当是宝泉局铸钱时掺杂旧钱，或有舞弊，被人举报，他有失察之责。

清代末年，《桃花扇》又一次进入社会视野。当时的反清志士，意在以明末志士的抗清事迹，激励同志的反清精神。"秦淮八艳"也断断续续绵延了半个世纪，在抗日战争中再次形成高潮。抗战前期，重点在借明末志士的抗清斗争，激励抵抗日寇侵略的民族精神，如欧阳予倩曾写过《桃花扇》的京剧本和话剧本，在桂林又曾排演自己所写的桂剧《桃花扇》；而抗战后期至结束后，重点则转向借南明小王朝的腐败反动，讽刺当时的国民党统治，如翦伯赞在重庆《群众》周刊发表论文《桃花扇底看南朝》，谷斯范在上海《东南日报》连载历史小说《新桃花扇》。

1963年，西安电影制片厂根据孔尚任《桃花扇》和欧阳予倩话剧本《桃花扇》，改编拍摄了电影《桃花扇》，并因此在"文化大革命"中成为批判对象；然而，正是这部影片在十年浩劫后的平反和重新放映，引发了观众的新一轮"秦淮八艳"热。南京夫子庙辟建了"李香君纪念馆"，桃花扇的仿制品也成了夫子庙的特色旅游纪念品。

（薛　冰）

《芥子园画谱》

中国绘画史上最有名的两部画谱，都是在南京诞生的，这是中国画坛的幸运，也是南京人的骄傲。这两部画谱，除了明代胡正言主持刻印的《十竹斋书画谱》，就是清代早期在南京芥子园编印的《芥子园画谱》了。

中国画作为中国传统美术的瑰宝，通常是以自学或师徒相承的方式传承和发展的，临摹画谱成为初学者的必经之路。宋代的《梅花喜神谱》、元代的《画竹》等，都是古代

李渔

摹习绘画的范本。但真正把中国画的基本内容和技法分门别类系统地加以总结和介绍，应推始于康熙年间的《芥子园画谱》（也叫《芥子园画传》）。该谱涵盖山水、花卉、人物三科，编绘、摹刻精良，并介绍前人经典范例及精辟法诀，深受学画者喜爱，流传极广，成为 300 多年来中国美术教育史上最重要的绘画教材。

《芥子园画谱》的问世，与我国明末清初杰出的文学家、戏曲家、戏曲理论家李渔有关。李渔（1611—1680 年），号笠翁，52 岁时举家从杭州迁居南京，一住就是近 20 年。他经数年努力，至康熙七年（1668年），约在今秦淮区老虎头附近，建成了自己的私宅——芥子园。李渔自谓："地只一丘，故名'芥子'，状其微也。"又因佛语云："须弥纳芥子，芥子纳须弥。"（指微小的芥子中能容纳巨大的须弥山，反之亦然，比喻法界广大，大小无碍，巨细相容），故取名为"芥子园"。芥子园虽小，但经李渔苦心经营，达到"壶中天地"的境界。在芥子园，他组建私家戏班四处演出，又开办书铺刻印、售卖图书，完成了《无声戏》《笠翁一家言》《闲情偶寄》等著作，还发起编印《芥子园画谱》，度过了一生中最辉煌也是最惬意的时光。芥子园今早已不存了，但它与李渔晚年的戏曲和学术文化成就，特别是与《芥子园画谱》紧密联系在一起，

大放异彩，至今仍有重大影响。

李渔的女婿沈心友家中，藏有先世所遗存的明末画家李流芳的课徒山水画稿 43 页。在李渔的支持下，沈心友请当时的山水画名家王概（字安节，浙江嘉兴人，与其兄王蓍、弟王臬均擅书画、刻印，擅名于时）增辑编绘，三易寒暑，增补到 133 页。王概把山水画的各种技法、画式分门别类地编辑、绘画出来，在篇首撰有《青在堂画学浅说》，篇末附模仿各家山水画 40 幅，可谓"上穷历代，近辑名流，汇诸家之所长"。康熙十八年（1679 年），李渔卧病于芥子园内，沈心友将王概增辑绘画的画谱展示于李渔，李渔展阅把玩，认为此谱为"不可磨灭之奇书"，"急命付梓"，于是冠以"芥子园"之名刊行，此为《芥子园画谱》第一集。

其后，沈心友又请杭州名画家诸升编画竹兰谱，王质编画梅菊及草虫花鸟谱，由王概、王蓍、王臬兄弟三人斟酌增删，也都编有"学画浅说"，经过十多年的努力，到康熙四十年（1701 年）终于编成第二辑，分为上册"竹兰梅菊谱"和下册"草虫花鸟谱"。后来书商把沈心友的"例言"删去，把竹兰梅菊谱改订成第二集，草虫花鸟谱改订成第三集，辗转翻刻，流传很广，这就是《芥子园画谱》前三集的来历。前三集原本，以开化纸木刻五色套版印成，极为美观，这种印法出书很少，只能印几百部，存至今天的就更少了。

前三集印行后，誉满艺林，畅销大江南北，并以各种方式翻印。在沈心友的例言里，本有第四集"写真秘传"的拟编计划，可是并没有成书。嘉庆二十三年（1818 年），书商为获利，假托《芥子园画谱》之名，杂凑丹阳写真画家丁鹤洲编写的《写真秘诀》和清前期名画家上官周的《晚笑堂画传》等图谱、资料，编成第四集。第四集虽然不是王概等人所编，但由于丁鹤洲的《写真秘诀》和《晚笑堂画传》较有价值，所以流传开来。这四集便组成了《芥子园画谱》

《芥子园画谱》书影

的全部。

　　清晚期光绪年间，原书版经多年翻刻已经模糊不清，而喜爱《芥子园画谱》的人却很多。上海名画家张熊的弟子巢勋于是重摹增编《芥子园画谱》，在上海石版印行，流传益广。由于他不满意原书第四集人物画法的拼凑内容，所以重编第四集。可惜巢勋并不擅长人物画，也写不出学画理论，只能把古人画人物的理论和解说由《佩文斋书画谱》抄录下来，并将丁鹤洲的《写真秘诀》和他自己临摹的古人画稿汇总在一起，编成新的第四集。此外巢氏所临和所辑的各集画传篇

《芥子园画谱》书影

末附印当时名画家的代表作品，对后学者也有一定帮助。1949年中华人民共和国成立后，人民美术出版社和上海书店均重印了《芥子园画传》，至今仍为国画艺术的传承流布起着积极的作用。

　　《芥子园画谱》尽管存在一些缺点（如第四集），但总体来说，是有鲜明特点和重要价值的。主要表现在这样几个方面：

　　其一，重师古，也重创新；重技法，也重审美。《芥子园画谱》第一集的"画学浅说"可以说概括了全书的理论中心及编绘者的教学思路。它强调"欲无法必先有法"，这个"法则"就是后面一一列举的"六法"、"六要"等等。即经过苦心摩习，有了一定的绘画基础后，才具备了创作和创新的能力。并强调"重品"、"去俗"，即增进和丰富习画者的道德境界、文化修养、生活阅历等，才能画出内涵丰富的好画。画谱不满足于机械地讲解绘画技法，还以诗句点化画境，产生具有文人味的诗意的美感效果。

　　其二，深入浅出，循序渐进，循循善诱，为学画者最好的范本。《芥子园画谱》不仅详细地对各科的画法进行介绍、解读，标示绘画步骤，还详列了几百年来诸家画法之精华。如卷一的"树谱"，开篇用文字解读了"起手四岐法"，然后又用图示介绍不同的树是怎么画的，总结出如"露根画法"、"鹿角画法"、"蟹爪画法"等技法；又接着讲解"胡

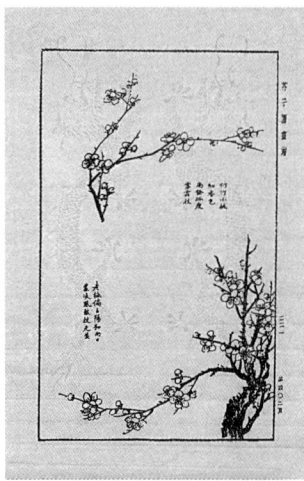

《芥子园画谱》书影

椒点树"、"菊花点树"、"小混点"以及"介字点"等树叶的画法,并分别标注不同画法需要注意之处;随后又对"王维树法"、"郭熙树法"、"范宽树法"等名家画法进行解读。介绍完画树的一般技法后,又介绍一些诸如梧桐、芭蕉、柳树等较为特别的树的画法。在"花卉翎毛谱"中,对于花卉的讲解依次是画法源流、画枝法、画叶法、画蒂法等。这样分门别类地介绍、解读,有利于学画者较快地入门,掌握绘画的规律和基本技法。

其三,口诀式的教学方法。《芥子园画谱》编撰有诸多的绘画口诀,如画兰诀、画竹诀、画梅诀、画菊诀等。如"竹谱"中的《画叶诀》:"团竹之诀,为叶最难。出于笔底,发之指端。老嫩须别,阴阳宜参。枝先承叶,叶必掩竿。叶叶相加,势须飞舞。孤一进二,攒三聚五。"这些画诀言简意赅、要领突出,读来轻松上口,便于理解记忆,是非常有效的美术教育方法。

在中国画史上,在众多画谱中,流传广泛,影响深远,孕育名家,施惠无涯者,《芥子园画谱》当之无愧也。《芥子园画谱》法诀精辟、图式经典、编次有序、摹刻精良,较为系统地介绍了中国画理论和基本技法,历来被后学者所推崇,使习画者受到实实在在的教益,为清代影响最大、版本最多、印量最大的中国画教材和学习中国画必修之书。刊印至今,启蒙、熏陶、培养和造就了大量中国画名家,近现代黄宾虹、齐白石、潘天寿、傅抱石等名家,都曾把《芥子园画谱》作为临摹的范本。同时,《芥子园画谱》还传布到国外,主要对日本画坛和日本绘画美育产生了深刻影响。《芥子园画谱》是古老的,但又是历久弥新的,其中蕴含的绘画法则和教学原理,至今仍值得我们学习。

(欧阳摩一)

《儒林外史》

　　《儒林外史》是中国古代讽刺文学的巅峰之作，全书共 56 回，约 40 万字，成书于乾隆十四年（1749 年）前后，是吴敬梓在南京秦淮河畔创作的一部古典名著。

　　吴敬梓（1701—1754 年），字敏轩，号粒民，祖籍安徽全椒县，有着"家声科第从来美"的家世，后因父亲病故，家道中落。他独撑门户，又遭族人侵夺祖产。由此，他看到家族的丑恶、道德的沦丧和世态的炎凉，因而变得放浪不羁，纵情悖礼。后来渐渐萌生了到南京生活的念头。

吴敬梓

33 岁那年，吴敬梓卖掉家产，举家迁徙南京，定居秦淮，购置了秦淮水亭，直到 54 岁溘然病逝。

　　吴敬梓从故乡的襄河，来到科举底蕴深厚的秦淮河，整天泡在乡试考场的夫子庙，他的叛逆思想也随之恣肆汪洋：没想到科举这个令全国人梦寐以求的进身之阶，竟然有这么多弊端，真是害人误国啊！愤世嫉俗的吴敬梓，决意要创作一部批判科举制度的长篇讽刺小说。可是创作归创作，他的家庭生活很是拮据。冬天冻得睡不着觉，他就起床约几个朋友，从通济门出城，走到水西门。等他从水西门再回到家里，双脚走热了，便又继续写作。他称之为"绕城暖足"。后来吴敬梓终于写成《儒林外史》，作品刻画了丑态毕出的科场和官场，揭露了真真假假的儒者和名士，是我国古代不可多得的伟大的现实主义作品。鲁迅先生认为，《儒林外史》是第一部能真正称得上"讽刺小说"的作品。

　　《儒林外史》假托明代之事，实则反映清代康乾时期科举制度下的社会百态。这部诞生于秦淮河畔的世界文学名著，烙上了鲜明的秦淮人文基因；而作者吴敬梓血液里渗透的，正是秦淮河的历史风景：

　　"偶然买宅秦淮岸，殊觉胜于乡里。"这是吴敬梓《买陂塘》里的词句。

秦淮是吴敬梓一生的最爱，秦淮画舫日夜从他家的水亭下往来穿梭，这里的自然形胜、人文环境、风土人情等很多方面，在他的小说里栩栩如生，读之如临其境。比如东水关、秦淮河、明城墙、东花园（今白鹭洲）、瞻园、钓鱼巷、淮青桥、利涉桥、长板桥、文德桥、武定桥、下浮桥、贡院、钞库街、三山街、聚宝门、水西门、雨花台、鹫峰寺、承恩寺、报恩寺等城南名胜，还有莫愁湖、玄武湖、乌龙潭、虎踞关、清凉山、花牌楼、三牌楼和鼓楼等金陵名景，无不成了《儒林外史》的社会文化底色，映衬了南京历史文化名城的气韵和形象。

"召阮籍、嵇康，披襟箕踞，把酒共沉醉。"吴敬梓移家秦淮后，招来一班文友设宴雅集，在其《买陂塘》词里，直抒纵情诗酒的情愫。文学来自于生活，他在《儒林外史》里，描写了各色人等在老城南诸多的宴饮场景，既有自己的影子，又可以看到秦淮丰富的美味菜肴，28回写道："当下三人会了茶钱，一同出来，到三山街一个大酒楼上……堂官上来问菜，季恬逸点了一卖肘子、一卖板鸭、一卖醉白鱼。"在26、28回里，还写了秦淮的茶食风俗。一般招待客人，用蜜橙糕、核桃酥；结婚时招待前来贺喜的人，桌上要摆放糖斗、糖仙，沏好蜜饯茶，以示甜甜蜜蜜。吴敬梓居住的秦淮水亭，地处夫子庙繁华之地，他对秦淮饮食文化了如指掌，如数家珍。

《儒林外史》书影

"向梅根冶后，几番啸傲；杏花村里，几度徜徉。"《儒林外史》56回篇尾词中的句子，道出了吴敬梓身上的魏晋风骨和六朝风雅，实则也表现了皇城根下的南京人豁达、淡泊的人生态度。29回里，萧金铉道："慎卿兄，我们还到雨花台岗儿上走走。"杜慎卿道："这最有趣。"……大家藉草就坐在地下。诸葛天申坐了半日，日色已经西斜，只见两个挑粪桶的，挑了两担空桶，歇在山上。这一个拍那一个肩头，道："兄弟今日的货，已经卖完了。

我和你到永宁泉吃一壶水回来，再到雨花台看看落照。"杜慎卿笑道："真乃菜佣酒保都有六朝烟水气，一点也不差！" 六朝是我国文化极其辉煌的时代，南京作为六朝古都，一千多年后仍然笼罩在风雅的氛围当中，就连普通老百姓的言谈举止，不经意间也会透露出六朝文人的气息。

"笛步连花港，兰舟系柳湾。"这是吴敬梓《春兴八首》中的诗句，意思说邀笛步连着桃叶渡，这是夫子庙游冶的佳处，画舫就停泊在垂柳依依的河湾。吴敬梓写出了过去南京人的慢生活。乘画舫、品清茗、赏丝竹、观美景之类的悠闲生活方式，在《儒林外史》里俯拾皆是："话说南京城里，每年四月半后，秦淮景致渐渐好了……船舱中间放一张小方金漆桌子，桌上放着宜兴茶壶，极细的成窑、宣窑的杯子，烹的上好的雨水毛尖茶。那游船都备了酒和肴馔及果碟，到这河里来游。就是走路的人，也买几个钱的毛尖茶，在船上煨了吃，慢慢而行。到了天色晚了，每船两盏明角灯，一来一往，映着河里，上下明亮。自文德桥至利涉桥、东水关，夜夜笙歌不歇。"吴敬梓居住在东关头，河上画舫日夜从他家窗下过往，耳边时时飘过管弦之声，所以他的笔下，才会有生动的秦淮风情。

"生平爱秦淮，吟魂应恋兹。"吴敬梓的戚友金兆燕是如此评说和厚待他的。当吴敬梓病逝扬州，金兆燕将他归葬南京。2005年，秦淮区政府打造东五华里秦淮风光带时，时任区文化局长的我，编制了从东水关至中华门段的文化规划方案。而1997年复建的吴敬梓故居，恰恰坐落在桃叶渡。我在梳理此处历史文化资源时，发现吴敬梓故居（秦淮水亭）原址并不在此，而位于与桃叶渡隔了一座文正桥的东关头河边。因此在文化规划里，我将吴敬梓故居移到现址，还其历史本来面目。2008年，为提升秦淮河文化内涵，秦淮区政府在东水关"秦淮胜境"牌坊下置一巨石，拟在其背

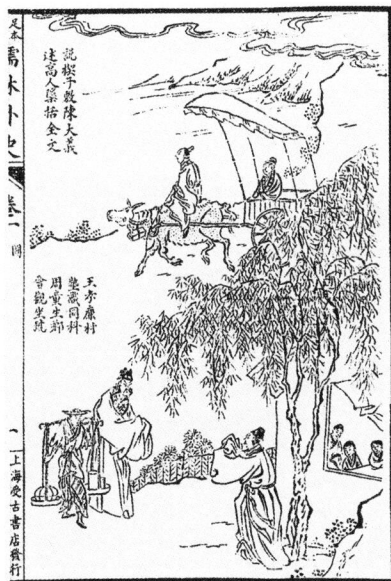

《儒林外史》书影

《儒林外史》书影

后刻上一段文字，把秦淮的人文精彩展现出来。此处因是十里秦淮的起点，故要求石刻内容应有历史的写实感。我查阅了历史上厚爱秦淮的文人大家篇什，觉得无人能与吴敬梓相提并论。按照时下说法，第一，吴敬梓入了南京户口，是秦淮的常住户，不像李白、杜牧、刘禹锡那些诗人，虽然对秦淮文化贡献也大，可他们说来就来，说走就走，同吴敬梓扎根秦淮差别很大；第二，吴敬梓血管里流动的是秦淮文化的血脉，比秦淮人还秦淮。这点从《儒林外史》的情节叙述里、环境描写里，可以得到印证。

于是，我便遴选出他在第 24 回里写的关于南京和秦淮的一个白描片段，请石匠镌刻于巨石之上：

这南京乃是太祖皇帝建都的所在。里城门十三，外城门十八，穿城四十里，沿城一转足有一百二十多里。城里几十条大街，几百条小巷，都是人烟凑集，金粉楼台。城里一道河，东水关到西水关，足有十里，便是秦淮河。水满的时候，画船箫鼓，昼夜不绝。城里城外，琳宫梵宇，碧瓦朱甍，在六朝时是四百八十寺，到如今，何止四千八百寺！大街小巷合共起来，大小酒楼有六七百座，茶社有一千余处。不论你走到一个僻巷里面，总有一个地方悬着灯笼卖茶，插着时鲜花朵，烹着上好的雨水，茶社里坐满了吃茶的人。到晚来，两边酒楼上明角灯，每条街上足有数千盏，照耀如同白日，走路的人并不带灯笼。那秦淮，到了有月色的时候，越是夜色已深，更有那细吹细唱的船来，凄清委婉，动人心魄。两边河房里住家的女郎，穿了轻纱衣服，头上簪着茉莉花，一齐卷起湘帘，凭栏静听。所以灯船鼓声一响，两边帘卷窗开，河房里焚的龙诞、沉、速，香雾一齐喷出来，和河里的月色烟光合成一片，望着如闻苑仙人，瑶宫仙女。还有那十六楼官妓，新妆衮服，招接四方游客。真乃"朝朝寒食，夜夜元宵！"

这便是《儒林外史》里流淌出来的秦淮绝唱！

这便是《儒林外史》里流淌出来的金陵神采！

吴敬梓在二百多年前的写真，可以看作南京和秦淮的信史。它描绘了气象恢弘的大明皇城，以及以"十里秦淮"为轴线的老南京的生动图景。文学大家的情结，粘连着秦淮的"筋"，饱含着秦淮的"情"。其"筋"，是因为《儒林外史》和秦淮有着亲缘一样的联系，不可割舍；其"情"，是因为吴敬梓对秦淮有着家人一样的感情。

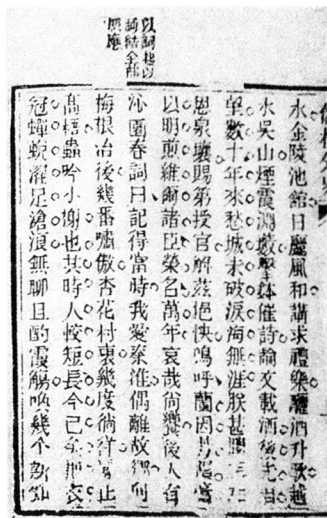

《儒林外史》书影

"他乡胜故乡"，不正是最好的诠释吗？

（高安宁）

《红楼梦》

　　《红楼梦》是我国古典文学的瑰宝，是一部最伟大的小说。鲁迅在《中国小说史略》中说："明季以来，世目《三国》《水浒》《西游》《金瓶梅》为'四大奇书'，居说部上首。比清乾隆中，《红楼梦》盛行，遂夺《三国》之席。"《三国》的"主旨"是一个"忠"字，《水浒》的"主旨"是一个"义"字，《西游》的"主旨"是一个"诚"字，《金瓶梅》的"主旨"是一个"性"字，而《红楼梦》的"主旨"是一个"情"字——即如作者曹雪芹所云："大旨谈情"。如此说来，《红楼梦》乃是一部"情经"。它是"自由、平等、博爱"的宣言书，它深刻的思想内涵比1789年法国大革命提出的"自由、平等、博爱"的政治口号要早半个多世纪。《红楼梦》还是一部百科全书，书中对我国的物质文明和精神文明都作了充分的展示。因此，《红楼梦》是一部内容丰富、语言优美、思想深刻、艺术精湛的现实主义杰作，是我国文学发展史上的巅峰之作，是中华民族优秀文化的象征。正因为如此，研究《红楼梦》之学——"红学"被世人将其与"甲骨学"和"敦煌学"合称为学术界三大显学。而它的作者曹雪芹不仅被列为我国杰出人物之一，而且被尊为与莎士比亚、托尔斯泰、歌德、巴尔扎克等并驾齐驱的世界文化名人。曹雪芹之名还被高标于宇宙之间——水星的环形山上。因此，人们将他誉为"稗圣"。

《红楼梦》书影

南京——"秤圣"曹雪芹的根

曹雪芹（1715—1763 年），名霑，字梦阮，号雪芹，又号芹溪、芹圃。他的"天恩祖德"，远者可以追溯到汉初的平阳侯曹参和汉末的魏武王曹操。他在宋初的显祖是武惠王曹彬。到了明朝，曹雪芹的祖先几经迁徙，来到了辽东。明朝末年，满族崛起，推翻了明王朝。在这战争年代，曹雪芹的太高祖曹世选（又名曹锡远）在沈阳被俘，沦为满洲皇室正白旗主多尔衮的家奴。不久，他跟"主子"进了关，而他家遂由"包衣下贱"一跃而成为"从龙勋旧"。入关

曹雪芹

初期的多尔衮，权势很大——由于他的侄儿顺治年幼，他成了摄政王。因此，曹家意外地交上了好运，致使雪芹有了新的"天恩祖德"可赖——"吾家自国朝定鼎以来，功名奕世，富贵传流"。

原来，清朝统一后的第一代皇帝顺治，20 多岁就因出痘不治而亡。顺治一死，皇三子玄烨继承大统，这就是后来的康熙大帝。而曹雪芹的曾祖母孙氏曾做过玄烨的姆（奶妈），因此康熙登基的第二年，为酬报孙氏抚育之恩，便派遣她的丈夫曹玺出任江宁织造，曹家的鸿运，随着康熙朝 60 年盛世，也持续了半个多世纪。如果从曹世选"扈从"多尔衮算起，则"历百年"，这与《红楼梦》中贾家的百年兴衰史正相契合。

曹玺自康熙二年（1662 年）任江宁织造到康熙二十三年（1684 年）六月，因劳瘁卒于江宁织造署，这年十一月，康熙首次南巡到江宁（今南京），"亲临其署，抚慰诸孤，遣内大臣祭奠"。曹玺一死，康熙就有意让曹玺之子、也是玄烨自己幼时的"伴读"和后任"侍卫"的曹寅继其父职，"诏晋内少司寇，仍督织江宁"。但不久又将曹寅召回北京，派任内务府广储司郎中，另选也是织造世家出身的马桑格暂充江宁织造之任。到了康熙二十九年（1690 年）夏天，曹寅得以郎中兼佐领的身份出任苏州织造，旋即兼任江宁织造事务，两年后又专任江宁织造。曹寅

在江宁织造以及后来兼任两淮盐政的 22 年生涯中，在江宁织造署接驾康熙达 4 次之多。每次接驾的盛况，"比一部书还热闹"。康熙三十八年 1699 年皇帝第三次南巡，也是曹寅首次接驾，玄烨为了消除民族隔阂，亲自到明孝陵祭奠，并写了"治隆唐宋"四大字，当众宣布："朕御书'治隆唐宋'四大字，交与织造曹寅制匾，悬置殿上，并行勒石，以垂永远。"（周汝昌《红楼梦新证》）这次南巡，玄烨在织造署兼行宫见到了他幼时的姆孙氏，十分高兴，对群臣言道："此吾家老人也。"（周汝昌、严中《江宁织造与曹家》）因见庭中萱草，古人正是以萱喻母，于是亲书"萱瑞堂"三大字以赐，制匾悬于内院正堂之上，"一时贤大夫竟作歌颂，积成卷轴"。

早在曹玺来南京任江宁织造之初，即"移来燕子矶边树（黄楝）"，亲植于织造署的庭院之中，"久之，树大可荫，爰作亭于其下，因名曰楝亭"。作为暇时偃息之所和课子之堂："婆娑一枝下，授经声琅琅。"但自曹玺去世后，马桑格继任江宁织造，署院未加修缮，因此到康熙三十二年 1693 年，曹寅来南京专任江宁织造时，见署中楝亭圮坏，乃出资重做，顿改旧观，时人尤侗在《楝亭赋》中赞曰："非劳劳（亭）之可比，岂赏心（亭）之能称。"这座楝亭遂成为曹寅以文会友的重要场所："清溪之滨，聚白下之名流。"

《红楼梦》书影

康熙五十一年（1712）七月二十三日，曹寅在扬州天宁寺书局病殁，康熙命其子曹颙继任江宁织造，康熙称他"是个文武全才之人"。谁知到三年后曹颙也一病而亡了。于是康熙又命将曹寅之弟曹宣的第四子曹頫过继给曹寅之妻李氏为嗣，还特命继任江宁织造（故宫博物院明清档案部编《关于江宁织造曹家档案资料》）。曹頫的特点是"好古嗜学"。

康熙五十四年（1715 年）六月，曹颙的遗腹子曹雪芹诞生在南京江宁织造署内，并在此度过了"锦衣纨绔之时，饫甘餍肥之日"的童年。可以毫不夸张地说：正是因为有了这个伴随康熙朝60年盛世的"钟鸣鼎食之家,诗书翰墨之族"的织造世家,才造就了我国最伟大的小说家曹雪芹。因此,也可以说南京是"传神文笔足千秋"的"稗圣"曹雪芹的根。

我们知道,曹家是康熙忠实的"家生子"奴才。康熙在位时,对曹家特别是曹寅是竭力照顾和"保全"的。但康熙一死,"树倒猢狲散"。雍正上台,曹家因与其政敌胤禩等发生过这样那样的"关系",而成为整治的对象。雍正五年底,皇帝下令将曹家查抄。次年,曹雪芹随家返回北京。此后,他的生活十分潦倒,"茅椽蓬牖,瓦灶绳床"。他在"历经离合悲欢,炎凉世态"之后,"著书黄叶村",将"秦淮旧梦"演化为《红楼梦》即《石头记》,亦即《金陵十二钗》。"壬午(乾隆二十七年)除夕,书未成,芹为泪尽而逝"。

南京——"情经"《红楼梦》之源

《红楼梦》的"本事"是什么?长期以来,众说纷纭,莫衷一是。有张维屏、赵烈文的"纳兰成德家事说",王梦阮、沈瓶庵的"清世祖与董小宛故事说",王国维的"欲念解脱说",蔡元培的"康熙朝政治状态说"等不下十种。经过百年"红学"大讨论,胡适的为"曹雪芹家事说"后来居上,逐渐为众多的读者和研者所接受。然而,近年来又出现了"本事"新说,最为突出的是土默热的"洪昇故乡(杭州)西溪说"。然《红楼梦》"本事"为"曹雪芹家事说"并没有因此而被撼动,而是愈加"深入人心"。只不过"本事"为"曹雪芹家事说"又分"主北(北京)说"和"主南(南京)说"。笔者持"主南说"。

《红楼梦》中写道:"改《石头记》为《情僧录》。东鲁孔梅溪则题曰《风月宝鉴》。后因曹雪芹于悼红轩批阅十载,增删五次,纂成目录,分出章回,则题曰《金陵十二钗》。""金陵"、"石头"都是南京的别名古称。《红楼梦》有《石头记》和《金陵十二钗》这两个书名与南京有关,而书名是统领全书内容的。由此可见,南京与《红楼梦》的关系非同一般。书中还写到一张"护官符":"贾不假,白玉为堂金作马;阿房宫,三百里,住不下金陵一个史;丰年好大雪,珍珠如土金如铁;东海缺少白玉床,龙王来请金陵王。"这就是人们所说的《红楼梦》中的"金陵四大家族"。故脂砚斋批云："盖作者自云所历不过红楼一梦耳。"这也就是《红楼梦》"自述说"即"曹雪芹家事说"的主要论据。胡适认为："《红楼梦》是一部隐去真事的自叙。里面的甄贾两宝玉，即曹雪芹自己的化身，甄贾两府是当日曹家的影子，故贾（假）府在'长安'都中，而甄（真）府始终在江南。"（《胡适文集》五）笔者认为，《红楼梦》中的"贾史薛王四大家族"的原型即是江南三织造的曹（寅）、李（煦）、孙（文成）、马（桑格）四大家族。它们也都是"连络有亲，一损皆损，一荣皆荣，扶持遮饰，皆有照应"的。

笔者在对《红楼梦》长达30多年的研究后发现，《红楼梦》中所写的许多人和事，都可以与江宁织造曹家"对号入座"。例如，书中所写的"荣禧堂"就是以康熙御赐曹雪芹曾祖曹玺"敬慎"额和曾祖母孙氏"萱瑞堂"额为原型的。"座上珠玑昭日月；堂前黼黻焕烟霞"联则被脂砚斋批为"实贴"。书中写到贾氏宗祠中的长联："肝脑涂地，兆姓赖保育之恩；功名贯天，百代仰蒸尝之盛"，则是隐喻了这样一件实事：康熙之有今日，其所赖者也是曹门孙氏姆抚育而长大成人的。书中写到的贾府的三座家庙——铁槛寺、水月庵和栊翠庵，其原型则是曹家的三座家庙——香林寺、水月庵和万寿庵。"葫芦僧乱判葫芦案"的发生地——明代应天府衙清代为江宁府衙，即南京市府西街南京第一中学校园处。"通灵宝玉"的"原型"，据考证即是南京出产的雨花石。而书中写到的王熙凤"身上穿着缕金百蝶穿花大红洋缎窄褃袄"，贾宝玉"穿一件二色金

《红楼梦》书影

百蝶穿花大红箭袖",薛宝钗穿的"玫瑰紫二色金银鼠比肩褂",史湘云穿的"一件水红装缎狐肷子褶子",北静王"穿着江牙海水五爪坐龙白蟒袍",以及晴雯病补的"孔雀裘"等,都是江宁织造局生产以供"上用"的织品(严中《红楼梦与南京》)。此外,与南京有关的方言、民俗、掌故、胜迹等或深藏于书中的字里行间,或披露于书中的纸上笔端,而这些都是反映曹家这个江宁织造世家实况的。如果没有这个织造世家所发生的一切,就不可能产生出"字字看来皆是血"的"情经"——《红楼梦》。因此,也可以毫不夸张地说:南京乃是《红楼梦》之源。

南京——"大观园"主要原型之所在

"大观园"的"原型",最早是由雪芹家的姻亲富察明义提出的,他在《题红楼梦》诗前小序中云:"曹子雪芹出所撰《红楼梦》一部,备记风月繁华之盛,盖其先人为江宁织府(造),其所谓大观园者,即今随园故址。"富察明义还写过《和随园自寿诗韵十首》,其一有句云:"随园旧址即红楼。"随园主人袁枚也主"随园说",他在《随园诗话》中云:"雪芹撰《红楼梦》一部,备记风月繁华之盛,中有所谓大观园者,即余之随园也。"袁枚的晚生裕瑞则在《枣窗闲笔·后红楼梦书后》中云:"闻袁简斋家随园,前属隋(赫德)家者,隋家前即曹(雪芹)家故址也,约在康熙年间。书中所称大观园者,盖假托此园耳。"

"主南说"另一说是"织造署说",《红楼梦》第二回中,贾雨村道:"去岁我到金陵地界,因欲游览六朝遗迹,那日进了石头城,从他老宅门前经过。路北,东是宁国府,西是荣国府,二宅相连,竟将大半条街占了。大门前虽冷落无人,隔着围墙一望,里面厅殿楼阁,也还都峥嵘轩峻;就是后一带花园子里,树木山石,也还都有蓊蔚洇润之气,那里像个衰败之家!"这个"后一带花园子"就是"大观园"的前身会芳园。巧得很,江宁织造署故址处,古时确有一座会芳园(周应合《景定建康志》卷一)。因此,笔者认为《红楼梦》中的这个"后一带花园子"其原型即是江宁织造署中的西园是也。

然而,长期以来,人们却被书中的"贾雨村(假语存)"、"甄士隐(真事隐)"挡住了视线,被书中的贾母说"回南京去"和"王夫人与熙凤

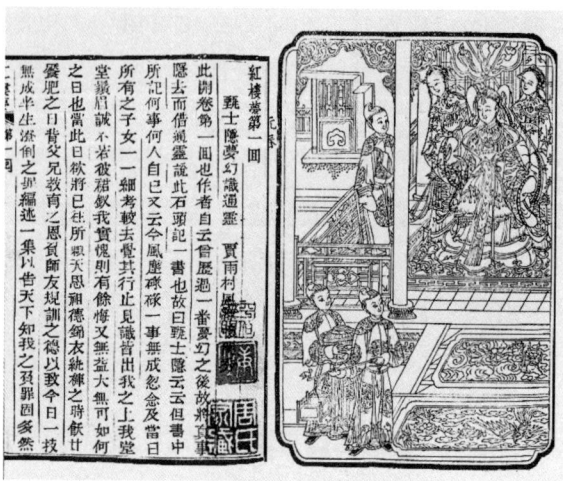

《红楼梦》书影

在一处拆金陵来的书信"几句话吓得不敢"越雷池一步",便相信《红楼梦》写的是北京的事。殊不知《红楼梦》与南京的关联远远超过了《红楼梦》与北京的关联,就拿"主北说"的"核心成果"——"恭王府说"的恭王府园来说,它的前身和珅府园其实就是仿照南京随园而建造的。袁枚在《八十自寿》自注上云:"甲辰(乾隆四十九年)春,圣驾南巡,和致斋(和珅字致斋)相公遣人来画随园图。"(王英志主编《袁枚全集》卷一)又孙星衍《故江宁县知县前翰林院庶吉士袁君枚传》中云:"相国某(据考即和珅)柄政,极豪侈,至命工图绘其园(指随园),仿而作第。"(王英志主编《袁枚全集》卷八)故知北京恭王府园的前身和珅府园即是按照袁枚的随园仿造的,因此,也可推知,南京是"大观园"主要原型之所在。这一观点,已被人们普遍接受。

诚然,笔者论述南京随园和江宁织造署西园均是"大观园"主要原型之所在,并不等于说上述两园就是"大观园"。曹雪芹在塑造"大观园"时,特别强调它是"天上人间诸景备",所以既有"天上"即理想的成分,也有"人间"即现实的成分。应该说,大观园是作者撷取了他接触到的园林之胜,包括南京的随园、江宁织造署西园,以及北京的圆明园等在内,并将其吞之于胸,吐之于笔的。如此说来,大观园是理想和现实即浪漫主义和现实主义相结合的产物。

南京——"红学"、"曹学"之"祖庭"

正因为上述情况,在南京兴建与曹雪芹和《红楼梦》有关的纪念性建筑以供人们观瞻就显得十分必要。经过各界人士多年锲而不舍的努力,南京终于在江苏省《红楼梦》学会的指导和笔者的主持下，初步建成了南京曹雪芹纪念馆；在周汝昌先生首倡以及全国各界知名人士的支持下建成了江宁织造博物馆；由南京中山陵园管理局筹建了红楼艺文苑。同时在笔者的"《红楼梦》主南（南京）说"和由笔者提出的"南京应打造'红学'第一重镇"口号的影响和作用下，产生了一批与《红楼梦》有关的文化作品，如南京地铁 3 号线的"《红楼梦》巨型壁画"等。现在南京已被"《红楼梦》主南说"者认定为"红学"、"曹学"之"祖庭"。

此外，早在 2013 年 8 月，笔者在由河海大学出版社出版的《红楼梦与南京》中就提出："鉴于康熙五十四年即 1715 年乃是红学界较为普遍认同的曹雪芹诞生之年，因此 2015 年将是他诞辰三百周年纪念日，而江宁织造博物馆的前身江宁织造署乃是他的诞生之地。因此，我希望江宁织造博物馆按照观众的正确意见进行必要的整改，最终真正能以一座世界级水准和具有唯一性的博物馆展现在世人面前，并于 2015 年在这里召开'曹雪芹诞辰三百周年纪念大会'。"令人高兴的是，2015 年，在曹雪芹诞生三百周年之际，南京、北京等地都举行了相关纪念活动，以纪念这位伟大作家。

（严　中）

《随园食单》

袁枚

我国饮食文化源远流长，"南甜北咸，东酸西辣"的民谚形象地反映了我们各地饮食文化的差异。南京地处我国中部，是一座不南不北、不东不西的城市，古往今来，这里百物汇集，人杂五方，形成了兼容并蓄的饮食文化。在南京历史上，不仅美食家辈出，而且在南京撰写的介绍美食佳肴的食谱有多种，如袁枚《随园食单》、张通之《白门食谱》、龚乃保《冶城蔬谱》和王孝煃《续冶城蔬谱》等，这在全国城市中是十分罕见的。在这些食谱中，开风气之先的当属清代袁枚的《随园食单》。

袁枚（1716—1797年），字子才，号简斋，晚年自号随园老人、苍山居士，钱塘（今浙江杭州）人。清代诗人、评论家和烹饪理论家。袁枚是乾隆、嘉庆时期杰出诗人之一，他与当时的赵翼、蒋士铨合称为"乾隆三大家"，与纪晓岚并称为"南袁北纪"。袁枚生于康熙五十五年（1716年），12岁时补县学生。乾隆四年（1739年）成为进士，授翰林院庶吉士。乾隆七年外调做官，曾任溧水、江浦、沭阳、江宁等地知县，每到一地，勤于政事，颇有政声，深得两江总督尹继善的赏识。袁枚33岁时，父亲去世，遂辞官养母，在江宁（今南京）购置原江宁织造隋赫德的小仓山"隋园"，改名"随园"。经过袁枚的精心营构，随园成为清代江南著名的园林之一。在这里，袁枚度过了将近50年悠闲而又舒适的时光。他以论诗著述为乐，以文酒会友，倡导"性灵说"，主张写诗要写出自己的个性，为当时诗坛所宗。著有《小仓山房文集》《随园诗话》《子不语》《随园食单》等30余种。

袁枚是一位经验丰富的烹饪理论家，他在南京随园撰写的食谱——《随园食单》，是我国清代系统论述烹饪技术和南北菜点的重要著作。

该书出版于乾隆五十七年（1792 年），此后国内有多种版本面世。1979年，日本岩波书店将其译成日文出版。全书除《序》外，共分 14 单，即须知单、戒单、海鲜单、江鲜单、特牲单、杂牲单、羽族单、水族有鳞单、水族无鳞单、杂素菜单、小菜单、点心单、饭粥单和茶酒单。在须知单中，袁枚提出了烹饪必须遵守的 20 个操作要求，如先天须知、作料须知、洗刷须知等；在戒单中，提出了 14 个注意事项，如戒外加油、戒同锅热、戒耳餐等；在海鲜单等部分，用大量的篇幅详细地介绍了我国从 14 世纪至 18 世纪中流行的 326 种南北风味佳肴和特色小吃以及制作方法。书中还介绍了当时的部分名茶，如武夷茶、龙井茶；同时还介绍了多种美酒，如绍兴酒、金华酒、山西汾酒等。

袁枚在收集、整理这些名馔佳肴时可谓是殚精竭虑。他在序言中写道："每食于某氏而饱，必使家厨往彼灶觚，执弟子之礼。四十年来，颇集众美。有学就者，有十分中得六七者，有仅得二三者，亦有竟失传者。余都问其方略，集而存之，虽不甚省记，亦载某家某味，以志景行。"袁枚不仅是理论家，还是实践家。他家中有像王小余这样的金陵名厨，园中种植有各种各样的农副产品。据清朝同治年间蒋敦复《随园轶事》记载："园之东西，各有田地山池"，"树上有果，地上有蔬，池中有鱼，鸡凫之豢养，尤为得法，美酿之储藏，可称名贵。形形色色，比购诸市上而更佳。有不速之客，酒席可咄嗟立办。不然，园中去市，计有二里之遥，往返需时，那堪久待耶？"袁枚以其身份、地位、财力和学识，将我国古代的烹饪经验和当时厨师的实践结合起来，加以系统地总结和整理，在选料、配料、刀工、调料、火候等方面，提出了一整套的理论。

在须知单中，他说："大抵一席佳肴，司厨之功居六，买办至之功居四"，"熟物之法，最重火候。有须武火者，煎炒是也，火弱则物疲矣。有须文火者，煨

《随园食单》书影

煮是也,火猛则物枯矣。有先用武火而后用文火者,收汤之物是也","善治菜者须多设锅、灶、盂、钵之类,使一物各献一性,一碗各成一味","大抵物贵者器宜大,物贱者器宜小。煎炒宜盘,汤羹宜碗,煎炒宜铁锅,煨煮宜砂罐","味要浓厚,不可油腻;味要清鲜,不可淡薄"。这些观点,就是在今天看来,依然堪称是至理名言。

在戒单中,他提出14戒。戒耳餐写道:"何谓耳餐?耳餐者,务名之谓也。贪贵物之名,夸敬客之意,是以耳餐,非口餐也。"戒目食写道:"何谓目食?目食者,贪多之谓也。"戒暴殄写道:"暴者不恤人功,殄者不惜物力。鸡、鱼、鹅、鸭自首至尾,俱有味存,不必少取多弃也……假使暴殄而有益于饮食,犹之可也;暴殄而反累于饮食,又何苦为之?至于烈炭以炙活鹅之掌,刺刀以取生鸡之肝,皆君子所不为也。何也、物为人用,使之死可也,使之求死不得不可也。"戒火锅写道:"冬日宴客,惯用火锅,对客喧腾,已属可厌;且各菜之味,有一定火候,宜文宜武,宜撤宜添,瞬息难差。今一例以火逼之,其味尚可问哉?近人用烧酒代炭,以为得计,而不知物经多滚总能变味。"他反对贪图虚名、铺张浪费,反对虐待动物,不提倡吃火锅,等等。这些注意事项,见解独到,在今天仍有指导意义。

针对每一种菜肴和点心,袁枚分门别类,介绍了具体的烹饪方法。如,在海鲜单中,介绍了9种山珍海味的做法。在江鲜单中,介绍了6种江鲜的做法。在特牲单中,介绍了猪肉、猪内脏的50余种烹饪方法。在杂牲单中,介绍了牛、羊、鹿、獐、果子狸等多种动物的烹饪方法。在点心单中,介绍了面、饼、饺、馄饨、馒头、粽子、汤团、糕、粥等55余种点心的做法。这些记载,尽管没有将每样菜肴的主料、佐料的分量记载清楚,但却为我们留下了宝贵了的饮食文化资料,成为我们今天复原清朝饮食的重要文献。

袁枚言人之所未言,发人之所未发,其内容之精彩,见解之独到,足以笑傲食林。

《随园食单》记载的食谱,被称为"随园菜",它与北京谭家菜、山东曲阜孔府菜并称为我国最著名的三大官府菜。

(卢海鸣)

《中国文化史》

在 20 世纪的中国学术史中，柳诒徵在史学界的名望和地位举足轻重。二三十年代，柳诒徵在南京任教，与当时在北京清华国学院任教的陈寅恪并称"南柳北陈"。在 1940 年国民政府教育部"部聘教授"推选与中央研究院院士选举中，史学界亦唯陈寅恪与柳诒徵二人兼享此两项盛誉。陈寅恪作为近二十年热点文化人物，不只囿于史学学术圈内，更扩散至社会层面，研究者甚众，出版物甚多，热度至今不减；相比较而言，作为南京高等师范学校史学的开山鼻祖、东南学

术界领军人物的柳诒徵，无论在研究者还是在出版物方面，则要落寞许多，诚为可叹。

柳诒徵（1880—1956 年），字翼谋，晚号劬堂，江苏丹徒县（今镇江）人。柳氏为镇江望族，书香世家，先辈以儒学名世。后家道中落，父柳泉以教授学生维持生计。母鲍氏，亦为镇江世族，有名于当时。因母亲出身好，自幼受到良好的教育，为培养柳诒徵提供了有利的条件，也为其日后治学奠定了基础。1899 年后，柳诒徵常与父亲早年的学生陈庆年论学，受陈的影响，由专攻词章逐渐转向史学，并立志"只愿讲学不做官"（柳诒徵：《自传与回忆》，柳曾符、柳佳编：《劬堂学记》）。

柳诒徵一生的成就大都与南京密切相关。1900 年清政府变法兴学，在南京开设江楚编译局。受总纂缪荃孙的赏识，柳诒徵任编译局编纂，在缪荃孙的栽培下，柳诒徵的学问和见识都有了很大的进步。他与友人创办了南京益思小学、江南中等商业学堂，为南京最早的新式小学和商

《中国文化史》书影

业学堂。后又兼任江南高等学堂、两江优级师范教习，主讲国文、历史、伦理等课程，受到师生的一致赞誉。在此期间编著有《字课图说》《历代史略》《中国教育史》《中国商业史》《商业道德》《伦理口义》等。1916年，柳诒徵就职南京高等师范学校（简称"南高师"），教授国文、历史，1925年在东南大学（1920年成立，1923年南高师正式与之合并）"易长风潮"中辞去东大教职。在南高师与东南大学的十年，是柳诒徵一生著述最多、成就最突出的十年。他博通古今中外的学识、严谨治学的态度和高尚的人格，奠定了他在南高师、东南大学的领袖地位，形成了南高师、东南大学以及东南学术界"诚朴"、"笃实"的治学风格，培养了一批杰出的学生，被视为"南高史学的开山祖"，南高历史学系的"精神领袖"（张其昀：《南高之精神》）。吴宓自编年谱中回忆说："南京高师校之成绩、学风、声誉，全由柳先生一人多年培植之功。论现时东南大学之教授人才，亦以柳先生博雅宏通，为第一人。（吴宓著、吴学昭整理：《吴宓自编年谱》）"柳诒徵自南高师迄北京各高校间编著有《中国文化史》《东亚各国史》《中国经济史》《中国财政史》《印度史》等。而《中国文化史》更是被举为文化史的开山之作。

以文化学的视野来研究中国历史，是近代才兴起的一门新兴学科，至今不过百余年。柳诒徵在南高师讲授中国史课时，新文化运动正开展得如火如荼，中西文化论争也日益激烈。因此在这种背景下，正确认识中西文化，恰当处理中西文化的关系，是当时文化问题上需要解决的主要问题。在"全盘西化论"甚嚣尘上之时，柳诒徵认为："欲知中国历史之真相及其文化之得失，首宜虚心探索，勿遽为之判断。"（柳诒徵：《中国文化史》之《绪论》）他深慨民族自尊心的丧失、崇洋媚外的奴化思想无从抵制，认为自己有责任让国人了解中国文化的真谛，纠正中国学者对本国文化的错误认识，蓄志阐述中国文化政教源流，发扬中国传统文化的精髓，从历史中寻求民族社会变迁进步的状况，以增强国人的民族自信和爱国情怀。他怀着深沉的爱国热情，撰写了这部体大思精的巨著。

《中国文化史》内容分三编。第一编为上古，自邃古以迄两汉，为中国民族本其创造之力，由部落而建设国家，构成独立之文化之时期；第二编为中古，自东汉以迄明季，为印度文化输入中国，与中国固有文化由抵牾而融合之时期；第三编为近世，自明季迄今日，为中印两种文化均已就衰，而远西之学术、思想、宗教、政法以次输入，相激相荡而卒相合之时期。三编内容丰赡，包罗宏富，举凡典章制度、文功武略、各派学说、文艺教育、民俗宗教、工商技巧、货币服饰、风土民情、特产建筑、图画雕刻之类，无不追本求源，究其发展，举其功用，论其得失。1949年之前出现的一批中国文化史的研究著作无不滥觞于柳诒徵所著《中国文化史》。

柳诒徵在《中国文化史》中提出的文化分期，基于其对历史演进规律的独到见解和认识。柳氏在《中国文化史》的《绪论》中指出，"此三期者，初无截然划分之界限，特就其蝉联蜕化之际，略分畛畔，以便寻绎。实则吾民族创造之文化，富于弹性，自古迄今，缅缅相属，虽间有盛衰之判，固未尝有中绝之时。"这种文化分期，以中国文化发展的"蝉联蜕化"为主线，注重与外来对文化之间的相互作用和影响。他对中国文化三期特点的高度概括，基本符合中国文化发展的进程。在关于文化史的研究内容方面，他赞同梁启超文化史的内容规划，但更侧重人类创造力的凝聚，坚持以"文化发展"作为研究对象和评判标准，对于与文化密切相关的政治、经济现象，重在追溯其内在的文化根源和文化意蕴。此即他在绪论中强调的"独造之真际"和"民族全体之精神所表现者"。

《中国文化史》体现出进化的综合的文化史观。柳诒徵一直坚持历史因果律，强调"历史之学，最重因果。人事不能有因而无果，亦不能有果而无因。治历史者，职在综合人类过去时代复杂之事实，推求其因果而为之解析，以诏示来兹，舍此无所谓史学也。"这种进化的文化史观，为他科学地剖析中国文化的发展，奠定了基础。

《中国文化史》的编撰，采用纲目体。在叙述文化发展时，以作者的主观叙述为纲，大字排印；以原有客观资料为目，小字排印。其特点是史论分明，俱有来历。这种夹叙夹议方法，引述一段原始资料，接着一段评论，既不是枯燥无味的考证，也没有不着边际的空谈，真可说是广征博引，有引人入胜之功（胡焕庸：《怀念柳翼谋先生》）。其所征引的史料，既有正史，也有编年体、纪事本末体、典志体等史料，还有各种报章杂志、统计资料；既有古人著述，也有时人著述，既充分利用国内资料，而且还大量使用国外的文献资料和研究成果；征引资料类别涉及政治、经济、商业、宗教、建筑、教育、文艺、社会风俗、雕刻、绘画、天文、地理等方面，几乎无所不包，是一部百科性专题史。

《中国文化史》一开始是柳诒徵在南高师和东南大学的文化史讲义，随编随印，在学生中影响较大。1922年，梁启超应邀到东南大学讲学，对柳诒徵讲授的《中国文化史》评价极高，建议并多次催促将其出版，但柳诒徵"力求精审，不欲率而出版"（《史地学报》）。1925年开始，柳诒徵将《中国文化史》内容在《学衡》杂志上陆续发表，影响进一步扩大。1932年《中国文化史》由南京钟山书局出版发行，得到学界的广泛好评，获得世人的认可和广泛推崇。1932年发表了署名英士的评论文章，肯定《中国文化史》是一本"庄严郑重的巨著"（英士：《书评》）。胡适评价《中国文化史》说："柳先生的书列举了无数的参考书籍，使好学的读者，可以依着他的指引，进一步去寻求他引用的原书，更进一步去寻求他不曾引用的材料……柳先生的书，可算是中国文化史的开山之作。"（胡适：《书籍评论：中国文化史》）鉴于《中国文化史》的重要影响，1935年钟山书局再版，1948年由南京正中书局再版。1980年文化讨论热潮兴起后，传统史学和文化逐渐受到重视，文化学及文化史的研究成为近30年来史学的一个丰收领域。柳诒徵和他的《中国文化史》重又回到人们的视野，并得到多次出版。《中国文化史》是柳诒徵思想、文化的结晶，是研究中国文化史、研究柳诒徵思想的必备书目。

柳诒徵不但是著名史学家，同时也是著名的图书馆学家。从1927年柳诒徵出任江苏省立第一图书馆馆长（后改名为江苏省立国学图书馆）开始，直至1949年，他在南京有长达20余年的图书馆馆长生涯，为图书馆的建设、图书保存、整理、学术研究以及人才的培养等方面作出了重要的贡献，是国学图书馆的灵魂。

柳诒徵一生孜孜不倦于民族文化的弘扬、建设与复兴，其终极旨归乃是国家与民族的振兴与繁荣。谋求民族、国家复兴之路，文化的复兴是第一要务。在今天我们进行中华民族的伟大复兴的大业中，重温《中国文化史》，依然能带给许多我们文化上的思考和启迪。

（祁海宁）

《首都计划》

《首都计划》是民国时期中国最重要的一部城市规划。1927 年 4 月 18 日国民政府定都南京后，即着手谋划首都未来的发展。1928 年，国民政府定南京为特别市，同年 12 月 1 日，成立"国都设计技术专员办事处"，由孙科主其事，以林逸民为主任，推动国都规划建设。1929 年 12 月，历时一年多编制的《首都计划》正式由国民政府公布。孙科在《首都计划》序中指出："首都之于一国，故不唯发号施令之中枢，实亦文化精华之所荟萃。"南京"其前途发展，殆不可限。然正惟其气象如此之宏伟，则经始之际，不能不先有一远大而完善之建设计划，以免错误，而资率循"。而林逸民则指出："此次计划不仅关系首都一地，且为国内各市进行设计之倡，影响所及至为远大。"

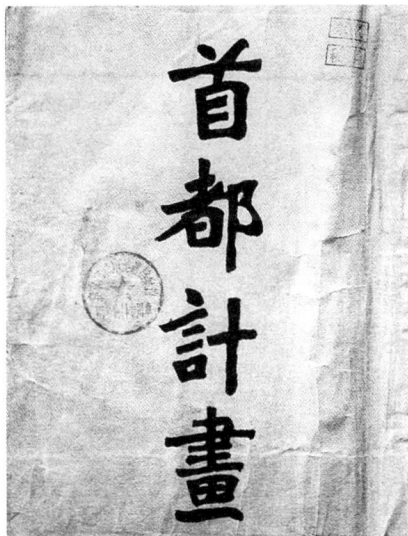

《首都计划》书影

"全部计划皆为百年而设，非供一时之用。"《首都计划》出台后，南京从此兴起了持续 10 余年的营造高潮，其后虽然由于种种原因，特别是 1937 年抗日战争的爆发，规划的不少内容包括中央政治区的建设未能全部实施，但现代南京的城市格局、功能分区、道路系统、一批公共建筑等是由这一规划奠定的。哈佛大学教授柯伟林在《中国工程科技发展：建国主义政府（1928—1937 年）》中指出："南京是中国第一个按照国际标准、采用综合分区规划的城市……如果南京今天可以称作'中国最漂亮、整洁而且精心规划的城市之一'的话，这得部分归功于国民政府工程师和公用事业官员的不懈努力。"

茂菲

《首都计划》的实际价值不仅在于它在南京的具体实践，更在于它的理论及方法对中国近现代城市规划发展的促进作用。它反映出传统中国城市在迈向现代化进程中的努力和追求，其设计师构成也体现出东西方文化的融合和结合。为学习借鉴欧美规划经验，本着"用材于外"的原则，"国民政府以是特聘美人茂菲、古力治两君为顾问，使主其事，两君于城市设计、宫室建筑之术，盖均有声于国际者"，同时也聘请曾留学美国康奈尔大学的国内建筑师吕彦直相助。美国建筑师茂菲（又译作茂飞、墨菲）在制定《首都计划》之前，已在中国"摸爬滚打"数载，完成了长沙雅礼大学、金陵女子大学、燕京大学等重要规划设计，对中国文化有所了解，且为其所吸引。特别是他设计的燕京大学校园，深受世人推崇。梁思成先生评价道："至如燕京大学，则颇能表现我国建筑之特征，其建筑师茂菲，以外人臻此，亦堪称道。"

《首都计划》在规划方法、城市设计、规划管理等诸多方面借鉴了

《首都计划》中的《国都界线图》

欧美模式，在规划理论及方法上开中国现代城市规划实践之先河。《首都计划》提出以"欧美科学之原则"、"吾国美术之优点"作为规划的指导方针，宏观上采纳欧美规划模式，微观上采用中国传统形式。城市空间布局以"同心圆式四面平均开展，渐成圆形之势"，明确提出避免使城市发展呈"狭长之形"，避免"一部过于繁荣，一部过于零乱"的非均衡发展。道路系统引进了林荫大道、环城大道、环型放射、矩形路网等新的规划概念与内容。

值得注意的是，在它的详细方案中，政府办公建筑均采用中国固有形式。极力倡导采用"中国固有之形式"，旨在"发扬光大固有之民族文化"，城市建筑"以中国之装饰方法，施之我国建筑之上"（罗玲：《近代南京城市建设研究》），这在 20 世纪 20 年代是一种开创性的设想，开创了近代中国自身建筑风格的一些新路（汪德华:《中国城市规划史纲》）。它不仅影响了南京依据《首都

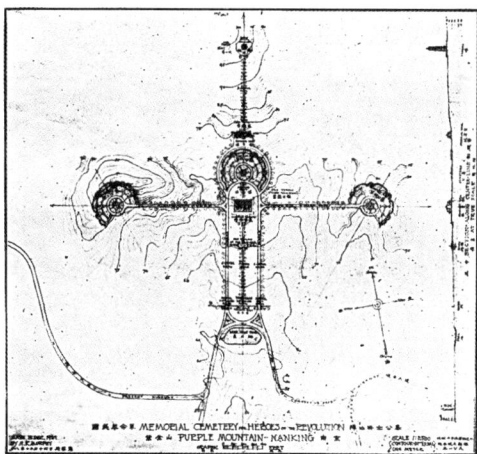

《首都计划》中的国民革命军阵亡将士公墓地盘图

计划》原则建成的一批建筑，如考试院、交通部、铁道路、励志社、国民党中央党史史料陈列馆、国立中央研究院、国立中央博物馆、国立中央医院等，还影响了随后许多城市的政府和公共建筑的规划设计，如上海市政府大楼（1933，董大酉设计）、政汉大学（1933，开尔斯设计）等。今天，在中国城市再次面临着全球化带来的文化冲击时，重温《首都计划》仍然有其现实意义。

（周　岚）

《科学的南京》

　　《科学的南京》为论文集，民国中国科学社编。

　　民国三年（1914年），中国科学社由中国留学生创立于美国（初名科学社）。后因成员陆续归国，且大部分任教于南京高等师范学校、金陵大学、江苏省第一甲种农业学校等，遂于民国五年（1916年）成立南京支社。民国七年（1918年），总社由美国迁至南京，先后在过探先宅、南高师、城北大仓园一号过渡。次年，正式设址于成贤街文德里。当时，该社以董事会总管全社事务，下设《科学》杂志编辑部、图书馆。会长为任鸿隽，杂志编辑长为杨杏佛。民国十一年（1922年），增设生物研究所，为中国从事纯科学研究的第一个机构。民国十二年（1923年），更改社章，原董事会改为理事会，负责实际领导社务。此后会长相继为丁文江、翁文灏、竺可桢。民国十七年（1928年），国立中央研究院在南京成立，其主要成员多出自中国科学社，并继承了科学社在国际上的中国科学界代表地位。民国十八年（1929年），总办事处及其所属《科学》杂志编辑部迁址上海，但文德里仍属南京社所，为图书馆和生物所办公地。

《科学的南京》书影

　　《科学》杂志的编辑人员鉴于国民政府定都南京后，各项建设需要有对自然学科现象的研究，但过去介绍南京的"大概皆文学之作，而与科学无与也"，于是将《科学》杂志所载有关南京的文章，汇辑成编，并约稿数篇，"以补其不足"，于民国二十一年（1932年）出版。书首为《科学》杂志编辑部主任王琎所作序。

　　全书收文章13篇，分别是：

　　1.《南京之地理环境》，中央大学

教授张其昀撰于民国十九年（1930 年）5 月。
张其昀（1900—1985 年），字晓峰。浙江宁波
鄞县人。地理学家、历史学家。本文在全书中
篇幅最长，分为导言、长江、秦淮河、城郭与
街道、鼓楼岗及诸小山、玄武湖、紫金山七部分。

竺可桢

《南京之气候》，民国十年（1921 年）
竺可桢在南京高等师范学校所撰演讲稿，民国
十九年（1930 年）3 月修订。竺可桢（1890—
1974 年），字藕舫，浙江绍兴人。中国近代地
理学和气象学的奠基者。民国九年（1920 年）
任南高师地学系主任。民国十八年（1929），
任中央研究院气象研究所所长。该文主要从气压、温度、雨量、云、湿度、
风六要素论述南京气候。

《南京音系》，系赵元任据早年在南京居住时的记忆和民国十六年
（1927 年）秋在南京调查发音的记录材料所撰。赵元任（1892—1982 年），
字宜仲。江苏常州阳湖（今属武进）人。语言学家、音乐家。民国十八
年（1929 年）被聘为中央研究院历史语言所研究员。本文从南京的语音、
音韵及与标准语（国音）音韵比较等三方面进行阐述分析，最后总结了
南京音的 9 种显著特点。

《钟山地质及其与南京市井水供给之关系》，系中央大学谢家荣据
民国十七年（1928 年）春率地学系师生考察后为中国科学社南京社友会
所撰演讲稿修订。谢家荣（1898—1966 年），字季骅。上海人。地质矿
床学家、地质教育家。本文的钟山地质部分包括前人研究、地层次序、
时代及比较、地质构造等四部分，井水供给部分分析了自流井之必要条件、
南京市之井泉、南京市之蓄水层、井泉之化学成分、凿井地点，最后建
议南京立即开凿深井，以确定蓄水层和进行实地探查。

《南京之饮水问题》，王琎撰。王琎（1888—1966 年），字季梁，
浙江黄岩宁溪（今属台州）人，化学家。民国十八年（1929 年），创办
中央研究院化学研究所，兼任所长。本文从饮水净度、饮水标准、南京
饮水供给三方面进行分析，认为南京塘水、浅井水不宜饮用，深井水量少，

江水需处理，故自来水厂建设"殆不容缓"。

《雨花台之石子》，东南大学地学系学生张更所撰，为地质调查所学生奖学金当选论文。张更（1896—1982年），字演参。浙江瑞安人。地质学家。民国十七年（1928年）中央大学地学系毕业。本文先分析了雨花台的位置及与历史关系、地层、地质、地史、地形，后分析雨花石的岩石成分、构造、体积、来源、成因、沉淀时的环境、磨片研究。

《汤山附近地质报告》，系张更据十七年（1928年）在汤山练习调查的结果所撰。本文分为地形、地质系统、火成岩、地质构造、经济地质、温泉等六章。

《南京栖霞山石灰岩之地质时代》，赵亚曾撰，为民国十六年（1927年）发表于《中国地质学会会志》第六期英文论文的提要。赵亚曾（1899—1929年），河北蠡县人，古生物学家、地层学家、区域地质学家。任农商部地质调查所技师兼古生物学研究室主任。本文以出露于栖霞山得名的栖霞石灰岩为考察对象，分别阐述了前人结论、栖霞石灰岩分布及其化石、栖霞石灰岩地质时代及其比较，认为该石灰岩代表一种特殊的太平洋生物群区，时代属于上石炭纪，是对其代表作《中国长身贝科化石》

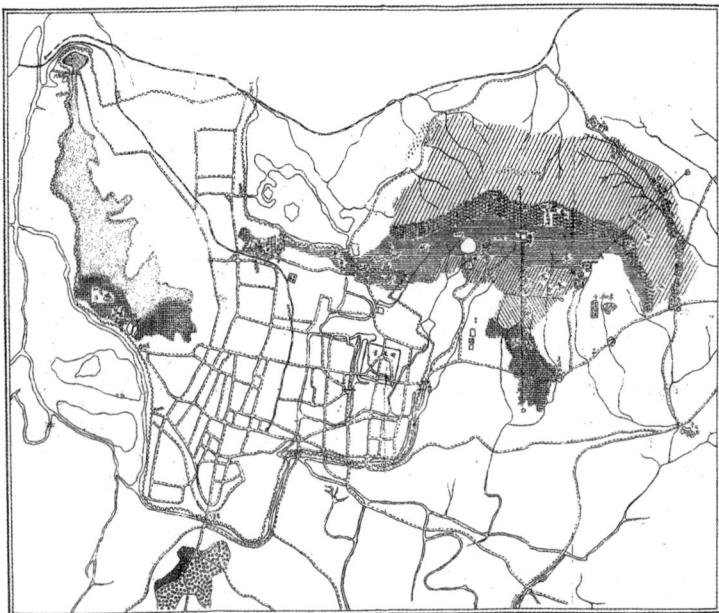

《科学的南京》书影

的重要补充。

《江苏西南部之火山遗迹及玄武岩流之分布》，董常据七年（1918年）夏、八年（1919年）冬分别在江浦、江宁、六合、句容一带调查情况所撰。董常（1892—？年），江苏江阴人。曾在南京高等师范学校任教，后任农商部地质调查所技师。本文包括地形、地质、时代、岩石四部分。

《江苏凤凰山铁矿之化学成分》，王琎根据江苏省政府派遣席鸣九采得的矿样化验结果所撰。

《南京鱼类之调查》，中国科学社生物研究所助教张春霖撰。张春霖（1897—1963年），字震东。原姓巴伊特，属蒙古族镶黄旗。生于河南开封。鱼类学家、教育家。本文调查记录了鱏（白鱏）、鳡（黄鳡）、魛（刀鱼）等48种鱼类，详记其体型、体长。

《南京木本植物名录》，林刚据南京城区及附近调查结果所撰。林刚（1891—1979年），浙江平阳人，经济林学家。历任金陵大学、中央大学教授，后在中央农业实验所任技正。本文调查了64科166属木本植物，并分别记录了每种植物的名称、分布。

《南京自然史略》，中国科学社生物研究所所长秉志撰，中国科学社总办事处助理兼编辑部助理于星海述，为生物研究所数年调查南京动物的结果。秉志（1886—1965年），字农山，别号际潜，河南开封人，满族，动物学家、教育家。本文先介绍南京地理环境，然后分别概述无脊椎动物、脊椎动物，前者包括单细胞动物、腔肠动物、软体动物、节足类等，后者包括鱼类、两栖类、爬虫类、鸟、哺乳动物。

综上，这是第一部系统汇集有关南京自然科学研究方面的文集，是南京自然史、科研史等方面的重要文献，其中一些文章或观点在科学史上也有重大价值。

（邓　攀）

《金陵古迹图考》

朱偰

南京历代地方文献绵延不绝，如唐朝许嵩《建康实录》，南宋张敦颐《六朝事迹编类》，元朝张铉《至正金陵新志》，明朝陈沂《金陵古今图考》、顾起元《客座赘语》，清朝甘熙《白下琐言》、陈文述《秣陵集》，民国朱偰《金陵古迹图考》，以及当代蒋赞初《南京史话》等。其中朱偰《金陵古迹图考》堪称是民国时期南京地方文献中的杰作。

朱偰（1907—1968 年），字伯商，浙江海盐人。经济学家、文史学家。出身于书香世家。其父朱希祖是历史学家、曾任北京大学教授、中央大学教授。1913 年，朱偰随父亲迁居北京。1923 年，朱偰考取北京大学预科，1925 年入本科学政治学。1929 年毕业后，考取德国柏林大学研究生，学习经济，1932 年获经济学哲学博士学位。同年回国，受聘为南京中央大学经济系教授，次年任系主任，讲授财政学、世界经济、经济名著选读等课程。1939 年，进入国民政府财政部。1949 年后，历任南京大学政治系教授、系主任，1955 年 5 月，朱偰被任命为江苏省文化局副局长，主管图书馆、博物馆、文物保管和群众文化工作，为保护南京明城墙不遗余力。"文革"期间，被迫害致死。主要作品有《金陵古迹图考》《金陵古迹名胜影集》《建康兰陵六朝陵墓图考》《元大都宫殿图考》《北京宫殿图说》《南京的名胜古迹》等。

1927 年 4 月 18 日，国民政府定都南京后，着手进行城市规划和建设。1929 年 12 月制定了《首都计划》，南京出现了自六朝、南唐、明初以来的第四次建筑高潮。在城市建设热潮中，南京的面貌日新月异，古迹名胜日渐消亡，新建筑不断涌现。在南京由传统城市向近现代都市转型过程中，朱偰学成回国，来到南京，任教于中央大学经济系。他亲身感受、目睹了南京的巨变，在 1934 年 10 月 18 日撰写的《金陵古迹图考》"自序"中感叹道："余来金陵，适值新都建始之秋，街道改筑，房屋改建，地名改命，其间变化之繁，新旧递嬗之剧，实其他都城所罕有。新都之气象，固日新月异，然古迹之沦亡，乃不可胜计。"

朱偰先生有感于此，决定亲自调查。1933 年至 1935 年，朱偰在中央大学经济系授课之余，开始对南京名胜古迹进行系统调查研究。他在《金陵古迹图考》"凡例"中写道："本书研究方法，以实地调查为主。著者于民国二十二年至二十四年三年间，旅居金陵，鸠集同好三人，对于金陵史迹，加以实际调查，从事摄影及测量。计调查范围，东至丹阳，西至当涂，南至湖熟，北及浦镇，举凡古代城郭宫阙、陵寝坟墓、玄观梵刹、祠宇桥梁、园林宅第，无不遍览。"其父朱希祖先生所写的《金陵古迹图考》"序"中称赞道："其书之条理，异于宋、元以来地志多事剽袭稗贩者，厥有二事：一曰从事实地考验，一曰推求原始证据。"该书以实地调查资料和史料研究相结合的方式，也就是王国维先生倡导的"二重证据法"重新解读南京的历史。自古以来，国人研究历史，大都重史料研究，轻实地调查。往往端坐在书斋之中，引经据典，以至于以讹传讹。朱偰先生采用实地调查的方式，取得了大量第一手资料，纠正了史料记载的讹误，弥补了史料记载的缺漏。

在撰写方法上，朱偰先生做到了眼见为实，言必有据。他在"凡例"中写道："本书叙述方法，亦以实地调查所得为本，'知者以为知，不知者以为不知'，凡所叙述，皆有所览；凡有主张，皆有根据。其史迹已亡，而无实物可凭者，则不得不引证千人著述，然亦以当代人之著述为主。该耳闻目击所及，终视道听途说本诸传闻之为愈也。故研究历代史迹，皆先选择原始的

《金陵古迹图考》书影

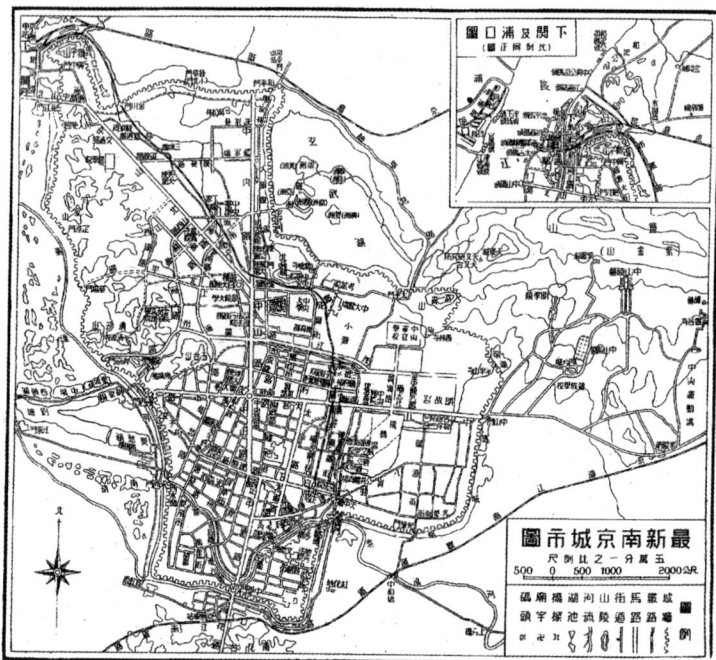

《金陵古迹图考》中的《最新南京城市图》

材料……"这种严谨求实的治学方法，奠定了这部作品的质量基础。

在编写体例上，该书也是别具一格。我国传统的史书撰写体例无外乎纪传体、编年体和纪事本末体，而地方志的撰写采用"横排纵写"，即先列出条目，再进行叙述的方式。这几种体例沿用了数千年，是我国的独创。但是这几种体例，在涉及若干个主题时，任何一个体例都显得束手无策。朱偰先生通过对金陵古迹的实地调查和对文献资料的深入研究，采用清末民初传入我国的章节体体例，撰写出版的《金陵古迹图考》一书，条目清晰，便于分析和解决问题。

全书共计14章，首先根据历代金陵地方志论述了金陵之形势，叙述了山川、河流的概况，第二章以历史史料编出金陵历史沿革表。从第三章起分代记述了秦汉以前之遗迹、六朝城郭宫阙遗址、六朝陵墓、南朝四百八十寺、隋唐之遗迹、南唐遗迹、宋元之遗迹、明代之遗迹、满清及太平天国遗迹、近代之玄观祠宇及梵刹、园林及宅第等。

这种体例，使形式与内容完美地统一在一起。这部作品自问世之日起，数十年来，一直被奉为了解南京，研究六朝、南唐、明朝、民国历史的必读作品。

1936 年，朱偰的《金陵古迹图考》一书出版后，不仅在国民党统治区广为传播，还迅速流传到陕北延安。由此促成了将军与学者之间的一段佳话。1951 年 9 月 22 日，正在南京大学上课的朱偰突然接到南京市人民委员会的通知，说刘伯承、陈毅将军想见一见朱先生，约定翌日派车来接。原来刘伯承将军在延安时读过《金陵古迹图考》，亟欲与之一谈。入座之后，刘伯承将军高兴地说："昔日在延安读你书时，很想与作者一见。可是那时我在解放区，先生在国民党统治区。今日书与作者俱在眼前，可谓如愿以偿。神交已久，终于遂了心愿。"会见后，二位将军约朱偰赴清凉山绝顶眺望莫愁湖、石头城等名胜古迹。

旅居香港的叶灵凤先生对《金陵古迹图考》一书更是推崇备至。20 世纪 60 年代初期，他专门撰写了《朱氏的〈金陵古迹图考〉》一文，其中写道："今人谈南京六朝沿革和古迹名胜的专书，不能不首推朱偰的两种著作：一是《金陵古迹名胜影集》，一是《金陵古迹图考》。两书都是在 1936 年左右出版的，一图一文，图片有三百多幅，文字有二十余万字，相辅而行，互相印证。对于南京残存的古迹名胜，作了实地的调查报告，非常详尽，而且翔实可靠，纠正了前人沿用旧说的许多错误。朱氏并不是金陵人氏，他侨居是地，能够脚踏实地的完成这样的著作，实在难能可贵。……在有关家乡的史乘方志一类旧籍不容易到手的海外，能有机会读一遍《金陵古迹图考》，再参阅一下那几百幅摄影，实在如前人所说：'过屠门而大嚼。'聊当一快。不仅能弥补了读不到那些旧籍之恨，同时也足慰游子的乡怀。"

（朱明娥）

《全宋词》

唐圭璋

唐圭璋（1901—1990年），字季特，满族人，寄籍南京。著名学者、教育家、词人。父亲唐古香以教书为业，并为先生启蒙。辛亥革命后，唐圭璋随家人避居南京姨父处。姨父是汉族人，从此改称汉族。13岁时，就读于南京市立奇望街下小学。毕业后，考入江苏省立南京第四师范学校，后任教于六合西门平民小学。1922年夏，唐圭璋考进东南大学（1927年改为国立中央大学）中文系，师从吴梅学习词曲，从此与词学结下不解之缘。1928年，从国立中央大学毕业后，任教于江苏省第一女子中学，后又转到中央军校任国文教官，直到1937年抗日战争爆发。1949年新中国成立后，任东北师范大学教授，1953年调回南京，任教于南京师范大学中文系，直至1990年逝世。

唐圭璋对中国词学研究做出了卓越贡献，1981年，他领衔创建了南京师范大学中文系第一个博士点——中国古代文学博士点，也是中国古代文学的首批博士点之一。从教70年来，他培养了大批人文学科优秀人才，弟子遍及大江南北。1990年，被国家授予"有特殊贡献的专家"称号。他生平著述颇丰，大学期间，参加了吴梅建立的词社——潜社，并整理出《纳兰容若词》，撰写成《宋词三百首笺注》。《全宋词》是现代词学文献整理的一块丰碑，也是唐圭璋先生的成名作。

《全宋词》初稿完成于1937年，唐圭璋时年36岁，他也因此被载入了杨家骆所编的《民国名人图鉴》。1940年，《全宋词》由商务印书馆出版了线装本。1949年新中国成立后，他又不停地修订补充。1965年

《全宋词》以崭新的面目再度问世。但他不满足于已有的成绩，而是孜孜不倦，不断进取，精益求精，彰显了一代学术大师的执着与奉献精神。他在编《全宋词》时，还搜集汇编各种词话，兼辑《全金元词》。1934年，他的《词话丛编》初稿完成，收词话60种。1986年中华书局出版了《词话丛编》修订本五册，增补25种，共计85种词话，近400万字。这部鸿篇巨制集历代词话之大成，是继《全宋词》后我国词学文献整理史上的又一座丰碑。此外，唐先生还著有《南唐二主词汇笺》《宋词四考》《元人小令格律》《词苑丛谈校注》《宋词纪事》《词学论丛》等多种著作，主编有《宋词鉴赏辞典》等。

宋词是中国古代文学史上一颗耀眼的明珠，与唐诗双峰对峙，各有千秋，被后世认为是可以代表宋代文学成就的文学形式。关于宋词总集，前贤早有纂集。最早有南宋宁宗嘉定年间长沙刘氏书坊辑刻、成书于嘉定三年（1210年）前后的《百家词》，此后还有清代毛晋的《宋六十名家词》、王鹏运的《四印斋所刻词》、吴昌绥的《景刊宋金元明本词》。1931年，赵万里又补诸家所编之遗，纂成《校辑宋金元人词》73卷。后来，周泳先又有《唐宋金元词钩沉》，较赵万里所辑又多出不少新资料。但因为宋词文献数量繁多，版本纷杂，赵、周二书或因搜罗不广，或因校刻不精，都存在着不少的问题。有鉴于此，唐圭璋先生准备编写一部完备而精审的《全宋词》，以备学界之需。他在《自传及著作简述》一文中，回忆当初编纂《全宋词》的情形说：

> 清陈廷焯在《白雨斋词话》中曾建议编纂《全宋词》，但他估计得太容易了，以为'月余可成'。我与同门任中敏商量，打算分四步编《全宋词》：一、综合诸家所刻词集；二、搜求宋集附词；三、汇列宋词选集；四、增补遗佚。后来

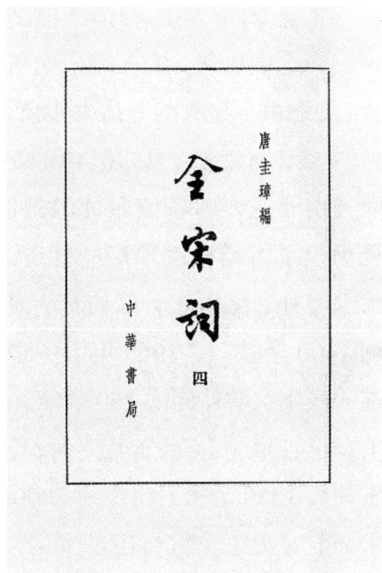

《全宋词》书影

中敏专办教育，他就没有继续编下去。我却坚持原计划，进行搜讨并旁采笔记小说、金石方志、书画题跋、花木谱录、应酬翰墨及《永乐大典》诸书，统汇为一编，钩沉表微，以存一代文献。当时，同学赵万里出版了《校辑宋金元人词》73卷，更增加了我编纂《全宋词》的决心。因为他搜采既富，校订也精，给了我很大的启发。但是他有3首才辑为一种，至于1首、2首以及零星的断句，他都没有收录。在他之后，周泳先又在杭州文澜阁看到《四库全书》中还有不少宋人集中附词，为赵氏所未见，他又辑成《宋金元人词钩沉》，比赵先生所辑又多出不少新的资料。我在辑宋人词的同时，也辑金、元人词。每日在教课之余，往往从早到晚在龙蟠里图书馆看丁丙八千卷楼的善本词书。那时，只要付两角钱就可以在馆里吃顿午饭。我吃过午饭之后又工作到傍晚。这样，经过多年的辑录工作，宋、金、元词的资料已经辑成。

可见，《全宋词》的编纂是前贤早有的心愿，为何没能完成？其中一个重要原因是文献的纷繁复杂，尽管已有不少前人的成果作为基础，但难度仍然非常大。唐圭璋先生不畏艰难，广泛搜罗，详加考订，最终编成了这样一部不朽的学术名著。

《全宋词》在综合诸家辑刻的基础上，广泛搜采，凡宋人文集中所附、宋人词选中所选、宋人笔记中所载词作，都一并采录，更旁求类书、方志、金石、题跋、花木谱等诸书中所载之词，统汇于一处，从1931年开始编纂，1937年方才完成，1940年由商务印书馆在长沙印行。这部书初版不多，而且由于受当时物资条件的限制，难免留下不少遗憾。1957年，中华书局承担了古籍整理出版的任务之后，约请唐圭璋先生对《全宋词》进行改编增补，又由王仲闻修订、补遗、辨误、祛伪，"增入作者260余人，词1400余首"，1965年由中华书局印行。新版《全宋词》以善本代替从前的底本，增补词人260余家，词作1400余首。在体例上改变旧版按"帝王"、"宗室"等分类排列，改为按词人年代先后排列。全书共计辑两宋词人1330余家，词作约20000首，引用书目达530余种。修订后的《全宋词》，无论在材料还是体例方面，均较旧版有很大提高。

此后，又有孔凡礼从明钞本《诗渊》中补辑词人141家（其中41家已见《全宋词》），词作430首，编成《全宋词补辑》，于1981年由中华书局出版。1999年1月，中华书局出版简体横排增补版《全宋词》，署名"唐圭璋编纂，王仲闻参订，孔凡礼补辑"。此书收录有姓氏可考的词人达1493家，词作达20155首，是迄今为止收录最为完备的宋词总集。《全宋词》的辑佚工作，虽然是在赵万里等人的基础上进行，又得王仲闻、孔凡礼增补，

《全宋词》书影

但是相比之下，唐圭璋的贡献仍然是最大的。据统计，1999年版《全宋词》收录有姓氏可考的作者1493家，其中原有词集传世者197家，赵万里补辑56家，周泳先增辑27家，王仲闻增订174家，孔凡礼新增100家，计554家，而唐圭璋自辑939家，超过了有集传世者和他人补辑的总和。所以在《全宋词》的编纂方面，唐圭璋先生的功劳无疑是最大的。

作为一代词作总集，《全宋词》篇幅宏富，内容精审，是中国近百年来最重要的古籍整理成果之一。它的出现，极大方便了后人的研究利用。《全宋词》不仅具有工具书的性质，也是一部研究著作，代表了当前宋词文献研究的最高成就，受到人们的广泛赞誉。吴梅在获知唐圭璋《全宋词》的编纂情形时，曾慨叹："嗟乎唐生，可以不朽矣！"认为唐圭璋可凭此书而名垂后世，高度评价了《全宋词》的编纂意义。《全宋词》完成后，吴梅为之作序，称："唐子此作，可谓为人所不敢为矣。"对唐先生的勇气与执着表示了极大的赞许。后来程千帆先生在《圭翁杂忆》中指出："《全唐诗》之纂辑，由明代胡震亨、季振宜导其先路，至清康熙卒命词臣撰成之。而《全宋词》则成于一介寒儒圭翁一人之手。

虽篇幅若有大小，然其难易相殊，尽人可知。"《全唐诗》也是一部集大成的著作，但编纂时间跨越明清，且由康熙调动词臣众人合力编成。相比之下，《全宋词》成于唐圭璋一人之手，其难度可想而知，其意义不同寻常。时至今日，《全宋词》在宋词研究中的地位仍是无与伦比的。作为由南京学者编著、并在南京完成的这样一部词学总集，《全宋词》毫无疑问属于南京的传世名著，是这座城市的重要文化瑰宝之一。

（程章灿）

南京历代佳作

(26部)

《宋书》

沈约

魏晋南北朝虽然是一个动荡的历史时期，但是在中国历史上却是一个史学家辈出的时代。这些史学家有一个共同的特点，就是都能从盛衰治乱的角度考察自己所处的时代，他们撰写的史书也都是与现实紧密相连的近代史和现代史，以便统治者从中吸取历史发展的经验和教训，用于当朝的政治统治。历仕南朝宋、齐、梁三朝的沈约就是这样一位佼佼者。

沈约（441—513年），字休文，吴兴武康（今浙江武康）人。与南下的北方门阀士族不同，沈约家族在汉时就由北方迁居到南方，世居会稽乌程县余不乡，后改武康县，又迁居县内的余乌村，是南方有名的豪强大族，三国时就有"江东之豪，莫强周沈"的说法，其"家世富殖，财产累千金"。东晋末孙恩起义时，沈约的家族因信奉五斗米道，也参加了孙恩的队伍。沈约的祖先沈警与其子沈穆夫兄弟五人因此被杀，而沈穆夫的儿子渊子、云子、田子、林子、虔子五人躲过屠杀。其后，田子、林子参加了刘裕讨平卢循的战争，屡立战功。林子就是沈约的祖父，因长期追随宋武帝刘裕，被赐馆建康（今南京），据沈约在《宋书》的自序中说："义熙十一年（415年），高祖（刘裕）赐馆于建康都亭里之运巷。"从此长期生活在建康。其父沈璞，追随宋文帝，一生功勋卓著，曾任扬州刺史刘浚主簿，刘浚年纪幼小，由长史范晔主政，但因范晔性格粗疏，主要州事的处理均由沈璞负责。沈璞将州中政事处治理得井井有条。元嘉二十二年（445年），范晔因所谓拥立刘义康案被诛杀，州中的政事更是依赖沈璞。沈璞后被任命为秣陵令，将秣陵治理的很好。不久升任盱眙太守，在任上与臧质一同击退南犯的拓跋焘。后任淮南太守。元嘉三十年（454年），文帝的两个儿子叛乱，刘骏起兵征讨，打到建康时，沈璞因有病迎接稍迟，后受到颜竣谗言而被刘骏杀死。沈约在父被杀后，与母亲一起逃亡，当年才13岁。逃亡中的沈约没有因环境的恶劣而消沉，他孜孜不倦地追求学问。史载："璞元嘉末被诛，约幼潜窜，会赦免。既而流寓孤贫，笃志好学，昼夜不倦。母恐其以劳生疾，常遣减油灭火。而昼之所读，夜辄诵之，遂博通群籍，能属文。"沈约这时的生活十分清苦，而他们孤儿寡母又受到不少欺凌，在沈约很小的时候有这样一件事："少孤贫，约干宗党得米数百斛，为宗人所侮，覆米而去。"可见生活得很不如意。

沈约入仕是从奉朝请开始的。蔡兴宗为郢州刺史时，对沈约很欣赏，任命他为安西外兵参军兼记室，蔡兴宗尝对其诸子曰："沈记室人伦师表，宜善事之。"蔡兴宗任荆州刺史时，又任命沈约"为征西记室参军，带关西令。兴宗卒，始为安西晋安王法曹参军，转外兵，并兼记室。入为尚书度支郎。"南齐建立后，沈约"为征虏记室，带襄阳令，所奉之王，齐文惠太子也。太子入居东宫，（沈约）为步兵校尉，管书记，直永寿省，校四部图书"。沈约由于学问渊博而受到文惠太子的重用。史载："时东宫多士，约特被亲遇，每直入见，影斜方出。"在文惠太子属下，沈约先后"迁太子家令，后以本官兼著作郎，迁中书郎，本邑中正，司

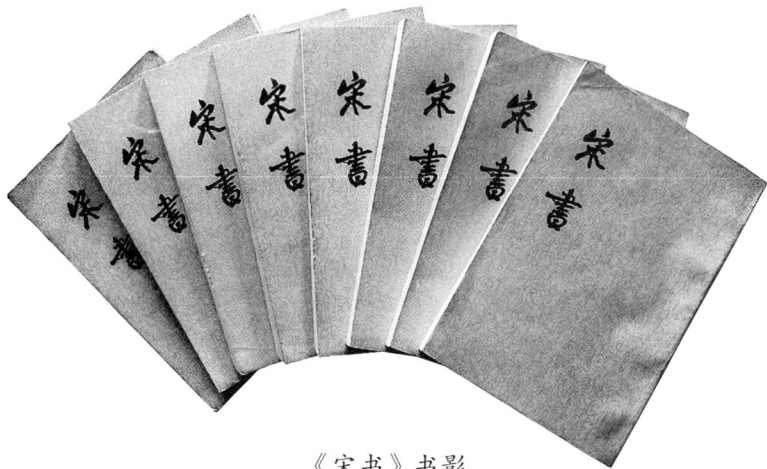

《宋书》书影

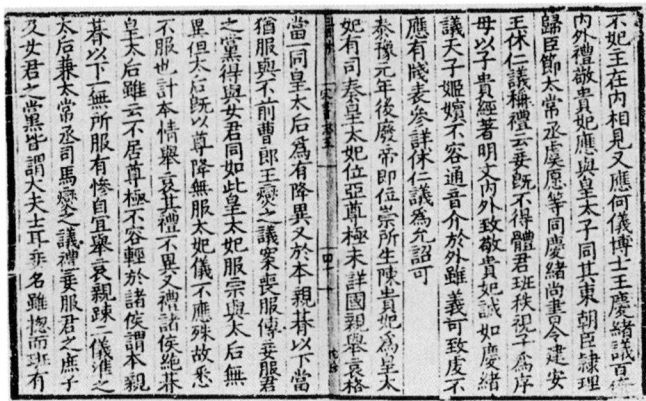

《宋书》书影

徒右长史，黄门侍郎"。当时竟陵王也广招天下文士，沈约与后来的梁武帝萧衍以及王融、任昉、谢朓、萧子良、范云、陆倕、萧琛一起成为"竟陵八友"。在齐朝，沈约先后担任尚书左丞、御史中丞、车骑长史、吏部郎、宁朔将军、东阳太守、辅国将军、五兵尚书、国子祭酒、左卫将军，寻加通直散骑常侍，改授冠军将军、司徒左长史、征虏将军、南清河太守、骠骑司马。

萧衍掌握齐朝实权后，沈约与范云两人劝其废齐自立，萧衍说："我起兵于今三年矣，功臣诸将，实有其劳，然成帝业者，乃卿二人也。"因劝进之功，沈约被梁武帝提升"为尚书仆射，封建昌县侯，邑千户，常侍如故。又拜约母谢为建昌国太夫人"。其后，官至"尚书令，领太子少傅……转左光禄大夫，侍中、少傅如故，给鼓吹一部"。晚年的沈约与梁武帝发生了矛盾。起因是两件事：一是有一次，梁武帝与沈约赌谁知道的典故多，沈约故意比武帝少三个典故。出来后，他对人说："此公护前，不让即羞死。"帝以其言不逊，欲抵其罪，徐勉固谏乃止。又一次，梁武帝与沈约谈起与自己有矛盾的已经死去的张稷，沈约认为，张稷已经去世，又是过去的事了，便说："已往之事，何足复论？"因为沈约与张稷是亲家，武帝以为沈约维护亲家，便大怒说："卿言如此，是忠臣邪？"便气愤地回到内殿。而沈约由此吓出病来，梦见齐和帝"以剑断其舌"，便让道士上赤章于天，说梁夺齐政权的事与自己无关。梁武帝知道这件事后，十分气愤，派"中使谴责者数焉，约惧遂卒"。沈约一生"自负高才，昧于荣利，乘时射势，颇累清谈。及居端揆，稍弘止足，每进一官，辄殷勤请退，而终不能去，论者方之山涛"。同时，他也自奉甚俭，"约性不饮酒，少嗜欲，虽时遇隆重，而居处俭素。立宅东田，瞩望郊阜"。

　　《宋书》的修撰是沈约一生在学术领域的重要贡献。《宋书》共 100 卷（另加自序一卷），包括纪 10 卷，列传 60 卷，志 30 卷，时间跨度 74 年（405—479 年）。从整个《宋书》看，它的主要特色在于：

　　一是具有鲜明的时代特色。魏晋南北朝以门阀政治在中国古代史上著称，这些门阀士族非常注重自己的家史和谱系，以此来维护自己的权益。因此，沈约的《宋书》中就反映了这个时代特点。以前修史是事件与时间相结合，在这种模式下，可能将很多不是一家一姓的人放在同一个传中进行叙述，如《汉书》《三国志》等。而沈约为了全面反映门阀士族，将一个家族的名人放在一传中论述。他的"自序"就是一个十分典型的例子。如他在"自序"中不厌其烦地从自己的先祖写起，一代祖先的子侄各有一传，这样一代一代写下来，卷帙浩繁。在《宋书》全书中对于世家大族的叙述基本是用这种手法。同时，魏晋南北朝基本处于分裂状态，这在沈约的《宋书》中也有所反映，如他将与南朝对立的北魏列传称《索虏传》。又如他在《宋书》的《州郡志》中记载了不少侨置郡县的情况，弥补史书之缺。

　　二是保存了大量的史料。从刘裕建立宋朝开始到顺帝禅让为止，刘宋实际建国 59 年，而这 59 年的短短历史，沈约竟用 100 卷的篇幅来反映，在文中保存了大量史料。如《宋书》在立传的同时，收录了不少当时名人的奏章、信札和文论。在经济方面，《谢灵运传》全文收录了谢灵运的《山居赋》，在体现谢灵运喜欢游山玩水的同时，也深入地反映了当时大地主庄园发展的情况；《何尚之传》中保存了关于钱币改铸的争论；《周朗传》中保存了赀调的资料。这些史料对于研究当时的经济发展具有重要意义。在军事方面，《宋书》中记载了大量的农民起义资料，其反映的时间之长、地域之广也是少见的，这为后来的军事研究提供了资料。

　　三是志的体例更加完善并有所创新。《宋书》的志就很有特色，沈约在《宋书》八志之首的志序中说："备加搜采，随就补缀焉。渊流浩漫，非孤学所尽；足蹇途遥，岂短策能运？"这一方面说明史书中志的难修，一方面说明沈约在志的撰写过程中的严肃认真态度。正是这种严谨的修志态度使《宋书》的志相较于前代史书在体例上更加完备，源流上更为清晰。宋代的郑樵说："江淹有言：修史之难，无出于志。诚以志者，宪章之所系，非老于典故者不能为也。"沈约有多年修史的经验，深刻体会到志的难修。因此，他的志受到历代的称颂，特别是在源流演变方面，其价值已经超过刘宋本身。如沈约的《百官志》对于两晋南朝的职官研究有相当大的作用，特别是《晋书》的《职官志》封国职官不清晰，沈约在《百官志》卷三十中称："宋氏以来，一用晋制。"因此，刘宋的封国职官也可以看成晋代的封国职官。要研究晋代的封国职官，可以从沈约的《百官志》入手。这样的例子不胜枚举。近代学者徐浩说："《宋书》之长，正在诸志。""可以考见前代典章之全，虽失繁冗，其博洽多闻之处不能掩也。"在其他方面，沈约的《宋书》也有特色。如在叙述手法上，《宋书》多用带叙法，即在一传中凡涉及之重要人物顺便交代事迹，减少了史书的繁冗。徐浩称"此诚作史良法"。

《宋书》修撰之快可称修史之最。前七十卷中纪和列传写于齐永明五年（487年），次年十月即完成，用了不到一年的时间。志30卷在梁时写成，用时也很短。对于《宋书》的迅速修成，清代的赵翼说："古来修史之速未有若此者。"认为不可思议，是抄袭别人的成果。其实沈约自己就有深厚的修志功底，早在年轻时，他自己就修了《晋书》110卷。《南史》说："约少时常以晋氏一代竟无全书，年二十许，便有撰述之意。宋泰始初，征西将军蔡兴宗为启，明帝有敕许焉。自此逾二十年，所撰之书方就，凡一百余卷。" 加上他的江东高级门阀士族身份，文学天赋以及多年官场生涯对晋宋典章制度的熟稔，所以编写刘宋短短几十年历史应该绰绰有余。不过，这次他修《宋书》也不能说是独创，应该说是集思广益，站在前人的肩上。因为在沈约之前，就已经有人在写《宋书》，特别是在刘宋朝鼎盛的文帝时期，国家就筹备修宋史，由当时的著名学者何承天主纂，写出了一些纪、传以及天文、律历、五行等志，内容主要反映宋武帝和一些功臣的事迹。其后山谦之、苏宝生等人都不同程度地修了宋史，但都中途放弃。宋大明六年（462年），学者徐爰受命修宋史，成就65卷，时间跨度从晋末一直到大明年间，但也没有完成全书。所以赵翼说：《宋书》"大半乃爰作者也"。而沈约在这些人的成就上进行去粗取精，用很快的速度终于成就一代名著，为中国史学做出了突出贡献。

（王　波）

《本草经集注》

关于道教与科学的问题，李约瑟（Joseph Needham）在《中国科学技术史》中曾提出一个引起西方学者广泛争议的命题："道家思想乃是中国科学和技术的根本。"据施舟人（Kristofer Schipper）在《道教在近代中国的变迁》中说，李约瑟的这一观点大约源自冯友兰教授的论断："道教是世界上唯一一个不反对科学的宗教。"道教与科学是否果真如此亲密无间？尽管道教或许在一定程度上不排斥科学，甚至促进科学技术的进步，但作为追求灵魂超越的宗教，与一切务求实证的科学之间，总难免有扞格之处，因此，美国科学史家席文（Nathan Sivin）调侃说："毕竟我们不会因为道士吃大米而宣称大米是道教的。"不过，对早期道教徒而言，医药学术确实不仅仅是维持基本生命的"大米"，而是宗教活动不可或缺的一个重要方面，这在陶弘景身上表现尤为明显。

陶弘景（456–536年）字通明，丹阳秣陵（今南京）人，一生经历宋、齐、梁三朝。陶弘景兼有儒生、医者、道士三重身份，儒家崇尚孝道，侍疾尝药，养老奉亲是为人子的本职，如颜之推所言："微解药性，小小和合，居家得以救急，亦为胜事。"（《颜氏家训·杂艺》）陶弘景也说，若详知医事，则可"内护家门，旁及亲族"（《本草经集注·序录》）。但作为上清派大宗师的陶弘景之潜心医药，更有宗教层面的原因。

《本草经集注》书影

丹阳陶姓为道教世家，陈寅恪作《天师道与滨海地域之关系》，语涉丹阳陶氏，然仅引《本起录》叙陶氏世系，而未能举出切实证据。今据陶弘景所作《真诰·真胄世谱》，则知上清派创始人之一许谧的祖父许尚娶陶弘景七世祖陶濬之女，而许谧之妻则为陶濬从子陶威之女陶科斗，由此可以概见陶弘景家庭道教背景之深厚。在这样的环境熏陶下，陶弘景"年十岁，得葛洪《神仙传》，昼夜研寻，便有养生之志"（《梁书·陶弘景传》）。在医学方面，自陶氏"祖世以来务敦方药，本有《范汪方》一部，斟酌详用，多获其效，内护家门，傍及亲族，其有虚心告请者，不限贵贱，皆摩踵救之，凡所救活，数百千人"（《本草经集注·序录》）。据《本起录》，其祖父陶隆"兼解药性，常行拯救为务"，父陶贞宝亦"深解药术"。

陶氏家族的道医背景并非偶然，魏晋以来兴起的神仙道教对教徒的道德素质有较高的要求。《抱朴子内篇·对俗》云："或问曰：为道者当先立功德，审然否？抱朴子答曰：有之。按《玉钤经》中篇云：立功为上，除过次之。为道者以救人危使免祸，护人疾病，令不枉死为上功也。"可见熟谙医术，救死扶伤，正可用为道士建功立德。由此亦知陶弘景乃祖乃父行医济世，实出于信仰的需要。陶弘景亦是如此，《三洞珠囊》引《道学传》称其"好行阴德，拯极困穷，恒合诸验药给施疾者"。至于陶弘景撰著一系列医学著作的宗旨，《本草经集注·序录》言之甚明："盖欲永嗣善业，令诸子侄，弗敢失坠，可以辅身济物者，孰复是先。"由此可知，行善立功是陶弘景重视医药的第一动因。

养生祛疾应该是原因之二。全真教兴起之前，道教一直以肉体的长生久视为终极目标，身体健康则是长生的初阶。尽管在道教徒看来，药石灸艾与行气、房中、金丹之术相比，属微末小技，但"百病不愈，安得长生"，故葛洪专门指出："古之初为道者，莫不兼修医术，以救近祸焉。"（《抱朴子内篇·杂应》）深谙医药之术的陶弘景自然懂得其中的道理，他在《养性延命录·序》中提到："兼饵良药，则百年耆寿是常分也。"题名陶弘景撰的《辅行诀脏腑用药法要·序》说得更加清楚："凡学道辈，欲求永年，先须祛疾……服药数剂，必使脏气平和，乃可进修内视之道。不尔，五精不续，真一难守，不入真景也。服药祛疾，虽系微事，亦初学之要领也。"

炼饵服食的需要，则是原因之三。道教服食饵丹，皆不离药物。崇尚服食的道士，对药物质量要求尤高，《隋书·经籍志》提到，陶弘景为梁武帝试合神丹不成，乃言"中原隔绝，药物不精故也"。其撰著《本草经集注》之目的，也不仅为医药之用，《序录》云："道经仙方、服食断谷、延年却老，乃至飞丹转石之奇，云腾羽化之妙，莫不以药道为先，用药之理，又一同本草，但制御之途小异俗法。犹如梁肉，主于济命，华夷禽兽，皆共仰资，其为主理即同，其为性灵则异耳。大略所用不多，远至二十馀物，或单行

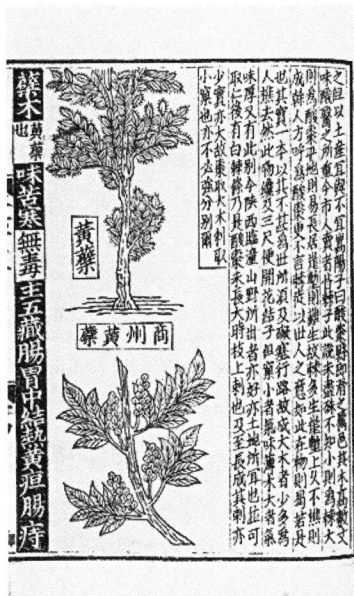

《本草经集注》书影

数种，便致大益，是其服食是其深练岁积。即本草所云久服之效，不如俗人微觉便止，故能臻其所极，以致遐龄，岂但充体愈疾而已哉。"在《本草经集注》中，陶弘景大量征引仙经、道书，多处提到"此医方不复用，市人亦无卖者，唯仙经《卅六水方》中时有须处"（"白青"条）、"仙经有用此处，俗方甚少"（"石胆"条）、"仙经亦用白石脂以涂丹釜"（"五色石脂"条）。凡此种种，其意义皆在于此。

基于以上理由，陶弘景撰医学著作多种，其影响最大者当推《本草经集注》。此书在《华阳隐居先生本起录》《华阳陶隐居内传》中被称作《本草经注》，梁《七录》作《本草经集注》，《南史》作《本草集注》，《唐书·经籍志》作《本草集经》，《新唐书·艺文志》作《集注神农本草》，敦煌出土开元六年尉迟卢麟写本题记作"本草集注第一序录，华阳陶隐居撰"，与《南史》相同；今则习惯称为《本草经集注》，省称《集注》。

《本草经》流传至齐梁时代，版本繁多，内容芜杂，据陶弘景说："魏晋以来，吴普、李当之等，更复损益，或五百九十五，或四百三十一，或三百一十九，或三品混糅，冷热舛错，草石不分，虫兽无辨。且所主疗，互有多少。"（《集注·序录》）不仅如此，"本草之书，历代久远，

既靡师授，又无注训，传写之人，遗误相系，字义残阙，莫之是正"（《〈药总诀〉序》）。针对以上情况，陶弘景乃"苞综诸经，研括烦省，以《神农本经》三品，合三百六十五为主，又进名医附品，亦三百六十五，合七百三十种。精粗皆取，无复遗落，分别科条，区畛物类，兼注铭世用土地所出，及仙经道术所须"，撰成《集注》七卷。

《集注》在文献学上颇有特色。所谓"集注"，集诸家注解于一书的意思。颜师古《汉书序例》说："《汉书》旧无注解，唯服虔、应劭等各为音义，自别施行。至典午中朝，爰有晋灼，集为一部，凡十四卷，又颇以意增益，时辩前人当否，号曰《汉书集注》。"这大约是"集注"体例的滥觞，但《汉书集注》早已失传，陶弘景的《集注》则是此类著作存世年代最早者。

《集注》由三部分构成：《本草经》原文使用朱书大字，魏晋以来名医增补的内容为墨书大字，陶弘景自己的意见被称为"子注"，为墨书小字。其中墨书大字部分被称为"别录"，《新唐书·于志宁传》解释说："别录者，魏晋以来吴普、李当之所记，言其花叶形色，佐使相须。附经为说，故弘景合而录之。"1935年吐鲁番出土朱墨分书的《集注》残片，其中燕屎、天鼠屎两条相对完整。以天鼠屎为例，红笔所书《本草经》文："天鼠屎，味辛，寒。主治面痈肿，皮肤洗洗时痛，腹中血气；破寒热积聚，除惊悸。一名鼠沽，一名石肝。生合浦山谷。"皆连贯可读。而墨书大字——"无毒；去面黑皯；十月、十二月取"，穿插在朱书大字中，不能独立成篇，此即"附经为说"的实物标本。后世将此墨书大字视为著录于《隋书·经籍志》中的《名医别录》，如《通志·校雠略》云："《名医别录》虽亡，陶隐居已收入《本

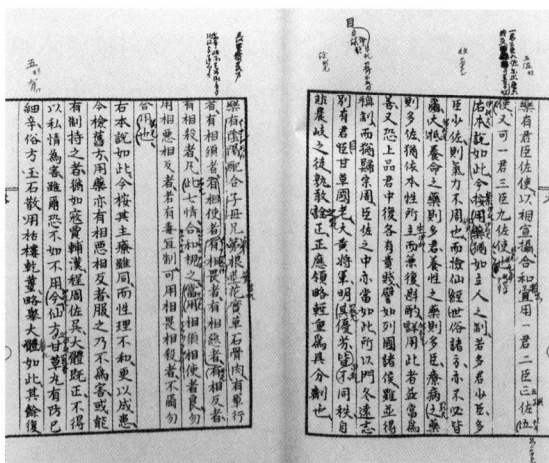

《本草经集注》书影

草》。"恐未必确切。

《南史》本传说陶弘景"一事不知，以为深耻"，这种博学深思的精神，在《集注》中颇有体现。

《诗经·小雅》"螟蛉有子，蜾蠃负之"，蜾蠃为蜾蠃科的昆虫，俗称细腰蜂。细腰蜂多利用空竹管做巢，每巢产一卵，以丝悬于巢内侧，并外出捕捉鳞翅目幼虫，经蜇刺麻醉后贮于巢室内，以供其幼虫孵化后食用。前人不明此理，遂传说蜾蠃纯雄无子，乃以螟蛉之子为子。《诗经》《尔雅》《说文》，扬雄、郑玄、陆玑、郭璞皆以讹传讹。陶弘景独不以此论为然，在《集注》"蠮螉"条注释说："今一种黑色，腰甚细，衔泥于人室及器物边作房，如并竹管者是也。其生子如粟米大，置中，乃捕取草上青蜘蛛十馀枚满中，仍塞口，以拟其子大为粮也。其一种入芦竹管中者，亦取草上青虫，一名蜾蠃。诗人云：'螟蛉有子，蜾蠃负之。'言细腰物无雌，皆取青虫，教祝便变成己子，斯为谬矣。造诗者乃可不详，未审夫子何为因其僻邪。圣人有阙，多皆类此。"

"狼毒"条陶弘景注释说："亦出宕昌，乃言止有数亩地生，蝮蛇食其根，故为难得。"此说看似荒谬，故后世本草皆不以为然，《新修本草》批评说："秦陇寒地，原无蝮蛇。复云数亩地生，蝮蛇食其根，谬矣。"殊未知甘肃武威、宕昌产瑞香科瑞香狼毒（Stellera chamaejasme）、棕色田鼠（Microtus maudarinus）喜食其块根，而田鼠又是蝮蛇的食物，于是遂有"蝮蛇食其根"的传说。

作为炼丹家，陶弘景的化学知识在《集注》中也有所反映。"凝水石"条陶注："此石末置水中，夏月能为冰者佳。"所描述的是硝酸盐溶解过程中的吸热现象，能将局部温度降至冰点之下。"水银"条陶注："甚能消化金银，使成泥，人以镀物是也。"此为金银与水银形成合金，即汞齐（amalgam）。"矾石"条陶注："其黄黑者名鸡屎矾，不入药，惟堪镀作以合熟铜，投苦酒中，涂铁皆作铜色。外虽铜色，内质不变。"这是铜的置换反应，水法炼铜的先声。"硝石"条陶注："先时有人得一种物，其色理与朴硝大同小异，肭肭如握盐雪，不冰。强烧之，紫青烟起，仍成灰，不停沸如朴硝，云是真硝石也。"这是鉴别钾盐的焰色反应，这种硝石的主要成分当为硝酸钾。

　　《集注·序录》开篇即说："隐居先生在乎茅山岩岭之上，以吐纳馀暇，颇游意方技。览本草药性，以为尽圣人之心，故撰而论之。"故其著作时间在永明十年（492 年）陶弘景隐居茅山以后。《序录》又说："自余投缨宅岭，犹不忘此，日夜玩味，恒觉欣欣。今撰此三卷，并《效验方》五卷，又《补阙葛氏肘后》三卷。"由此知其略晚于齐东昏侯永元二年（500 年）成书的《补阙葛氏肘后方》。"人参"条陶注云："百济今臣属高丽。"按，《南史·百济传》云："梁天监元年，进（百济王牟）大号征东将军，寻为高句丽所破。"《梁书》记载相同。乃知"百济臣属高丽"一事发生在梁天监元年（502 年）以后。此亦《集注》成书的上限。

　　梁武帝佞佛，亲撰《断酒肉文》，禁绝杀生，乃至诏宗庙荐羞皆用蔬果，并敕太医不得以生类为药，事载《梁书》《佛祖统纪》。当此之时，陶弘景所作《集注》似乎因使用动物入药而受到攻讦；《桓真人升仙记》假借神仙之口，数落陶弘景"四非"，其中一条为："注药饵方书，杀禽鱼虫兽，救治病苦，虽有救人之心，实负杀禽之罪。"陶弘景被迫屈服，《佛祖统纪》卷三十七云："隐居乃以草木药可代物命者，著《别行本草》三卷以赎过。"陶著《别行本草》一事，究竟系附会或是事实，不能遽定，但用来作为《集注》成书于梁武帝信仰转变以前之佐证，应该可以接受。

（王家葵）

《画品》

六朝时期，南北分裂，战乱频频，但以首都建康（今江苏南京）为中心的南方，社会相对稳定，经济持续发展，思想活跃而开放，文化艺术发达。特别是书画大兴，出现了第一批彪炳史册的大书法家（王羲之、王献之等）、大画家（顾恺之、陆探微、张僧繇等），人物画由粗略稚朴向精美雅致转变，臻于鼎盛。随着绘画鉴赏、收藏风气盛行，有关绘画的理论、品评及画史著作相继出现。

谢赫

南朝谢赫的《画品》（又名《古画品录》），是一部以品评画家画艺优劣的专著，但其意义却远超于此。其最大功绩在于他提出了"六法"这个全面衡量绘画艺术水平高低优劣的六条标准。这是中国艺术批评史上的创举，对后世绘画理论与创作的发展产生了积极而深远的影响。

谢赫（479—502 年），南朝齐梁时画家、绘画理论家、批评家，事迹不可考。善画，尤擅长人物画。姚最《续画品录》载其"写貌人物，不俟对看，所须一览，便归操笔"，"中兴以后，象人莫及"，说明他有很强的观察力、记忆力和创造能力。李绰《尚书故实》中记载："谢赫善画，尝阅秘阁，叹服曹不兴所画龙首，以为若见真龙。"说明他在宫廷中待过，做过宫廷画家。但让他在画史上留下赫赫声名的并不是他的画，而是他撰写的《画品》。

《画品》在序中提出绘画的社会功能为"明劝戒，著升沉，千古寂寥，披图可鉴"。特别是提出"六法"论："六法者何？一，气韵生动是也；二，骨法用笔是也；三，应物象形是也；四，随类赋彩是也；五，经营位置是也；六，传移模写是也。"全面地概括出绘画创作的艺术规范和品评的艺术标准。作者又根据亲见的作品，对三国至齐梁间的 27 位画家列名品评，

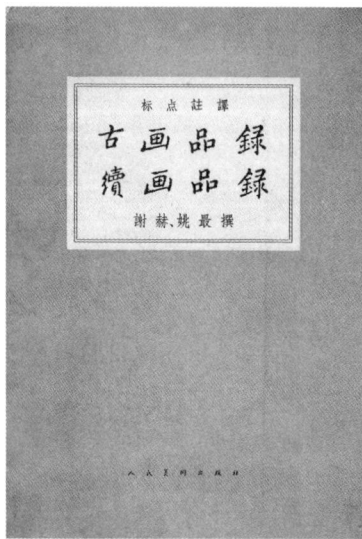

《画品》书影

将这些画家的题材、技法、师承、风格等加以评述，为中国古代绘画史保存了不少宝贵的参考资料。

中国古代对画家及作品作出品评，是受魏晋时期士族阶层对人物气质、品格、风貌品藻（指品评、鉴定、评论等）风习的影响而产生的，盛于六朝、隋唐，元明之后渐少。《画品》是中国现存最早的一部评论画家艺术、概括中国绘画艺术准则的重要著作，它与钟嵘《诗品》、庾肩吾的《书品》一样，同是南朝品藻，成为一时风气的产物。

我们来看看这"六法"到底有什么含义？

"气韵生动"指人物画的表现目的，即表现出所画对象的精神状态与性格特征。气韵，原是魏晋时期品藻人物的用词，如"风韵遒迈"等，指的是人物从姿态、表情中显示出来的精神气质和韵致。"生动"是指气韵呈现的状况。"气韵生动"是指作品所刻画的形象，其内在神气和韵味，达到一种鲜活、生动、洋溢的状态，富有生命力。气韵理论源于先秦、两汉时代的"气本原"说，即认为充溢于宇宙间的"气"是构成万物与生命的基本元素。继而被转用于品评人物、诗文。南北朝时代，气韵被运用到美术领域，谢赫在《画品》中将"气韵生动"列为第一法，从此成为中国传统绘画创作的灵魂和品评的重要原则与最高标准。

"骨法用笔"与"气韵生动"密不可分，因为它是"气韵生动"的载体。顾恺之也曾提出"骨法"概念，但顾的"骨法"主要是指描绘人物形象的骨体相貌。谢赫所谓的"骨法"则与之不同，它是从书法用笔中提炼而来，主要指笔墨的内在力度。与其说谢赫的"骨法用笔"论源于顾恺之的"骨法"论，还不如说与书论的"骨"、"筋"有更直接的联系。谢赫将书法的美学观点引入绘画，使绘画中的笔墨具有了独立的美学品格，这是谢赫对中国绘画美学的又一重要贡献。

　　"应物象形"指画家所描绘的形象要与所反映的对象形似。"应物"二字，早在战国时代就出现了，其意为人对相应的客观事物所采取的应和、适应的态度。对于画家来说，"应物象形"就是刻画出对象的形态外观。在"六法"中，象形问题摆在第三位，表明在南北朝时代，绘画美学对待形似、对描绘对象的真实性很重视。

　　"随类赋彩"中的"类"有"品类"、"物"之义；赋通敷，赋彩即施色。即画家根据所描绘的不同的人物、事物等，敷以不同的、与所画物象相似的颜色，以求得与所画物象更高的相似度。汉王延寿《鲁灵光殿赋》："随色象类，曲得其情。"随色象类，可以解作彩色与所画的物象相似，与随类赋彩有相似之意。

　　"经营位置"的"经"是度量、筹划，"营"是谋画。"位置"作名词讲，指人或物所处的地点、位置；作动词讲，指安排或布置。"经营位置"指画家在作画之初，对画面布局、构图作精心构思和筹划。画面位置如何安排、布局，关系到整幅画面的成功与否，是一幅作品成败与否的关键。

　　"传移模写"既指摹习绘画之法，也指作品要体现对传统绘画技法和精髓的传承，即要有传统的根基。这也是一种对绘画艺术的品评尺度。唐代张彦远所谓"至于传移模写，乃画家之末事"之论，并未体会到谢赫的原意。

　　在谢赫之前，已有"六法"之说，如顾恺之即提出关于传神、骨法、置陈、布势等概念。但谢赫的观点与顾恺之等人并不完全相同，而是各自打上自己时代精神风气的烙印。顾恺之在形神关系上，更重视以目传神，而谢赫的绘画美学追求，是以人物体态形象之逼真生动为前提，并以之"传神"（表现人物的内在精神气韵）。谢赫的主要贡献在于，他

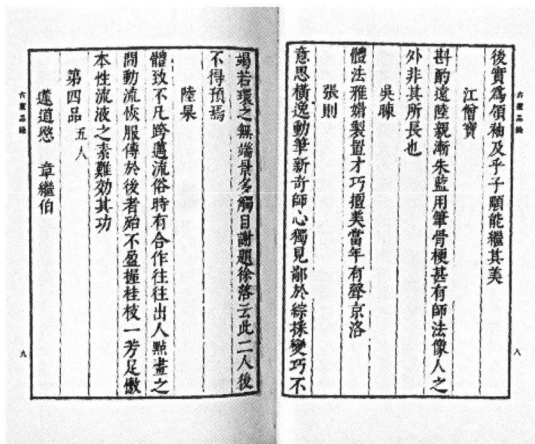

《画品》书影

保存并较好地阐释了"六法"的具体内容，为使我国的绘画艺术树起了创作和品评的艺术标杆。

"六法"首先是用以衡量人物画高低优劣的准则，后来渐渐扩大到品评山水、花鸟等各种题材的创作。"六法"论提出了一个较为完备的绘画理论体系框架——从表现对象的内在精神，到用笔刻画对象的外形、结构和色彩，以及构图和摹写作品。这是一个相互联系的整体，其他几个方面是达到"气韵生动"的必要条件，而"气韵生动"，即以生动形象充分表现所描绘对象的内在精神，是对作品总的要求，也是绘画的最高境界。

自"六法"论提出后，中国古代绘画进入了理论指导艺术实践的自觉时期。后代画家始终把"六法"作为衡量绘画成败高下的重要标准。"六法"一词，后来甚至引申为中国画的代称和理论、技法的总称。从南朝一直到当代，"六法"论被不断地运用、充实、发展，它贯通古今，是中国古代美术理论最重要的评判原则之一，在中外绘画美学思想史上是罕见的，对今天的绘画艺术发展仍具有重要意义。

《画品》一书对后世的绘画艺术批评史也有深远影响。陈隋之际的姚最《续画品》接续谢书，评论梁元帝萧绎至谢赫共20人。这是对六朝画家画艺进行品评的又一部著作，对全面了解六朝画家甚有助益。其后，唐代释彦琮《后画录》、李嗣真《续画品》、窦蒙《画拾遗录》、朱景玄《唐朝名画录》等，或承继或拓宽前人体例，评鉴画家优劣，增补画史资料，推动中国绘画批评史和画论研究不断向前发展。

（欧阳摩一）

《南齐书》

南朝皇族在中国历史上多以内讧、互杀、猜忌、昏乱和残酷等面目出现。但是其中也不乏一些十分优秀的人物，他们在文学、史学等领域深入探讨，勤奋耕耘，取得了很多成就。佼佼者如梁昭明太子萧统，主持编写了大型文学总集《昭明文选》。又如萧齐皇族、萧梁高官萧子显主持编写了《南齐书》，在中国史学上留下了深刻的影响。

萧子显（489—537 年），字景阳，南朝齐皇族，南兰陵（今江苏常州与镇江一带）人，

萧子显

齐高帝萧道成之孙，父亲是齐豫章王萧嶷，萧子显排名第八，是家中比较小的孩子。在齐末，他因例封为宁都县侯，拜为"给事中"。在他十三岁的时候，南齐皇朝被同是萧姓家族的萧衍推翻。萧衍建立梁朝，对于原萧齐皇族的同宗并没有赶尽杀绝，而是对一些优秀人才量才录用，所谓"皆保全而录用之"。萧子显"幼聪慧"，受到父亲的喜爱。长大以后，身材雄伟，高八尺，"好学，工属文"。天监十六年（517 年），萧子显首次参与九日朝宴，在稠人广座中，梁武帝命他赋诗："今云物甚美，卿得不斐然赋诗？"萧子显奉命赋诗后受到梁武帝的称赞："可谓才子。"当时的太子梁简文帝萧纲也很器重他。史载："太宗素重其为人，在东宫时，每引与促宴。子显尝起更衣，太宗谓坐客曰：'尝闻异人间出，今日始知是萧尚书。'其见重如此。"他去世以后，梁武帝萧衍说他："神韵峻举，宗中佳器"，认为他是萧姓族中有才气的人。

萧子显一生中最重要的贡献在于史学。他一生撰写多部史书，有《后汉书》100 卷，《普通北伐记》5 卷，《晋史草》30 卷，《贵俭传》50 卷以及《齐书》60 卷。其他史书不传，《齐书》被后世列入正史，至宋代被称为《南齐书》，以区别于唐代李百药所撰的《北齐书》。《南齐书》60卷记载于《梁书·萧子显本传》，但是到了唐代，就只存59卷，其佚失的一卷，据刘知几《史通·序例》所说是萧子显的"序录"。目前所见的《南齐书》包括高帝到和帝的八纪，礼、乐、天文、州郡、百官、舆服、祥瑞、五行八志，皇后、宗室、文学、良政、高逸、孝义、倖臣等传。所叙南齐历史为24年，因南齐是南朝四朝中时间最短的，所以全书的体量并不是很大。《南齐书》的主要成就在于：

一、保存南齐史料比较多、比较真实可信。南齐史相对于梁而言就是现代史，因为梁朝取代齐不是通过战争，而是通过禅让，当时社会没有大乱，很多资料得以保存，很多经历过这一段历史的人都健在。因此，萧子显及时上奏梁武帝要求编修南齐的史，编修时距南齐的时间跨度也就在30到40年，以当代人编当代事，书中的史料相对保存的比其他史书完整，其可信度也相对较高。如萧子显在《南齐书》中详细地记载了科学家祖冲之的事迹，并对祖冲之在天文、历法、音乐、机械等方面的成就进行了记载。其中祖冲之改革旧历法的原因是"乖谬既著，辄应改易"。书中所列举的乖谬之处以及改正之法是中国天文历法史上的重要史料，对于研究中国历法有重要意义。萧子显对祖冲之所造的千里船、指南车、木牛流马、水碓磨等发明创造所进行的记载，成为后人研究中国科技史的重要资料。

《南齐书》书影

二、写作手法新颖。在萧子显写作《南齐书》之前，南朝已经有很多人在研究历史，对史书的修撰积累了大量的丰富的经验。如沈约修《宋书》，以认真的态度对待志的修撰，在人物传的撰写上多用带叙法。这些前代修史的好经验对萧子显修撰《南齐书》有很大的借鉴作用，使萧子显的《南齐书》也带有自己的特色。如他在修人物传时采用类叙法，在一传中对涉及的人予以列出，节约了篇幅并便于读者阅读。在不少志、传前，为了使读者能够领略其中的重点，他能写出序文，借以提示本志和传的主旨，概括主要内容。如在《礼志》的前序中，他在叙述"礼法"时先叙源流："礼仪繁博，与天地而为量，纪国立君，人伦攸始。三代遗文，略在经诰，盖秦余所亡逸也。汉初叔孙通制汉礼，而班固之志不载。及至东京，太尉胡广撰《旧仪》，左中郎蔡邕造《独断》，应劭、蔡质咸缀识时事，而司马彪之书不取。……若郊庙庠序之仪、冠婚丧纪之节，事有变革，宜录时事者，备今志。"使读者对礼法长期流传和失传有一个总体印象，对于后面志的内容就能更好地理解。类似的《天文志》《乐志》《百官志》等也有序。这继承和发展了沈约的写作手法。另外，萧子显的《南齐书》文笔流畅、叙事简洁。

三、表达自己的文学观点和创新体系。萧子显本人就是一位有重大影响的文学家，他在《自序》中说："追寻平生，颇好辞藻，虽在名无成，求心已足。"他写的《鸿序赋》，沈约一见就为倾倒："可谓得明道之高致，盖幽通之流也。"他的文学才能成为他的创新基础。《南齐书》充分、系统地反映他的文学观点和理论体系，他认为文学起于情性："文章者，盖情性之风标，神明之律吕也。"文学的源泉全部依赖于情性，本于情性："若乃登高目极，临水送归，风动春朝，月明秋夜，早雁初莺，开花落叶，有来斯应，每不能已也。"通过萧子显在《自序》中的这段文字，我们可以看出文学的抒情特征和内心世界的表露功能。萧子显的"情性说"既是对前代文学的总结，也是他在长期的文学实践中对创新的追求。他说："若无新变，不能代雄。"所谓"新变"就是："建安一体，《典论》短长互出；潘、陆齐名，机、岳之文永异。"要求在文学的体裁、立意、抒情、修辞等方面叠出新意，才能在中国文学史上留有盛名。早在南朝，萧子显就能从自己的文学实践中体会到创新的重要意义并在史书中加以总结，这是难能可贵的。为了阐述他的文学观点和创新理论，他还举出了当时文学的"三体"：一为"启心闲绎，托辞华旷，虽存巧绮，终致迂回"；二为"缉事比类，非对不发，博物可嘉，职成拘制"；三为"发唱惊挺，操调险急，雕藻淫艳，倾炫心魄"。同时，列出其代表人物。萧子显在《南齐书》中比较系统地论述了文学创新的体系，对于其后唐宋文学的发展有很大的影响。

毋庸讳言，《南齐书》也存在不足之处。萧子显作为当代人修当代史，对当代的很多事不能不予以隐晦。当时无论是在齐梁交替过程中做过好事或者坏事的人包括当时的皇帝萧衍大都还在世上，史书是传之千秋的，萧子显如果言好事，当然会得到这些人的欢迎和支持，萧子显如果在史书中秉笔直书，不但会得罪朝中的权贵甚至会受到皇帝的惩罚。因此，萧子显在《南齐书》的编修中很多地方采取隐笔和曲笔的方法闪烁其词。如南齐和帝禅位后，萧衍派人将其杀死，这是一个阴谋。所以《南齐书》对于和帝之死，只是语焉不详地交代了一下，并没有点明死因。又如，南朝是佞佛的朝代，特别是梁武帝对于佛教的痴迷到了无以复加的程度，萧子显为了迎合梁武帝，宣扬佛法强于道统和儒教等中国本土学派，等等。《南齐书》的这些缺点，有的是萧子显的明哲保身，有的是萧子显的自觉追随。

《南齐书》大约修撰在梁武帝天监年间（502—519年），是由萧子显主动请缨的，"又启撰《齐史》，书成，表奏之，诏付秘阁"。在修撰《南齐书》时，萧子显还是一个二十多岁的青年，正是风华正茂的时候。以前朝皇族的身份来编修前朝的历史，这在中国史学史上也是绝无仅有的一例。

（王　波）

《南唐书》（两种）

"五代十国"是我国封建社会中最后一次大规模分裂割据的历史时期。从唐天祐四年（907 年）朱温称帝，到宋建隆元年（960 年）赵匡胤建立宋朝的近六十年间，中原地区先后有后梁、后唐、后晋、后汉、后周五个王朝相继更替；中原以外有杨吴、南唐、吴越、楚、闽、南汉、前蜀、后蜀、南平、北汉十个独立王国各据一方。这个时期，全国各地分裂割据政权之间，充满了激烈的军阀混战，造成了频繁的王朝更迭，南唐就是接替杨吴建立的割据王朝。

《南唐书》（两种）书影

后晋天福二年（937 年），时任吴国参知政事的徐知诰，废吴帝杨溥自立，国号大齐，年号昇元。三年（939 年），因其远祖为唐宪宗之子建王李恪，故改国号为唐，恢复了原姓名李昇，定都金陵（今南京），史称南唐。纵观南唐三十九年历史（937—976 年），先后三帝（先主李昇、中主李璟、后主李煜），虽为历史一瞬，但其在五代十国中的地位，却是无论如何也不可忽略的，故两宋一朝，多有记南唐故事的笔记札著，其中，著《南唐书》者有三：一为北宋仁宗时金陵人胡恢，其所著《南唐书》只闻其名，久佚不传；一为北宋徽宗时阳羡人马令，撰《南唐书》30 卷；一为南宋孝宗时山阴人陆游，著《南唐书》18 卷。现存马、陆二书，互有详略，各有千秋，后世咸谓："马之纪事也详，陆之为文也洁。"这是十分中肯的评价。

一

北宋马令撰写的《南唐书》，共计 30 卷。

马令，阳羡（今江苏宜兴）人，生卒年及经历不详，《宋史》等无传。

125

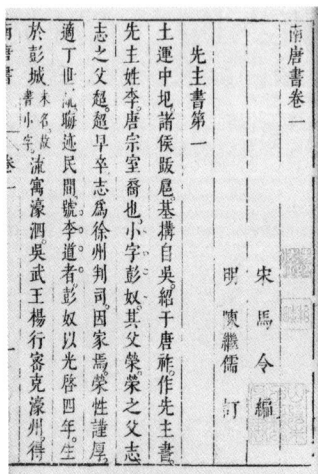

马令《南唐书》书影

其《自序》称："崇宁乙酉春正月，阳羡马令。"崇宁为宋徽宗赵佶即位的第二个年号，自1102年至1106年，共五年，分别为壬午、癸未、甲申、乙酉、丙戌，乙酉应为崇宁四年（1105年）。阳羡为今江苏宜兴的古称。由此知马令当为生活在北宋末年的宜兴人。其《自序》云："先祖太博元康，世家金陵，多知南唐故事，旁搜旧史遗文，并集诸朝野之能道其事者，未及撰次，遽捐馆舍。今辄不自料，集先志而成之，列为三十卷。"则马令《南唐书》乃承袭其祖父马元康未竟之志而作，史料丰富，叙述详备，中多"旧史遗文"均为正史所无，具有很高的史料价值。

全书30卷，采用《三国志·蜀书》之例。卷内第进次序，有条不紊。全书共记人物160余，时间跨度上接杨吴，下至北宋，此30卷之大略也。

马令《南唐书》仿效欧阳修《新五代史》笔法，卷首文末多有序、论，以"呜呼"发端。对此，历来褒贬不一。然其"诛乱尊王"的初衷，确实无可厚非。其记人，多引诗话、小说、俚语等，虽显杂芜怪异，然为后世了解南唐及宋初的民俗风情，提供了真实的资料。其记事，繁简不一，似失匀当。如《建国谱》之叙地理，仅有郡、州而无县，且立都金陵一句带过；《世系谱》自唐建王李恪即可，却上溯到夏商。尽管如此，以纪传体正式记叙南唐史事，马令此书为现存首创，故功不可没。

二

南宋陆游撰写的《南唐书》，共18卷。

陆游（1125—1210年），越州山阴（今浙江绍兴）人，字务观，号放翁。绍兴二十四年（1154年）应礼部试，名列前茅，因论恢复中原之事而被黜落。孝宗即位，任枢密院编修官，赐进士出身，旋遭贬逐。乾道六年（1170年），起为夔州通判。八年（1172年），入四川宣抚使幕，从军至南郑。范成大帅蜀，任四川制置使司参议官，淳熙五年（1178年）东还。七年，

提举江西常平茶盐公事，以发粟赈文，被劾
罢官。十六年，任礼部郎中，又被劾罢。闲
居十余年，嘉泰二年（1202 年）被召修孝宗、
光宗两朝实录，次年完成，升宝谟阁待制，
旋即致仕。《宋史》卷三九五有传。

陆游工诗、词、散文。南渡后诗人，陆
游与尤袤、杨万里、范成大并称四大家，其
诗多沉郁顿挫，为感激豪宕之作。在政治上，
陆游之鼓吹恢复，诋斥和议，亦为世所称道。
然而另一方面，陆游的史才、史识，却也在
其极盛的文名与爱国的称誉之掩盖下，较少
为坊间所知、为学界所重，陆游传世至今的
唯一史著《南唐书》之境遇，即为一例。

陆游

首先，陆游是否著有《南唐书》，或有疑者。早则如元修《宋史·
艺文志》云："《南唐书》十五卷，不知作者。"近则如卢苇菁撰《〈新
修南唐书〉作者考辨》（《史学月刊》1982 年第 4 期），指出此"不知
作者"的《南唐书》，可能即是胡恢所作。而陈光崇《论陆游〈南唐书〉》、
朱仲玉《陆游的史学成就》等文，则从与陆游生活时代相接的陈振孙《直
斋书录解题》之说，以及此《南唐书》中《刘仁赡传》"论曰"透露的
陆游"自述"线索，认为乃陆游所著无疑。笔者由陆游之行迹、思想、
主张诸端论之，愈加坚信此《南唐书》出自陆游之手；至于当初书未署
名的缘由，则元人戚光《〈南唐书〉音释》"惟陆游编取折衷成此书也。
游亦不著名，以他书序而知，岂时以私著避也"的推断，颇为在理，而
戚光之于《南唐书》以及"折衷"、"私著"云云，又涉及了陆游《南
唐书》的几个关键问题。

其次，陆游《南唐书》有个被重新"发现"的过程。据元人赵世延《〈南
唐书〉序》载，天历（1328—1330 年）年间，监察御史王主敬谓赵曰："公
向在南台，盖尝命郡士戚光集辑《金陵志》，始访得《南唐书》，其于
文献遗缺，大有所考证，裨益良多"，于是嘱博士程熟等校订，锓版与
诸史并行；又明嘉靖二十九年（1550 年），王毂祥《〈南唐书〉跋》云："余

尝阅宋马令《南唐书》，未及见陆放翁书也。闻陆子虚家藏宋刻本，借而读之"；又清康熙三十四年（1695 年），周在浚《〈南唐书笺注〉凡例》："元人赵世延尝命戚光集《金陵志》，始得陆书，为之音释、刊行。予因辑纂《金陵广志》，亦取陆书而注之。皆以其有关于金陵也。"据此可知，其一，陆游《南唐书》自淳熙年间（陈光崇推断在淳熙十一年即 1184 年前后）成书以后，虽有宋刻、元刻，但都流传不广，或因"游亦不著名"之故。其二，戚光访得《南唐书》并考知为陆游作品，是因纂辑《金陵志》，周在浚作《南唐书笺注》，亦因辑纂《金陵广志》；如此，陆游《南唐书》在元的被重新"发现"并音释、刊刻，在清的被笺注并更广流传，都与纂辑金陵即今南京文献之举关联，其间缘故，又"皆以其有关于金陵也"，这既是件有趣的雅事，也是值得深思的史学现象。有趣的雅事者，浙东山阴陆游的《南唐书》，须待江南金陵文献纂辑之机缘，而获"发现"、表彰与广以流传，此不赘述；值得深思的史学现象者，则需联系上文的"折衷"、"私著"与"有关于金陵也"申说之。

先说"折衷"。在陆游之前，已有胡恢、马令著《南唐书》。马书自为陆游得见并多所参考；至于胡书，陆游《南唐书·烈祖本纪》"论曰"提及"自烈祖以下"，胡书"谓之'载记'。苏丞相颂得恢书，而非之曰"云云，玩其文意，陆游可能并未见到胡书，但知其大概情况。而陆游所以再著《南唐书》，除了具体人物设传与胡马两家之书颇有不同、更加着意于表彰忠节与宣扬风教等等以外，尤为关键者，是就大义言，陆游不满于胡氏贬谓南唐三主昇、璟、煜为"载记"，而马氏贱称之为"书"。

陆游《南唐书》"自烈祖而下皆为纪"，即视南唐为承唐的正统王朝，而非偏霸或者僭越的政权。对此貌似"折衷"、实为颠覆，关乎整个南唐历史地位的认识，前人多有称道。如宋陈振孙《解题》之"颇有史法"，元赵世延"序"

陆游《南唐书》书影

之"最号有法"，明毛晋"跋"之"得史迁家法"，已经隐约可见这层首肯；至清周在浚《笺注》，更是直揭而出，褒扬陆游《南唐书》"足继迁、固。三主名纪，俨然以正统归之，其识见较马令超远，可与欧阳公《五代史》相匹，非诸伪史可比也"。然而，也可能正是因为这种褒扬华汉、贬抑夷胡的传统史识，陆游《南唐书》甚不契合蒙元、清之非汉统治者的官方意识形态，清之四库馆臣即否陆书三纪，指其"谬矣"，有所保留地予以肯定者，惟"取其叙述之简洁可也"。

再说"私著"。清之四库馆臣本有揣测之语："游乃于烈、元宗、后主皆称本纪……得非以南渡偏安，事势相近，有所左祖于其间乎？"实际无须揣测，陆游《南唐书》其意正在于此。陆游平生主张抗击女真金朝、恢复宋室江山，一贯反对屈辱条件下的所谓"议和"；陆游著有《高宗圣政草》《孝宗实录》《光宗实录》等史书（今皆失传），深谙中国传统史学的鉴戒与致用。如此的两相结合，史书合为时而作，也就特别表现在其《南唐书》中。

又说"有关于金陵也"。南唐定都金陵，南唐史事，举凡政治、军事、经济、文化、宗教、科技、信仰、迷信等等，或多或少总与金陵有关；如此，陆游《南唐书》，对于了解、研治南唐时代金陵史事或者金陵地方南唐史事，自是不应或缺的重要文献，此其一。其二，陆游《南唐书》中所记诸多金陵掌故，如《烈祖本纪》之昇州城制度壮丽、作北郊于玄武湖西、放诸州所献珍禽奇兽于钟山；《刁彦能传》之筑堤为斗门以息秦淮水患；《睦昭符传》之御官门立金鸡竿，等等。其中，独见于陆书者，自然可宝；与他书存异者，可资考证；而与他书相映者，亦可引为证据。如果再进一步考虑到历为都城的今日南京之研究状况与现实遗存，即南唐之前的六朝，备受研究者重视，南唐之后的明、太平天国、中华民国，文献丰富，遗存尚多，因而同样受到研究者重视。相形之下，承前启后的南唐，除了传统考古领域的"南唐二陵"与近年渐得关注的南唐城市考古课题以外，广泛、系统、深入的探讨仍然较为缺乏的境状，则陆游《南唐书》对于南京历史之基础研究与应用研究来说，所具有的史料价值与现实意义，还有待全面的发掘与多方的推广。

（濮小南　胡阿祥）

《至正金陵新志》

《至正金陵新志》15卷，元张铉修纂。

元世祖至元十四年（1277年）升建康府为建康路。天历二年（1329年）改建康路为集庆路，辖录事司，以及上元、江宁、句容三县和溧水、溧阳二州。元代继承宋代的修志思想与体例，集庆路曾两次修志，即《天历集庆续志》和《至正金陵新志》。

天历二年，集庆路训导戚光受江南行台御史中丞赵世延之命，编纂《集庆续志》，以续南宋《景定建康志》。记载宋景定二年（1261年）至元天历二年共69年间史事。元至正初年，江南行台监察御史索元岱责成集庆路令儒学重刊《景定建康志》。集庆路总管府与集庆路儒学周关教授磋商后建议："莫若因旧志之已成，增本朝之新创，重新绣梓印行，亦为一代盛典。"此建议得到索元岱的批准。至正三年（1343年），集庆路总管府聘请张铉主持修纂路志，张铉对戚光《集庆续志》弃置旧例、删却图表颇有微词，故不袭用《集庆续志》之名，命名《金陵新志》。张铉，

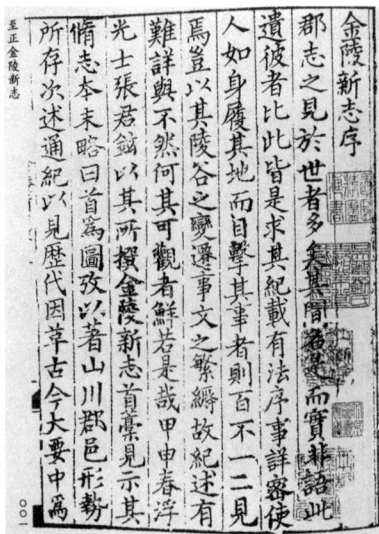

《至正金陵新志》书影

字用鼎，光州（今河南潢川）人，奉元路学古书院山长。学问老成，词章典雅。因讲学授徒数往金陵，十五年间，随地方官员、乡贤游览讨论，对金陵历史有粗略的了解。当年五月初十日到局任修纂，十月十五日成书。全书共15卷，13册，发往本路儒学进行校正缮写，由本学王教授与学正方自谦、训导陈显曾等校正。前后历时六个月，于十一月初一缮写成编，进呈江南诸道行御史台。

《至正金陵新志》体例主要参照《景定建康志》，首为《地理图》一卷，

描绘山川、郡邑形势，并考其沿革大要，附于图后；次为《金陵通纪》一卷，略述历代因革、古今大要；中间为《金陵世年表》一卷和《疆域志》《山川志》《官守志》《田赋志》《民俗志》《学校志》《兵防志》《祠祀志》《古迹志》《人物志》十卷，"极天人之际，究典章文物之归"；末为《摭遗》《论辨》二卷，"综言行得失之微，备一书之旨"。文摭其实，事从其纲，卷各有类，有数类内容繁杂，则细分为上、中、下卷。

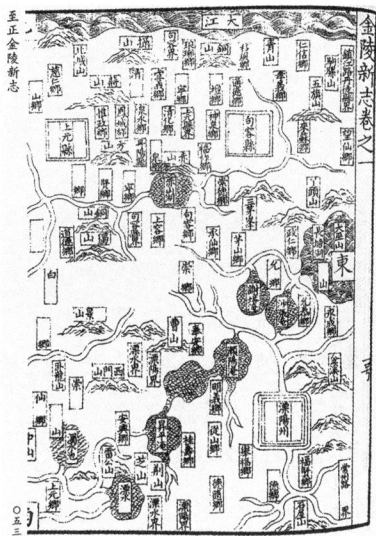

《至正金陵新志》书影

《至正金陵新志》卷目参照《景定建康志》而略作调整，删《留都录》；增《金陵通纪》；并《城阙志》于《古迹志》；改《儒学志》为《学校志》；删《文籍志》，因兵火之后文籍"荡无一存"，以"置经籍"一目列于《学校志》中，并说明"详见前志（书籍、书版）"；改《文籍志》中石刻目作碑碣，录入《古迹志》；辑《文籍志》中诸国论、奏议加"建康图"所附辨，设论辨卷；改《武卫志》为《兵防志》；析《风土志》为《民俗志》《古迹》志；改《古今人表、传》为《人物志》，设世谱、列传二目。

《至正金陵新志》时间断限，上限断在周元王四年（前473年），越灭吴，迄元至正三年，凡一千八百一十五年。详记元至元十三年（1276年）至至正三年凡六十八年史事。至元十三年之前根据史传，之后兼采戚光《集庆续志》及路、州、司、县所报事迹，附以闻见可征者，"信以传信，疑以传疑"。

《至正金陵新志》为元代著名方志。《四库全书总目提要》评价："荟萃损益，本末灿然，无后来地志家附会丛杂之病。"它在方志续修方面作了有益尝试，继承中有所创新，详今略古，详彼略此，终成一代传世佳作。

（周建国）

131

《洪武京城图志》

《洪武京城图志》，明太祖敕礼部纂修。

礼部，明代六部之一，下辖仪制清吏司、祠祭清吏司、主客清吏司和精膳清吏司，掌管朝廷中礼仪、祭祀、宴飨、学校、科举和外交事务等。礼部衙门位于南京御道街。由礼部编写的该书，前有洪武二十八年（1395年）杜泽《〈洪武京城图志〉序》、王俊华《〈洪武京城图志〉记》及《皇都山川封城图考》；次为目录：宫阙、城门、山川、坛庙、官署、学校、寺观、桥梁、街市、楼馆、仓库、厩牧、园圃；再次为正文，文虽简略，但于"城郭宫室、郊庙坛、街衢楼馆、山川桥道，详也"（王鸿儒跋语），展现了明初经过二三十年的建设，南京作为京都的盛大规模、雄伟气象；文中插图八：《皇城图》《京城山川图》《大礼坛山川坛》《庙宇寺观图》《官署图》《国学图》《街市桥梁图》《楼馆图》。文末系王鸿儒、归有光、朱绪曾三跋。王鸿儒跋介绍弘治壬子（1492年）重刊此书的原委；朱绪曾跋除介绍此书概貌外，还对当时的"楼馆"作了考证。

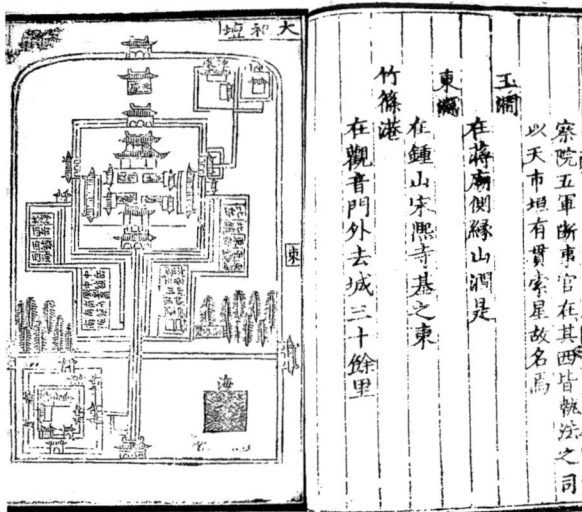

《洪武京城图志》书影

明南京城（包括外郭、京城、皇城、宫城）的建设，始于元至正二十六年（1366年），至明洪武十九年（1386年）已大致建成。洪武二十八年（1395年）时，南京作为都城的建设（包括官署、桥梁、楼馆等），已告基本结束，"神京天府之雄，龙蟠虎踞之

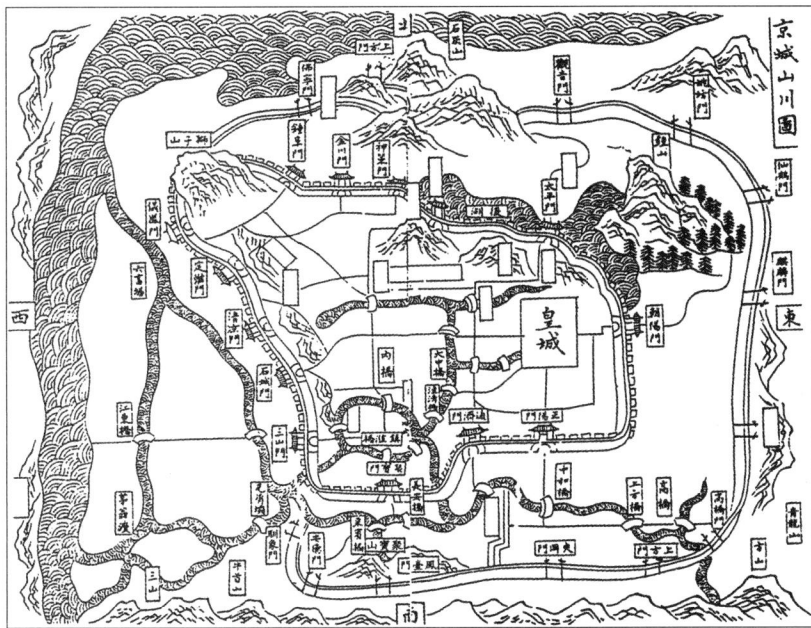

《洪武京城图志》书影

胜"的盛大景象展现于世人面前，为"使四海之内、遐陬荒服，得而观之"，明太祖敕礼部绘图，编成此图志，所以该书是反映当时南京最及时、且直观形象的一部图志，具有相当高的史料价值，且对今天的城市、经济、文化建设和文物保护，都有相当高的参考价值。"不惟治史者得以研索明都，即今日经营建设，亦宜研阅，以识前人之伟大。"（柳诒徵跋语）柳先生此语，言于民国，但仍适用于今日。就治史志而言，此书对明清南京方志及民国朱偰《金陵古迹图考》等书有相当的影响，被引录甚多。

《洪武京城图志》现存明弘治王鸿儒重刊总校本，民国十八年（1929年）由"中社"影印出版。民国三十七年（1948年）列入《南京文献》中影印出版。21世纪初，南京出版社将其分别列入"南京稀见文献丛刊"和《金陵全书》中出版。

（欧阳摩一）

《永乐南藏》

佛教以经、律、论三藏为中心的各类典籍，在南北朝时期被称为"一切经"、"一切经藏"、"一切众藏经典"等。据唐初法琳《辩正论》，北朝魏道武帝（386—409年）最早命抄写"一切经"，南朝写"一切经"最早的是齐明帝（494—498年），以后抄写全部经藏被视为大功德。陈朝武、文、宣三帝分别命写"一切经"12至50藏（1藏即1套全部经典）不等，徐陵、江总也曾写"一切经"，江总所写1藏有3752卷。南朝梁天监十四年（515年），梁武帝命总集释氏经典，由安乐寺沙门僧绍撰成《华林殿众经目录》4卷。十七年（518年），宝唱奉命改定，共录书1433部，合3741卷，有学者认为这是汉文佛教经藏真正编集之始。随着雕版印刷术的发展，北宋开宝四年（971年）以唐《开元释教录》入藏经目为据，首次刊刻《大藏经》（后称《开宝藏》），以后历代所刻《大藏经》皆在其基础上增补、修订而成。

明代刻版的《大藏经》，或称明本，有《洪武南藏》《永乐南藏》《永乐北藏》三种，前两种刻于南京，后者刻于北京。

最早刻成的为《洪武南藏》，又称《初刻南藏》。洪武五年（1372年），为修复战争创伤，明太祖朱元璋亲临蒋山寺（灵谷寺前身，位于今明孝陵）设广荐法会，征召四方名僧大德超度殁于战乱的亡灵，并敕令宗泐等高僧以南宋《碛砂藏》为底本，在蒋山寺校勘新藏经。他认为佛教"善世利国"，可"暗助王纲"，佛理与儒说也相通互补，即所谓"天下无二道，圣人无两心"，

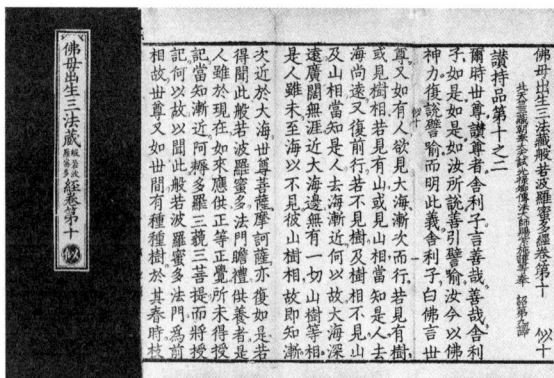

《永乐南藏》书影

故全力支持大藏经的编纂。洪武二十四年（1391年），全藏刊刻初步完成。后又陆续增补和重校，至洪武三十一年（1398年）刻完，经版藏于南门外的天禧寺（大报恩寺前身）。据《释鉴稽古略续集》称，永乐元年（1403年）正式开放流通。全藏678函，按《千字文》编次天字至鱼字，有1612部（一说1625部）7000多卷，使汉文大藏经的规模达到新的高度。版式基本同《碛砂藏》，为五折梵夹本，每版30行，每行17字。点校严谨，刻工精良。吕澂认为，《洪武南藏》可用于增订、参校现已残缺的《碛砂藏》，而且在收录禅宗语录方面对后世刻藏很有影响。《洪武南藏》存世极少。1934年，四川省崇庆县上古寺中发现当时全套印本（略残，并杂有部分补抄本和坊刻本），轰动一时，现藏四川省图书馆。此外，重庆北碚图书馆存有6246卷（与川图所藏本一并收入首批《国家珍贵古籍名录》，云南省图书馆藏800余册，湖南省图书馆藏212卷。

　　《永乐南藏》为《洪武南藏》重刻本。由于存于天禧寺的《洪武南藏》刻版在永乐六年（1408年）随寺庙一并被焚，明成祖又敕命征召名僧居敬、善启等赴京校勘大藏经。永乐十年（1412年），在天禧寺旧址新建大报恩寺。此后，新校大藏经在寺内开雕，至永乐十七年（1419年）前后完成。该藏编次作了调整，改为先分经、律、论三藏，再分大小乘。所收书也略有增删，如删去《洪武南藏》中的《药师功德经》（藏文）、《百法论疏》《嘉泰普灯录》等，增收《密咒圆因往生集》《护法论》《圆觉经略疏注》《般若心经集注》等。万历三十四年（1606年），南京礼部为其编成《大明三藏圣教南藏目录》（简称《大明南藏目录》）1卷。全藏636函，按《千字文》编次天字至石字，有1610部（一说1614部），6331卷。版式同《洪武南藏》，但书写、镂刻不及《洪武南藏》工整。经版有57160块，存于大报恩寺的藏经殿中。全国各地寺院请印需由南京礼部祠祭清吏司批准，至明末清初，经历年刷印，传本较多。万历十二年（1584年），有人为募刻《大藏经》作序时曾统计，仅明太祖、明成祖就出资印刷了数千部南藏。据《金陵梵刹志》所载南京礼部祠祭清吏司颁发的请经条例，万历时期南藏每年印刷大约20藏，这还不包括零散刊印的经书。

　　由于明朝永乐以后只有南京的南藏、北京的北藏两版藏经，北藏又藏于禁中，很难请印，而南藏是特批向四民开放的官刻普及本，请印方便，

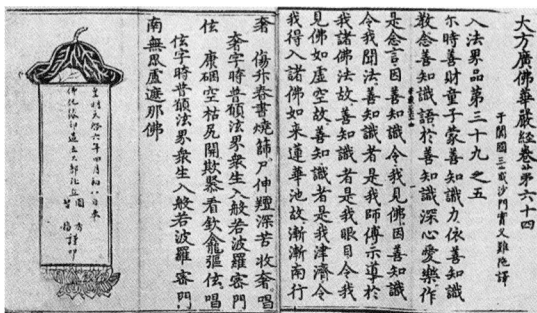

《永乐南藏》书影

故两百年间广为流行的新印佛经皆为南京藏版的南藏。由于卷帙浩繁，城内有许多参与南藏印刷的经房、经铺，大部分在聚宝门内外，少量在三山街。不过《永乐南藏》印刷频繁，存版不断修补，以致风格驳杂，良莠不齐，甚至出现很多错谬，比起宫廷刻本《永乐北藏》显得粗糙。

现《永乐南藏》存世的有 10 余部，包括国家图书馆藏明嘉靖三十年（1551 年）太监李朗印本、隆庆六年（1572 年）盘山舍利塔寺主持真道印本、万历初通宝庵印本、万历增刻本，中国佛教图书文物馆（法源寺）永乐刻本，甘肃省图书馆藏明万历二十八年（1600 年）印造本（计 638 函 1612 种 6364 册，杂有少量补抄本），山西省宁武县文物馆永乐初刻明清续刻本（5879 册），天津图书馆明嘉靖四十四年（1565 年）南京徐筠泉重印本，山东省图书馆永乐初刻万历续刻本，上海龙华寺永乐初刻万历续刻本，以及近年山西稷山发现的一套残损印本（有近千册）等。此外，据《中国古籍善本目录》记载，天津、福州、泉州、苏州等地图书馆或寺庙还收藏有万历重修本。

（邓　攀）

《金陵古今图考》

《金陵古今图考》1卷，明代陈沂撰。

该书初刻本刊于明正德丙子（1516年）。前有陈沂自序，曰："予家三世居南都，虽历京阙之胜，莫考前代。乙亥岁（1515年），京尹以府志属笔，细绎旧史，博洽群记，私创为图。"此书有图十六，每图后皆附以考释文字。其中，介绍历代城郭变迁者十二：《吴越楚地图》《秦秣陵县图》《汉丹阳郡图》《孙吴都建邺图》《东晋都建康图》《南朝都建康图》《隋蒋州图》《唐昇州图》《南唐江宁府图》《宋建康府图》《元集庆路图》《国朝都城图》；南京所辖地域及境内山水图三：《应天府境方括图》《境内诸山图》《境内诸水图》；又因"城郭规制，随世异态"，作《历代互见图》以辨之。

陈沂（1469—1538年），初字宗鲁，后字鲁南，号石亭，鄞（今浙江宁波）人，居金陵（今江苏南京）。正德十二年（1517年）进士，历任编修、侍讲、山东参政，因不附权贵，改任太仆寺卿，后辞官。《明史》"文苑"附传。少好苏轼之学，自号"小坡"。诗文书画皆精擅，时人将其与顾璘、王韦并誉为"金陵三俊"。他还是"弘治十才子"之一。除《金陵古今图考》外，陈沂还著有《维桢录》《金陵名山记》《金陵世纪》（四卷）、《南畿志》《献花岩志》（二卷，抄本）等。可以说，陈沂不但是明代中期颇有名望的诗人、书画家、学者，还是卓有成就的南京史志、地理学家。

《金陵古今图考》于正德十年（1515年）陈沂应邀修应天府志时始编，次年书成刊刻。陈沂在参考《景定建康志》《至正金陵新志》等方志基础上，精心绘图，并加以考订而成。

《金陵古今图考》书影

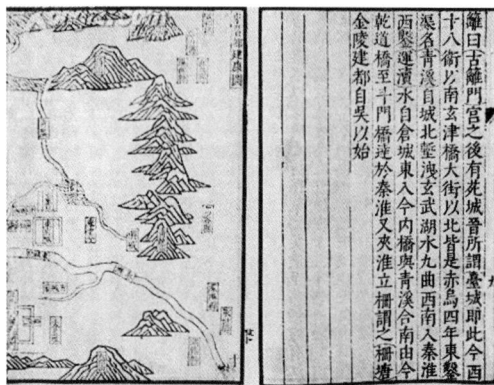

《金陵古今图考》书影

此书对研究南京历史、地理有重要价值，对清代及民国南京地方史志的编撰产生较大影响。

清陈文述所撰《秣陵集》即引录其图考大半。柳诒徵在《金陵古今图考》跋文中说："游金陵者，多嗜读陈云伯《秣陵集》。《秣陵集》所载图考，皆直录陈鲁南《金陵古今图考》，而不言其所自。鲁南为图十有六，云伯橅录十有三，逐篇略加考订，惟未载府境方括图、境内诸山诸水图。"民国朱偰撰写《金陵古迹图考》，书中有《吴都建邺图》《东晋都建康图》《南朝都建康图》《明都城图》等，虽以现代测绘技术制作而成，但对《金陵古今图考》也多有参考、借鉴。

《金陵古今图考》版本，除正德丙子初刻本外，还有明嘉靖四十年（1561年）刻绿紫套印本（又作《嘉靖金陵古今图考》，简称《金陵图考》）；明天启四年（1624年）金陵朱之蕃重刻本（与《金陵图咏》《金陵雅游编》合刊）清抄本，中国国家图书馆藏；南京中社影印明天启重刻本，民国十七年（1928年）；南京中社影印明正德丙子初刻本，民国十八年（1929年）；国学图书馆传抄本，南京图书馆藏；南京市通志馆《南京文献》本，发表于《南京文献》第四号上，民国三十六年（1947年）；2006年，南京出版社将其列入"南京稀见文献丛刊"，出版点校本（与《洪武京城图志》合为一册出版）。

《金陵古今图考》图文并茂，刊印精良，内容丰富，较全面系统地介绍了南京的名胜古迹及历史文化内涵，为研究南京史志、地理、景观不可或缺的重要资料，对今天南京的文化建设和发展旅游也具有积极的意义。

（欧阳摩一）

《金陵琐事 · 续金陵琐事 · 二续金陵琐事》

　　明人周晖所撰《金陵琐事》，是一部关于金陵的颇有名的书，常被人提及、征引和称道。其实此书尚有《续金陵琐事》与《二续金陵琐事》两种。

　　周晖，上元（今南京）人。明代上元、江宁同城而治，直至民国初年上元并入江宁，因此上元人、江宁人，都是金陵人、南京人。周晖字吉甫（吉父），又字漫士，号鸣岩山人，斋名尚白斋。嘉靖二十五年（1546年）生，卒于天启七年（1627年）后，至少活了八十一岁。"弱冠为诸生，老而好学，博古洽闻，多识往事"，隐居不仕。《金陵琐事》是他本人从《尚白斋客谈》中选出的有关金陵的文字，是国史未暇收、郡乘不能备者。此前，《尚白斋客谈》被人借去抄录，颇受好评。友人劝他刊刻成书，唯苦于家贫，无力刻印。《金陵琐事》作为精选本，篇幅大大压缩，也还是靠友人集资才刻印成书。印这本书的原因，用撰者自己的一句话说："余诚金陵之人而已。"可见，周晖是一位热爱家乡金陵的文化人，他"胸饶韫畜，性好编录，凡格不虚，巾箱恒满"，却只问耕耘，不问收获，令人钦佩。书中内容，上关国家典章制度，下及民间街谈巷议，真可谓包罗万象。以"琐事"名其书，却并不委琐，多少带有自谦之意。他的同时代人状元焦竑在《金陵琐事》引言中指出，"读之可以辨风俗，征善败"，"此虽其小者，而业可传矣"。实事求是地说，此书对我们了解金陵历史人物和当时社会风貌，都会有不少帮助。

　　在明代金陵籍状元中，焦竑的学问

《金陵琐事 · 续金陵琐事 · 二续金陵琐事》书影

和名声最突出。焦竑（1541—1620 年），字弱侯，号澹园居士，学者称澹园先生。他快五十岁才中状元，官翰林院修撰，任皇长子讲官。按例，讲官只讲不问，而他却常常向皇长子提问。一次，群鸦飞过，一阵噪鸣，皇长子不禁抬头仰视，焦竑立即停止进讲，直到皇长子敛容听讲，可见其为学之执著和性格之刚强。焦竑既负重名，常讨论国事是非，引起内阁大臣不满。他主持顺天乡试，从落卷中拔取徐光启，不料以取文荒诞被参劾，贬为同知，翌年又降级降俸。他心灰意冷，弃官回籍，定居北门桥豆巷。《上元江宁乡土志》说，焦竑"博洽绝伦，潜心著述，官虽不达，而名愈高"。由这样一位大师级的古稀学者为《金陵琐事》写引言，不仅因为焦竑、周晖同乡，更彰显此书的历史价值。刚直耿介的焦竑在引言中不作溢美之词，而有恰如其分的评价。四百年前焦状元断定此书可传，其文化传承意义便不言而喻了。

笔记体的《金陵琐事》，文字不拘，短的一二十字，长则洋洋数千言，各自独立成篇，阅读十分方便。书中多亲历、亲见、亲闻的文字，不少还交代出处。更可喜的是，撰者行文中每每颇富感情，具有相当的人民性，非旧文人的随笔可比。

《金陵琐事》内容浩瀚，林林总总，非三言两语可以概括。

书中记录了大量前人的行状事迹。如朱元璋礼贤下士，尊"三老"，幸布衣家，造道遥楼，收容改造不务正业的二流之徒。刘伯温为明太祖所用，其经过颇费周章，相当曲折。海瑞严肃处置御史巧取豪夺，其事极富启示，并具现实意义。徐达长子徐辉祖擅长榜书，杭州天竺寺匾额即由他所书。徐达继室谢夫人的长女、次女分别是皇后、王妃，她却能婉拒永乐帝的再次求婚，让第三女出家为尼。朱棣杀方孝孺后竟令人食其肉，吃肉一块，赏银一两，其残忍行径令人发指。抗倭英雄陈忠身经百战，乃"武弁豪杰"，其夫人勇斗众盗，是"女中将军"。京兆刘自强刚正自持，礼部尚书派人持书跪禀，必欲取一儒生，刘一脚踢落皂隶两牙，于是有人说："皂隶落牙，尚书无齿，刘府尹真能自强乎？"刘还真过得硬，查出冒籍者，即重责枷号，于是诸冒籍者不敢应名，纷纷逃去。

金陵人金陵事是此书主要内容。如明代金陵有多少人担任尚书，入阁者又是谁，书中一一列具名姓。尤其是陈玉泉所著金陵二十多位名士小传十八篇，撰者加上《欣慕编》的标题，让人重见前贤风采。撰者写南场科考中奇事弊案绘声绘色，为科举史提供了生动材料，如监生围攻主考，考官不识名字，擅自篡改试卷，以至不准考生自带蜡烛，只准先买烛票，进场取烛，以防烛内夹带，等等。万历丁酉乡试，一监生买七人代笔，作文七篇，房考取为第一名，但是状元焦竑审阅后，一眼看出非一人手笔，于是真相大白，时人谓"焦弱侯阅文眼力通神"云。书中有不少科场官场佳话，如父子兄弟中式，两世尚书、御史，有名有姓，言之凿凿。明初官妓十六楼的来龙去脉，地处何处，

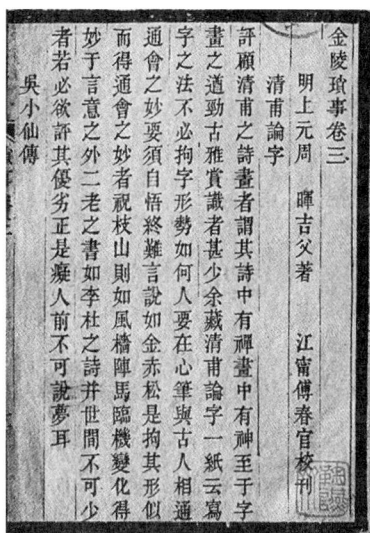

《金陵琐事·续金陵琐事·二续金陵琐事》书影

交代清清楚楚，还有诗篇佐证。晚明已少为人知的金陵十景，或可补志书之缺。单是杏花村一处，方圆一里左右，就有文人小园林二十多个，顾起元一园一诗记之。万历癸丑年（1613 年）钞库街开设茶坊，可谓之最，后数年陆续出现茶馆了。著名的灵谷寺八功德水，明时已有池无水。四百年前金陵有名泉二十多处，今则个别仅存，令人不堪回首。鸡鸣寺险些被朱元璋下令拆毁，缘何得以保存，可谓秘闻。江宁镇的秦桧墓成化乙巳年（1485 年）被盗掘一空，盗贼却未被重罚，原来事出有因。万历年间灵谷寺松毛虫危害猖獗，人称"山荒"。此外，明代已出现金器作假，金线内嵌银心，金箔竟是银里，工艺精湛，手法狡诈。牙医夫妇趁火打劫，诈术得逞，把当时社会风尚、官场陋习，刻画得淋漓尽致，也是不可多得的史料。

书中述及佚诗遗闻及书、画、曲艺事多多。撰者撮取明季一百零九位诗人的佳句上千韵，多为流行的明诗集所未收，又列举所见诗集四十多种，涉及百多名诗人，相当有价值；又为后人留下了李空同《秋林歌》等名篇。万历间高座寺住持寂庵上人辑唐李白以下历代诗人题咏，成《雨花台诗集》，周晖序之，为金陵古迹留下精彩一页。值得指出的是，书

中列举明时尚存金陵的古代碑碣，自古至宋，凡数十通，泰山碑、峄山碑、天发神谶碑等名碑俱在其中，弥足珍贵。

无须讳言，由于时代的局限，此书中也还有极少带有迷信色彩的记载，现代人不难辨别。值得称道的是，撰者对这类"异事"，并未盲目肯定，而用存疑和不可解的笔法记之。

《金陵琐事》初刻于明万历三十八年（1610 年），《续金陵琐事》《二续金陵琐事》稍后付梓。清季，江宁李鳌文浩堂有道光元年刻本，江宁傅春官于光绪年间重刻。民国时期，中央书局于 1935 年出版国学珍本文库，《金陵琐事》是其中的一种，未收《续金陵琐事》和《二续金陵琐事》。新中国成立后，北京文学古籍刊行社于 1955 年 10 月影印了谢国桢、赵元方藏明万历刊本《金陵琐事》《续金陵琐事》《二续金陵琐事》。

前面提到，《金陵琐事》是集资刊刻的。撰者的一批朋友，不但出了钱，还出了力，帮助校订，他们对此书做出了贡献。因此，原刻本各卷署撰者姓名之外，尚署校者姓名。《金陵琐事》卷一：矩所何湛之公露校；卷二：华宇张文晖孚之校，寄宇顾端祥孝直校；卷三：襄宇韩国藩价卿校，振宇陈所闻荩卿校；卷四：玄初沈天启生予校，秋岩王允恭谦甫校。《续金陵琐事》上卷：乾室陈桂林孟芳校，寄宇顾端祥孝直校；下卷：寻乐宋国儒人一校，定水李佺象先校。《二续金陵琐事》上卷：古歙方时俊求仲校，江浦滕维正一之校；下卷：江乘高居仁德敷校，太原王箴叔宸订。一并录出，以资参阅。

（张增泰）

《客座赘语》

《客座赘语》10 卷，为明代顾起元多年积累之札记。

顾起元（1565—1628 年），原名培，字太初、邻初，号遁园居士，明江宁（今南京）人。顾国辅的长子，王可大的女婿。其师为叶向高。万历二十五年（1597 年）中举。翌年赴京会试，夺得头名会元；不久，殿试获一甲第三名（探花），授翰林院编修，累官南京国子监司业、祭酒、詹事府少詹事兼侍读学士、礼部左侍郎。后辞归，筑园于南京城西南之花盝岗，潜心著述。

顾起元不但颖慧绝伦，而且少好博览，与其家教甚严相关。其父顾国辅为官，勤

顾起元

奋好学，著有《尔雅堂家藏诗说》。顾起元自小爱而习之，深受影响。爱读书就会收藏书，其家藏书据说可以同南京明代第一藏书家焦竑相媲美。焦竑藏书两楼，五楹俱满。顾氏藏书之富，可想而知。其著作，除《客座赘语》外，有《懒真堂文集》30 卷、《诗集》20 卷、《顾太史编年集》15 卷、《归鸿馆杂著八种》25 卷（内合《中庸外传》《顾氏小史》《金陵古金石考》《壶天唤语》《遁居士批庄子内篇》《遁园漫稿》《蛰庵日录》《遁居士戏墨》）、《名公像记》1 卷、《伤逝记》1 卷、《诸寺奇物记》1 卷、《商子释》2 卷、《鱼品》1 卷、《潘方凯墨序》1 卷、《说略》60 卷（另有 30 卷本）、《金陵卧游六十咏》1 卷、《金陵雅游编》（明余孟麟编，与焦竑、朱之蕃合撰）、《客座曲语》1 卷等，还有关于《诗经》的专著数种、《后汉书批评》100 卷。以上存书，可见顾起元知识之广博。

顾起元接受儒家正统思想，亦受其父、其岳父、其师言传身教。其父为官吏治清净，爱护百姓，民甚安之。其岳父不畏奸佞，因忤严嵩而

《客座赘语》书影

出守台州。其师叶向高官至辅相，为人光明忠厚，有德量，好扶植善类，而成为当时朝士对抗魏忠贤的领袖人物。顾起元初入宦途，热血沸腾，不顾风险，以国家百姓为重，上书皇帝，进谏祈天永命事宜六条，惜未蒙采用。其个人仕途，虽然因清修自尚，而望重朝野，但是奸臣魏忠贤当道，贤良受害，其抱负无以施展。就在其为相呼声极高之时，毅然三次上疏，坚决乞休，避居南京遁园。"园何以名遁？志遁也。……遁之志三，曰静曰懒曰病。静不任器，懒不任役，病不任劳。"（顾起元《遁园记》）

在遁园中，曾七征为相，皆不起。遁园中建有七召亭，以纪其事。其门人有巡蓝两淮者，知其清贫，密谕盐商，以重资求札，而却之。南都筹立魏忠贤生祠，派人乞写文辞，顾起元以"手疾"辞之。

顾起元热爱南京，关注南京，连病中亦不忘搜集关于南京的资料。其著作也多涉南京。这些著作，是他留给南京后人的最可宝贵的精神财富。他避居遁园，"自其居是园也，冠盖之至者，岁不累二三；竿牍之至者，季不累六七；杯之至者，月不累一二。可以息机，可以谢事，可以养疴"（《遁园记》）。但是，"接引后进，孜孜不倦。林泉自赏，未尝轻至公庭，而地方利弊，如兵部快船改马船，绝卫官之科索，两县坊厢准里甲为条编，皆更定良法，军民称便"（《上江两县志》）。

《客座赘语》的资料来源有三，或亲身经历，或采录史志，或访求桑梓。亲身经历者，为回忆录，可谓真人真事。采录史志者，乃搜求文献资料，为有真知灼见之博学者所长。访求桑梓者，乃积累口碑资料，为不辞辛劳之有心人所得。亲历回忆，口碑流传，不予采录，转瞬即逝，弥足珍贵。而采撷文献，尝为人病诉，或以为"取充卷帙，尤为无取"。此言本亦有理，但是，如若摘取的文献在当时常见后却散佚，即成珍贵残篇，那又自当别论了。如卷三所摘明陈沂《语怪录》《善谑录》，卷五所记王可立《建业风俗记》，卷六所记陈镐《金陵人物志》，卷九所记周晖《山中白云》等等。正由于此，其书资料多为志传采录。

《客座赘语》记述"皆南京故实及诸杂事"，然涉猎极广，天文地理、政治经济、文化教育、人物风情、风土习俗等等，几乎无所不包，"颇足补志乘之阙"，是研究金陵史事、研究明代中后期社会的重要参考资料。难能可贵的是，笔记体文章的"实"、"细"二字。如卷一中"辨讹"、"诠俗"、"方言"诸则，宛若把读者带回当时南京的语言环境，简直如见其人，如闻其声，可谓乡音缭绕。妇女服饰，古代典籍罕有记载，偶有涉及也大多语焉不详。卷四中"女饰"一则，约七百言，记明代留都南京妇女之饰，详尽可睹，为《中国衣经》专书采用。

《客座赘语》不是专著，为松散之札记日录。某名家曾言，无聊便读书。其成书类于此。病中无聊，便忆书听书，记录在册，日久而成之。亦无流传久远的奢望，只求遗留子侄而已。于形式，只是小为编叙；于内容，唯求实录存真。全书朴实无华，情感自然流露其中，读时切切不可忽略。如对友情的真挚缅怀，对乡贤优秀品质的赞叹推崇，对弊政的愤慨斥责，对百姓疾苦的关切，对家乡的热爱等等，一一跃然纸上。

（吴福林）

《西游记》

吴承恩

中国古典四大名著中，最富于奇思妙想的当属明代小说家吴承恩的《西游记》。它也是中国古代第一部浪漫主义的长篇神魔小说。随着电视剧的不断翻拍，唐僧、孙悟空、猪八戒、沙和尚等形象更是深入人心，老少皆知。

大家都知道，吴承恩是淮安人，但实际上，这部传世名著与南京的渊源非常深，现流传最早的刊本就是金陵世德堂本。金陵世德堂本序的作者陈元之也是南京人。除此之外，《西游记》最早也是在南京校订问世。

屡试不第，吴承恩和南京的难舍情缘

电视剧《北平无战事》一度家喻户晓。该剧编剧、著名作家刘和平，特别钟情《西游记》。他说："中国人讲故事，讲得最好的是南京。一部《红楼梦》，缘起江宁织造；一部《西游记》，缘起世德堂……无他，金陵自古就是有梦的地方。小时候人家问我，你喜欢《西游记》吗？我说喜欢。你喜欢《红楼梦》吗？我说喜欢。其实我真喜欢的还是《西游记》。只是怕说不喜欢《红楼梦》便没文化。原因呢，没有。你从小到老就知道了。"

诚然，四大名著最老少咸宜的是《西游记》，最奇思妙想的也当属《西游记》。然而，其作者吴承恩，跟南京有何关系？

吴承恩第一次来南京，大概是嘉靖十年（1531年），这一年，他和学友朱日藩、沈坤一起到南京的江南贡院参加乡试，可惜名落孙山。这一年，他26岁。1534年，吴承恩再次来南京考试，又一次落第而归。吴承恩不死心，1537年，他第三次来南京参加科举考试，同样又是榜上无名。

"十年寒窗无人晓，一朝成名天下闻。"这是封建知识分子通过科举获取功名富贵、走上仕途的必经之路的写照。吴承恩从小就很聪明，少年时代，更是写得一手好文章。然而就是这样一位有才华的文人，却在科举考试中三试不第。直到 42 岁那年，他还在赴考。

科举考试的失意，让吴承恩对封建官场、科场的腐败有了清醒的认识，因此他把一生心血都投注到了《西游记》的创作上，并最终成就了这部名作。

后来，吴承恩又来到南京，过了 10 年 "太学生" 的生活。1549 年，年近半百的吴承恩以 "岁贡" 的身份来到南京国子监读书。他到鸡笼山下的国子监注了册，入了监，当了一名 "老太学生"。不过，吴承恩到这里也就是挂个名，他并不愿意，也没有耐心好好听国子监博士们的枯燥说教，他把心思全用到了完善《西游记》初稿及出版上。

吴承恩的《西游记》早在 1542 年就完成了初稿，当时他还没有来到南京读书。但《西游记》由金陵著名的刻印社世德堂首次刊印时，已经是万历二十年（1592 年）。

唐僧原型玄奘大师，部分顶骨舍利在九华山

唐僧在书中经常被妖怪抓走，而现实中，《西游记》中唐僧的原型是唐朝的和尚玄奘大师。如果没有他前后 10 多年跋山涉水，克服千难万险，行程二万五千多公里，游历当时 110 多个国家，九死一生前往印度取经，就不会有《西游记》中九九八十一难的传奇故事。

当时中国的佛教出现了理论上的纷争，难得定论，玄奘便决心去天竺（今印度）学习佛学。627 年，玄奘从长安（今西安）出发，西行求法，发下大愿："宁向西行一步死，决不东归一步生。"

玄奘历经 4 年至摩揭陀国的那烂陀寺，拜名僧戒贤为师，研习《瑜伽师地论》等佛经。645 年，玄奘携大量佛教经典回到长安，史载当时 "道俗奔迎，倾都罢市"。

作为中印文化交流的使者以及杰出的佛经翻译家，玄奘大师堪称前无古人。作为旅行家，他所写的《大唐西域记》，是继东晋高僧法显《佛

《西游记》书影

国记》之后，又一部研究南亚以及中亚等地古代历史地理之重要资料。

玄奘法师与南京也有着不解之缘。九华山的三藏塔就是当年为供奉玄奘的舍利而建的。取经归来的玄奘法师于唐高宗麟德元年（665 年）二月圆寂，葬在长安玉华寺，后迁到长安东郊兴教寺。唐僖宗广明元年（880 年）黄巢之乱时，兴教寺被毁，玄奘灵骨被寺僧携至终南山紫阁寺安葬。宋时，南京天禧寺（今大报恩寺）的可政和尚到终南山紫阁寺修苦行，由于战乱，当时紫阁寺已经荒废，他无意中发现玄奘大师的舍利子，就将舍利子、金菩萨等都带到了南京。明朝，永乐皇帝朱棣建大报恩寺，把玄奘大师的顶骨舍利供奉在大报恩寺三藏塔中。清朝末年，太平军的战火将大报恩寺塔烧毁，从此玄奘大师的舍利子渐渐被遗忘。

直到抗日战争爆发后，玄奘舍利才又浮出了水面。1942 年底侵华日军在南京大报恩寺三藏塔塔基处发现了埋藏在那里的玄奘顶骨舍利。消息传出后，迫于社会压力，当时的汪伪政府与侵华日军交涉，终于索回部分舍利。南京九华山的三藏塔就是当年为供奉玄奘的舍利而建的。

（黄　勇）

《警世通言》

明朝天启年间，冯梦龙在广泛收集宋元话本和明代拟话本的基础上，经过加工编成了《喻世明言》《警世通言》《醒世恒言》三部短篇小说集，简称"三言"。其中，《警世通言》的初刻与南京有着很深的"渊源"，并且书中有不少的"南京元素"。

冯梦龙与"三言"

冯梦龙（1574—1646 年）字犹龙，又字子犹，别号墨憨子，龙子犹，长洲（今江苏苏州）人。他少有才气，曾"游戏烟花里"，是个放荡不羁的人物。他和兄冯梦桂、弟冯

冯梦龙

梦熊被称为"吴下三冯"。但他科举不得志，57 岁才补为贡生。冯梦龙具有一定的进步思想，他"酷爱李氏（卓吾）之学，奉为蓍蔡"，同时又是爱国志士，在崇祯年间任寿宁知县时，曾上疏陈述国家衰败原因。清兵入关时，进行抗清宣传，最后忧愤而死。

在我国文学史上，冯梦龙是在通俗文学的各个方面都做出过重大贡献的作家。尤其以编选小说"三言"的影响为最。"三言"不仅对话本小说的传播起了重要作用，而且直接推动了拟话本的创作。

"三言"中每个短篇小说集各 40 篇，共 120 篇，其中明代拟话本约有七八十篇。"三言"的内容很复杂，在那些优秀的拟话本中，主要表现以下几方面的内容：一、通过动人的爱情故事，描写了被压迫妇女追求幸福生活的愿望，抨击了封建制度对妇女的压迫。如《杜十娘怒沉百宝箱》是其中最优秀的一篇，也是明代拟话本中成就最高的作品。《卖油郎独占花魁》是一篇富有时代特色的爱情作品。《玉堂春落难逢夫》则通过玉堂春和王景隆之间一段悲欢离合的故事，反映了下层妇女被人

《警世通言》书影

摧残的悲惨境遇。《金玉奴棒打薄情郎》，批判了莫稽的富贵易妻的丑恶行径。二、描写封建统治阶级内部斗争，表现了人民对封建统治罪恶的愤怒谴责。如《沈小霞相会出师表》就是直接反映当时统治阶级内部忠奸斗争的作品。《卢太学诗酒傲王侯》写知县汪岑陷害士绅卢柟，揭示了封建官僚阴险残酷的本相。三、歌颂友谊，斥责背信弃义的行为。如《施润泽滩阙遇友》写的是两个小手工业者之间友谊的作品。《桂员外穷途忏悔》写桂富五（即后来的桂员外）做买卖失利，在债主的威逼下，想投水自尽。朋友施济出资相助，得免危难的故事。

"三言"中的拟话本在艺术上仍保持不少话本的特色。但它是文人创作，主要供案头阅读的，因此又有自己的特点。比起话本来、它们的篇幅大大加长了，主题思想比较集中，情节也更为曲折，尤其在人情世态的描绘上比话本丰富了许多，而在细节描写和人物内心活动的刻画上，也更趋于丰富、细腻。

《警世通言》初刻于南京

《警世通言》与南京的关系，首先是因为它首刊于金陵即今南京。

《警世通言》卷首有"金陵兼善堂谨识"："《警世通言》，自昔博洽鸿儒兼采稗官野史，而通俗演义一种，尤便于下里之耳目。奈射利者专取淫词，大伤雅道，本坊耻之。兹刻出自平平阁主人手授，非警世劝俗之语，不敢滥入，庶几木铎老人之遗意，或亦士君子所不弃也。"又书前有《叙》云："陇西君海内畸士，与余相遇于栖霞山房，倾盖莫逆，各叙旅况，因出其新刻数卷佐酒。且曰：尚未成书，子盍先为我命名？余阅之，大抵如僧家因果说法度世之语，譬如村醪市脯，所济者众，遂名之曰《警世通言》，而从臾其成。时天启甲子腊月豫章无碍居士题。"

由此推论，《警世通言》初刻于金陵兼善堂，时在天启甲子（1624 年）腊月。

至于《醒世恒言》卷首有"绘像古今小说，醒世恒言，金阊叶敬池梓"字样。《叙》末落款云："天启丁卯中秋陇西可一居士题于白下之栖霞山房"。此"陇西可一居士"应即《警世通言·叙》中所云之"陇西君"。由此也可推论，《醒世恒言》可能是由苏州人叶敬池于天启丁卯（1627 年）中秋前后在可一居士的协助下初刻于白下即金陵的。《古今小说》即《喻世明言》。卷首有"全像古今小说，小说如《三国志》《水浒传》，称巨观矣，其有一人一事，可资谈笑者，犹杂剧之于传奇，不可偏废也。本斋购得古今名人演义一百二十种，先以三分之一初刻云。天许斋藏版"。该书初刻时，又曾有绿天馆主人叙云："茂苑野史氏家藏古今通俗小说甚富，因贾人之请，抽其可以嘉惠里耳者，凡四十种，畀为一刻。"盖《叙》中只有"绿天馆主人题"，再无任何初刻的其他信息，而"绿天馆主人"谓谁无考，因此它是否初刻于金陵，无从考证。

《警世通言》中的"南京元素"

《警世通言》40 篇，其故事发生地涉及全国各地，尤以江浙为最，其中"南京元素"不少。第四卷《拗相公饮恨半山堂》，写王安石晚年退居南京的故事，不过作者站在反对改革的立场，因此文中多有对王安石的贬意。第十二卷《范鳅儿双镜重团圆》（前部）写的是南宋建炎年间徐信与妻子崔氏，以及列俊卿与妻子平氏均在南逃中走散，结果彼此错续姻缘。后来均流寓在建康"双镜重圆"。第十七卷《钝秀才一朝交泰》，写的是明朝天顺年间福建一位叫马德称的公子，因家道中落，落魄时人称他为"钝秀才"。后来到南京访亲问友，他由通济门入城，投斋大

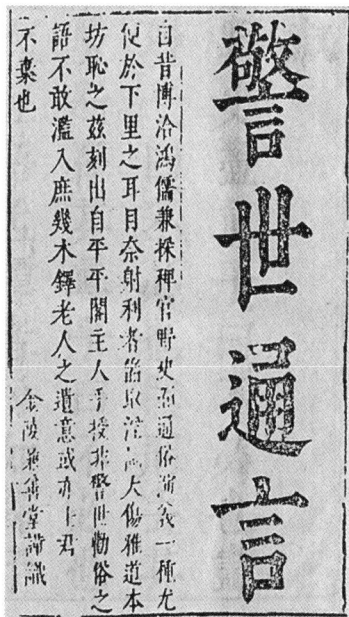

《警世通言》书影

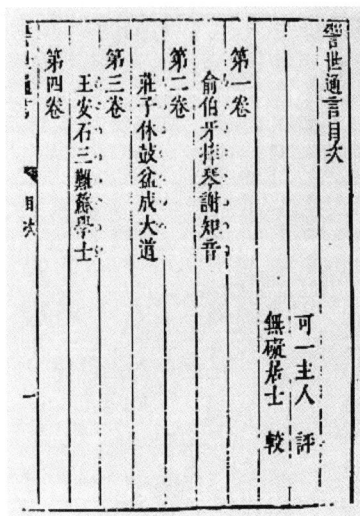

《警世通言》书影

报恩寺、承恩寺等处。第二十二卷《宋小官团圆破毡笠》，写宋金在南京发家，并在仪凤门内居住的故事。第二十四卷《玉堂春落难逢夫》，写的是"正德年间南京金陵城"的"三官双名景隆"，后流落都下，与玉堂春（苏三）相识相知的曲折故事。第三十三卷《乔彦杰一妾破家》，写杭州商人乔俊字彦杰者，从东京贩枣船到南京上新河时，在邻船遇娶一个叫宜春的侍妾最终破家的故事。凡此种种，不一而足，这里就不赘言了。

（严　中）

《十竹斋书画谱》

明朝末年的南京，出了一个在中国版画史和出版史上影响深远的人物，就是胡正言。

胡正言（1584— 1674 年，一说 1582—1671 年），字曰从，安徽休宁人，享年约 90 岁。他 30 岁后移居金陵（今江苏南京）鸡笼山侧，因居所院内种有翠竹十余竿，因此命其室名为"十竹斋"，自号十竹主人。他在南京生活、从艺约 60 年，一生中的主要艺术成就都是在南京完成的。南明弘光年间（1644—1645 年），胡正言曾官至中书舍人，"掌书写机密文书之事"。入清后弃官归隐，在家专事治印，三十年闭门不出。

胡正言天性聪颖，多巧思，博学多才。据醒天居士《题十竹斋画册小引》载，其"清资博学，既精六书，尤擅众巧"。胡正言早年师从名家，家中典藏丰富，他广习博览，潜心修炼，精研篆、隶、真、行各体，兼习绘事，善花卉、墨梅，又能制纸墨，并喜藏书、刻书。他在篆刻艺术方面也享有盛名，如今流传的《十竹斋印谱》等，就是他数十年篆刻所存留的部分作品。然集书艺、绘画和治印于一身的胡正言，毕生精力和杰出才艺主要集中在水印木刻上。

古都南京，历史悠久，人文荟萃。明朝定鼎南京，虽然后来迁都北京，但南京仍然是经济、文化中心和江南文人集聚之地。明朝末年，北方战乱，许多文人士大夫南逃至此，金陵文事不衰反盛。胡正言与当时南京的文人雅士、艺坛名家互相切磋，在书、画、印等方面得以不断提高，并在水印木刻方面大显身手，盛誉当时，流芳百代。

中国早期的印刷术颜色单调，直到元朝套印技术的出现才打破这种局面。最初的彩色套印，是在一块版上涂数种颜色，然后覆

《十竹斋书画谱》书影

纸刷印。后来，又发明了用几种颜色分版套印的方法。这些套印技术较为稚拙，颜色错杂，整体效果不佳。明末，胡正言发明饾版水印方法，将彩色套印技术推向炉火纯青的境地，其中影响最大、最著名的要数《十竹斋书画谱》和其后的《十竹斋笺谱》。

《十竹斋书画谱》是一部供人欣赏的版画集，也是一部以图为主的绘画教学范本。该谱的刊刻始于明万历四十七年（1619），至崇祯六年（1633）才正式完成，前后历时近15年。此画谱由胡正言辑选，高阳、凌云翰、吴士冠、魏之璜、魏之克等同校，胡正言、汪楷等刻印。全书采用对幅大版，一图一题词，一一对应，互相辉映。分为《书画谱》《墨华谱》《果谱》《翎毛谱》《兰谱》《竹谱》《梅谱》《石谱》八谱，共186幅画和140件书法作品。画谱中的作品，有胡正言自己画的，也有当代名家吴士冠、米万钟、高阳等人所画，更有临摹前辈画家如赵孟頫、唐寅、沈周、文徵明等人的作品。

"饾版"是一项复杂且具有开拓性的技艺，巧妙地将绘、刻、印三者糅合在一起，将彩色雕版印刷技术推向了巅峰。具体而言，饾版就是分版分色的套印术。它将画稿按不同的颜色和深浅勾摹下来，分刻成许多小块刻版，然后根据其在画面上的不同位置，多次印刷，最后组成与原稿相同的彩色画面。印一幅画，多则用上千块版，少的也要用十几块，因一块块镌雕的小木板堆砌拼凑，形似饾钉（一种带花小点心），故称之为"饾版"。"水印"就是用水溶性墨来印刷，且创造性地选用生纸作为印刷材料，水调和色与墨，充分发挥水、墨、色和纸张的性能，恰到好处

《十竹斋书画谱》书影

地表现出不同的墨晕和色阶，其中水的把握十分关键，故称"水印"。用这种方法印出的画面，其色彩的浓淡深浅、阴阳向背，都可以随心所欲地表现出来，艺术效果令人叹为观止。

画谱中的图画，以细线双钩为主，切刀与涩刀交替使用，线条纤细精美，刀法一丝不苟，刀味与木趣得到完美的结合。画谱中禽鸟的羽毛、草虫的网翼栩栩如生，昆虫的触须袅然欲动，娇嫩的花瓣、纤巧的枝叶，其脉络清晰可见，每一幅画都清隽耐赏，层次分明，给人以细腻、明快、秀丽的感觉。为了体现画作的神韵，胡正言甚至用不同的手指、指甲，以按、捺、揉、刮等方法去体现作品微妙的感觉和效果。他在微细之处，也能做到一丝不苟，如采用一版多色的印刷方法，以表现画家一笔蘸两种以上颜色或分蘸水、墨的风格；选用与原作设色相同的颜料，使得整个画作的颜色真实自然。

胡正言重视画家、刻工、印工三者的精心合作。画工先是按照原画在不同的版上分绘，刻工对之一一分刻，印工对照原画逐色套印，用力、墨色的轻重缓急皆需谨慎，以免失样。为完成这部画谱，胡正言呕心沥血，集中了当时一流的刻工、印工，并与他们朝夕研讨，多年如一日，使得诸工技艺更加精巧娴熟。由于饾版技术复杂，要求高，分版、刻版、对版、着色、印刷来不得半点马虎。因此，在付印前，他都要亲加检校，以保证质量。所以，印出来的作品达到前所未有的化境，可称"浓浓淡淡，篇篇神采；疏疏密密，幅幅乱真"。

值得一提的是，《十竹斋书画谱》既迎合"幽人韵士之癖好"，又照顾到初学者的需要，修习中国书画者奉它为范本，它对书画艺术的学习推广起了很大作用。如《竹谱》的三篇序言，指出画枝、叶、竿、节的注意事项，最后几页图示写竿、节、枝、叶的步骤，还有画诀等。另外，《十竹斋书画谱》里的序文和题词，以手写体上版，兼有草、行、篆、隶等各体，书法甚佳，增强了该谱的艺术含金量，足使书法爱好者受益匪浅。

胡正言在艺术上匠心独运，巧制精作，终于成为我国版画艺术史和印刷史上的一位才能出众而贡献卓著的艺术家。他用饾版套印方法所刻印的《十竹斋书画谱》，以及其后用拱花等技艺印制的《十竹斋笺谱》，刊版套印之精良、施墨着色之雅丽，代表了我国古代水印木刻的最高成就，在世界印刷史上开创了一个新纪元。自宋元以来，人们长期探索的水印木刻技术，至此产生质的飞跃。

《十竹斋书画谱》初版后，备受推崇，被誉为"画苑之白眉，绘林之赤帜"。我国现代版画家郑振铎先生在《中国版画史》"序例"中盛赞："十竹斋所刊画谱、笺谱，纤妙精雅、旷古无论，实臻彩色版画最精至美之境，已跻彩色版画至高之界。"胡正言把中国的雕版印刷提高到前所未有的高度，具有划时代的重要意义。

此画谱初印本用开化纸印制，传世稀少，在版本学上具有极重要的地位。藏于中国国家图书馆的《十竹斋书画谱》，是现存最好的版本，原为郑振铎先生旧藏。画谱出版以后，受到读者的极大欢迎，行世不久，便有翻刻。现行世的多为清人翻刻，如清康熙年间芥子园翻刻本和光绪年间校经山房翻刻本等。现当代也有翻印。20世纪80年代上海朵云轩的翻刻本，纸墨良好，镌印精工，略可与原本相媲美。

《十竹斋书画谱》在国内外产生了巨大影响。在胡正言成功经验的带动下，越来越多的书坊主和官方出版机构采用饾版套印书籍，使这一技艺得以发扬光大。如清初《芥子园画传》分版套印即效仿之，并取得很大成就。直到今天，木版水印的程序和具体分工，大体上还是沿袭胡氏模式。《十竹斋书画谱》及《十竹斋笺谱》《芥子园画传》等版画佳作的外传，在国外也产生深远影响。17世纪，日本出现了具有本民族特点的版画——浮士绘。中、日学者都认为，浮士绘的形成和发展，是中国精美的画谱传入日本后，对日本版画创作、构图、设色等产生重要影响的结果。

（欧阳摩一）

《武备志》

　　明代是中国士绅阶层壮大成熟的时期，其中不少有识之士慨然以天下为己任，关心实学，激扬文字，著书立说蔚然成风。有明一代，北方的蒙古、女真，东南沿海的倭患，西南地区的土司叛乱，给国家安全带来了严重的威胁。受此刺激，各种私家撰述的兵书大量涌现，数量远超前代。其中如赵本学、俞大猷的《续武经总要》，焦玉的《火龙神器阵法》，焦勖的《火攻挈要》，郑若曾的《筹海图编》《江南经略》，戚继光的《纪效新书》《练兵实纪》等，均能从当时面临的实际问题和具备的客观条件出发，有的放矢，提出应对之策，从而成为中国军事史上的名著。天启元年（1621年），茅元仪编撰的《武备志》问世于南京。该书汇集了我国此前出现的2000余种与军事相关的著作，并且增补了很多不为人知的"秘籍"，加以系统整理、分类辑录，使其涵盖了古代军事学的各个方面，总卷数达240卷，总字数达200万字，并且配图730余幅，一举成为中国古代内容最丰富、规模最大的一部综合性军事著作。白寿彝先生在《中国通史纲要》中给予该书极高的评价，称之为我国古代"军事学的百科全书"。该书编成之后，受到海内外的广泛重视，几经翻刻，明清两代产生了多种刻本，日本也有全文翻刻本，流传很广。

一

　　《武备志》的作者茅元仪，字止生，号石民，别号东海书生、东海波臣、梦阁主人、肆言戍老等，浙江归安（今湖州）人，生于万历二十二年（1594年），卒于崇祯十三年（1640年）。他一生才气纵横，笔耕不辍，除《武备志》外，还留下其他各种作品40余部，著述极为宏富，是明末杰出的文学家、史学家和军事学家。

　　《武备志》开编于万历四十六年（1618年），这是受到了后金崛起事件的直接影响。这年四月，后金努尔哈赤以"七大恨"告天，起兵反明，攻陷抚顺，明军大败，朝野一片哗然。张师绎在《武备志序》中指出："（后金）

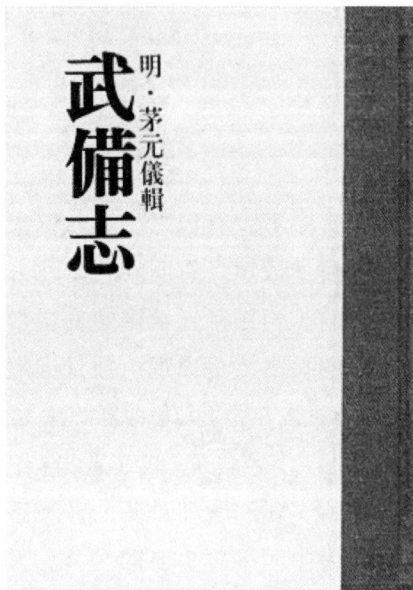

《武备志》书影

蹿抚顺，逼沈阳，宿将……止生益愤发，思有所寄其公忠，退而志《武备》。"茅元仪自己在《石民四十集》卷一中记载道："见东事起，群臣莫究兵法，尽辑平生私学，以为《武备志》。"《武备志》卷帙浩繁，但是自开编至天启元年刊刻成书用时仅三年有余，堪称神速。这一方面反映出茅元仪千方百计加快进度，以纾国难的急迫心情；同时又是他长期积累、早已成竹在胸的结果。茅元仪在与友人的书信中多次指出，他幼年立志，为编撰该书进行了长达15年的准备。比如在《报樊山王书一》信中说："仆为儿童时，即首习兵家言，今十五年矣，辑一书，名《武备志》。"（《石民四十集》卷九十）《三与顾九畴庶常书》中亦称："弟有《武备志》一书，积之十五年矣，而成之于两岁之内。今刻，已垂竟。"（《霍谋》卷三）

茅元仪编撰《武备志》之时年仅25岁，书成之时也不过28岁。以如此年纪完成这一巨著，除了立志早、聪颖过人之外，还与他的家风、家学密切相关。茅氏是归安大族，以书香传家，世代缙绅。茅元仪的祖父茅坤，嘉靖十七年（1538年）进士，不仅诗文出众，为当时文坛"唐宋派"的领袖，而且文武双全，以知兵著称。他担任广西兵备佥事时，以独创的"雕剿"战术——"我兵故匿其形，倏出而剪其魁桀，如雕之搏兔"——连破十七寨，一举平定了当地的叛乱。当倭寇横行东南沿海时，茅坤又投身督师胡宗宪的幕府，屡献奇谋，为擒灭倭酋徐海、王直发挥了重要作用，因功升为大名道兵备副使。茅坤为人直言敢谏，忧心国事，后因得罪权贵，中年落职，但直至晚年仍多次表达为国报效的心愿。祖父的文采武学和精神追求，对于茅元仪的人生道路产生了深刻的影响。

茅坤还是明代著名的藏书家。他在家乡归安练镇创建藏书楼，名曰

"白华楼"，汗牛充栋数十间，"藏书甲海内"（郑元庆《湖录经籍考》卷六）。根据茅元仪后来编辑的《白华楼书目》，其藏书包括了"九学十部"：一经学、二史学、三文学、四说学、五小学、六兵学、七类学、八数学、九外学；九学之外，再加世学，统称"十部"。白华楼不仅藏书数量庞大，而且茅坤曾经任职南京兵部车驾司主事，又入胡宗宪幕府，接触并有意识地收集了大量与军事相关的内府档案和情报，这些"秘籍"资料亦入藏白华楼。顾起元在《武备志序》中提到："鹿门先生（茅坤）当嘉靖中感倭变，究极兵家之学，其书多秘诸枕中，君自少得而私习之。"白华楼其后被茅元仪迁至南京，为他编写《武备志》奠定了坚实的基础。

茅元仪的父亲茅国缙，万历十一年（1583 年）进士，曾任南京工部都水司主事，明代负责修造长江战船的龙江船厂即属该司管辖。茅国缙同样能文重武，著作等身。茅元仪回忆说："先君子时为都水使者，无军国之责，亦以世荷国恩，窃图杀身之报，简士阅器，以备非常。"（《藿谋》卷五）茅国缙于万历三十五年（1607 年）卒于治理水患的任上，可谓尽忠国事。

茅元仪曾作一首《示登儿》："九十传经及汝躬，墨耘四世岂无功。天王曾许余家学，里塾皆披君子风。"（《石民横塘集》卷八）诗中深情回忆茅坤九十高龄仍为他传经授道的情况，并且明确指出"天王曾许余家学"。天王指唐代李靖，作《李卫公问对》；曾为宋代曾公亮，作《武经总要》；许指宋代许洞，作《虎钤经》，皆为知名兵家。由此可见，文武并重、谋国以忠是茅氏的一贯家风。兵学是茅氏代代相传的"家学"，茅元仪能够在青年时代一举完成《武备志》，其实是其祖孙三代厚积薄发的成果。

二

《武备志》全书共分为《兵诀评》《战略考》《阵练制》《军资乘》和《占度载》五大部分，重点不同，有机统一。

《兵诀评》18 卷是全书的总纲，主要介绍古代的军事理论。茅元仪选取了《孙子兵法》《吴子》《司马法》《三略》《六韬》《尉缭子》《李卫公问对》《太白阴经》和《虎钤经》9 部代表性兵书。以《孙子》为根本，其他兵书为辅助，将军事学的基础理论和历代兵家的思想精华提炼出来，加以品评，体现出他对于为将者理论素养的高度重视。

《战略考》33卷是历代战例的汇辑。茅元仪从重视奇谋伟略的角度选录了从春秋到元代的经典战例六百多条，比如吴越争霸战，勾践卧薪尝胆，乘虚捣隙；马陵之战，孙膑减灶示弱，诱敌入伏；赤壁之战，孙刘巧用火攻，以弱胜强；虎牢之战，李世民据险扼要，疲敌制胜等等。茅元仪希望为将者通过熟悉这些战例，开启心智，在战略谋划时审时度势，把握主动，在战场上出奇制胜。

《阵练制》41卷，分《阵制》和《练制》两部分。《阵制》介绍古代排兵布阵、军力配置的方法，将自古至明末出现的各种阵法收入其中，配以300余幅阵图，是历代收录阵法、阵图最多的兵书。《练制》详述士卒选练之法，包括选士、编伍、悬令赏罚、教旗、教艺等五个方面。茅元仪强调"士不选，则不可练"，"士不练，则不可以阵，不可以攻，不可以守，不可以营，不可以战"，所以"言武备者，练为最要"。

《军资乘》55卷，主要讲后勤保障。分为营、战、攻、守、水、火、饷、马八类，其下又分细目，内容十分广泛。其中对军用物资的记载相当完备，从攻守器械、火器火药、车马战船到粮饷米盐，面面俱到。其对军事装备的记载更为重视，共收录各类武器装备600余种，集合了宋以后大量先进的军事器械。其中茅元仪专门列出十三卷，分十三个要目，对宋、元、明三代火器的研制、构造、性能、作战用途详加论述，

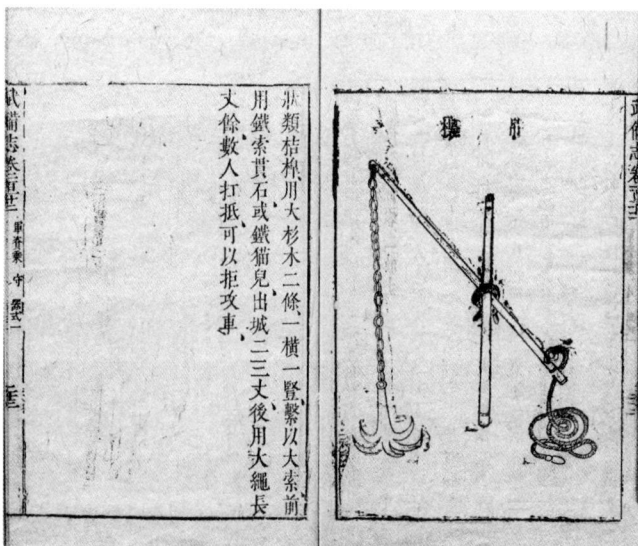

《武备志》书影

介绍了 180 余种火器，反映出他对于火器在战争中的重要作用有着敏锐的认识。

《占度载》93 卷，分《占》和《度》两部分，介绍了古代军事气象和军事地理学的成果。《占》部分记载日月星云、风雨雷电、五行云物、奇门六壬等内容，虽然颇涉迷信，但是包含了古代对天文知识的朴素认识。而《度》所载的兵要地志，详细记述了当时的地理形势、关塞险要、海陆敌情、卫所部署、督抚监司、将领兵额、兵源财赋、兵马驻防等内容，是研究明代相关情况的宝贵资料。

在中国古代的众多兵书中，《武备志》的特点与成就主要体现在以下几点：

第一，广收博采，内容全面。茅元仪编撰《武备志》，"其所采之书二千余种，而秘图写本不与焉；破先人之藏书垂万卷，而四方之搜讨传借不与焉。"（宋献《武备志序》）该书囊括了当时兵学的各个方面，为习兵者提供了一系列完整的军事知识。茅元仪对此颇为自傲，他说："欲使兵家无遗言，学兵者无遗恨……神为之祐，幸而得成。"（《石民四十集》卷七十）

第二，编排合理，逻辑性强。全书五个部分，由理论到实践井然有序，不可分割；每个部分之中内在联系也很紧密。郎文曾以医理说明《武备志》编排的精妙："首兵诀者，如医之探腑脏，论脉理也；次战略者，如医之举旧案，宗往法也；次阵练者，如医之辨药性，讲泡制也；次军资者，如医之分寒温，定丸散也；终占候者，如医之考壮弱，断死生也。"（郎文《武备志序》）因此虽然该书部头极大，但条分缕析，庞而不乱，便于阅读与使用。

第三，资料来源独特，选材精当，史料价值高。由于茅氏祖孙三代的悉心搜讨，尤其是茅坤不凡的经历，使《武备志》保存了大量稀有的宝贵资料。其中最著名的例子就是《郑和航海图》，该图详细记载了明初郑和船队下西洋所经国家的名称、位置和航路情况。经向达先生从《武备志》中发现后，成为研究郑和下西洋的关键史料。《武备志》中类似的"金版珠钤之秘"（顾起元《武备志序》）还有很多，成为众多史学家竞相寻觅的宝库。

三

茅元仪从万历四十年（1612年）起定居南京，时年19岁。在其首部诗集《石民赏心集》序言中，他记载道：

年十九下第长安，遂居白门。次年游吴越，秋复归焉，自此构茅迎养。今所存诗大率始吴越游，其先此者百一耳，汇次之至年三十赴召渝水止。共为八卷，其存者亦止十一一，亦似可去不去，终以病其心，而不欲负十年间同调之赏。名之《赏心集》，以所居在其亭旁，其诗约略其地所作也。此亭在白门城上，苏长公所云江山之胜。

白门为南京代称之一。《序》中提到的赏心亭乃金陵名胜，梁代徐陵始建，北宋宰相丁谓重建。明万历《江宁县志》记载："赏心亭在下水门城上，俯看秦淮，为金陵绝景处。"下水门即今天水西门南侧的西水关。因此根据茅元仪自叙，他20至30岁之间的居所，应该位于南京城西南部的水西门附近。茅元仪编撰《武备志》时的主要场所就在此处。

茅元仪家资丰饶，他在南京的居所并不止一处。万历四十七年（1619年），他26岁时，在城西距水西门约5里的乌龙潭边构建别业，占地一亩，取名"森阁"。他时常与友人在此泛舟潭上，结社吟诗。茅元仪好友谭元春《初游乌龙潭记》曾经对"森阁"初建时的情况有所描述：

己未，友人茅子止生适轩其上。轩未壁，阁其左方，阁未窗、未栏，亭其湄，凳其矶，皆略有形即与予往观之。登于阁，前冈倒碧，后阜环青，潭沉沉而已。有舟自邻家出，与阁上相望者……茅子曰，新秋可念，当与子泛于沄沄淰淰之中。

从中可见，该处别业有轩、有阁、有亭、有矶，景色十分宜人。另外，康熙《江宁府志》中还有一段记载：

茅元仪《武备志》成，曾经神宗乙夜之览，天语称其"该博"，元仪即颜其堂曰"该博"。宋比玉擘窠作八分书，广三尺许，为比玉生平得意笔。堂在秣陵武定桥东，今其室数易其主，额不知其所在矣。

此文中有一处明显错误，《武备志》并未经神宗御览，而是于崇祯元年上呈皇帝，崇祯御批"该博"二字。此文称"该博堂"位于武定桥东侧。武定桥至今仍存，在南京城东南部，今长乐路中段。不过这一记载未必有误，茅元仪很可能在 30 岁之后另辟了新居。

茅元仪从 30 岁开始投笔从戎，冀望以己之学为大明王朝力挽狂澜。他两次响应名将孙承宗的邀请，入其幕府，参与辽东防务，一度因功升至副总兵之职。但是在明末官场的倾轧中，很快获罪去职，先后三次谪戍福建，家产也被赔累殆尽。尽管屡遭不公，茅元仪依然关心国事。崇祯九年（1636 年），清军横行北边，北京戒严。茅元仪上书，请求募死士北上勤王，结果竟遭朝廷降罪。崇祯十一年（1638 年），清军攻入保定，与其亦师亦友的孙承宗全家殉国。茅元仪平生最大的心愿就是像祖父和父亲一样报效国家，强军御侮，但是明末黑暗的政治现实让他深感绝望。崇祯十三年（1640 年），他纵酒忧愤而亡，年仅 47 岁。纵观其一生，19岁至 30 岁定居于南京的十余年，是他生活最稳定、心情最愉悦的阶段，《武备志》能在这一期间顺利完成绝非偶然。

《武备志》天启元年（1621 年）初刻本首页的版心下方，题有刻工姓名："秣陵章弼写，高梁刻"，说明该书是在南京刊刻完成的。在雕版印刷的时代，240 卷、200 万字的鸿篇巨制仅用三年全部成书，不仅是一个编撰的奇迹，而且也是一个刊印的奇迹。明代南京是当时全国三大刻书业中心之一，目前仅可考的书坊就达 150 余家。万历以后，无论是书坊数量还是刻书品种都超过了其他两个中心杭州和建阳，成为全国最大的出版业中心（张献忠《明代南京商业出版述略》）。而且明代南京刻书的质量也相当不错，明人谢肇淛在《五杂俎》中说："宋时刻本以杭州为上，蜀本次之，福建最下。今杭州不足称矣，金陵、新安、吴兴之地剞劂之精者，不下宋本。"毫无疑问，明都南京成熟、高效的出版业是成就茅元仪与《武备志》的幕后英雄。

（祁海宁）

《笠翁传奇十种》

《笠翁传奇十种》书影

《笠翁传奇十种》，亦名《笠翁十种曲》，李渔著，清圣祖康熙年间翼圣堂初刊，所收十种传奇是：《怜香伴》《风筝误》《意中缘》《蜃中楼》《奈何天》《玉搔头》《比目鱼》《凰求凤》《巧团圆》《慎鸾交》。这些作品，多曾先有过单印本，李渔晚年又整理汇印成集。

李渔，原名仙侣，字谪凡，号天徒，中年改名为渔，字笠鸿，号笠翁、湖上笠翁等，祖籍浙江兰溪，明神宗万历三十八年（1610年）生于江苏雉皋（今如皋），思宗崇祯二年（1629年）父亲病逝后返回兰溪；清世祖顺治初年移居杭州，自述"居杭十年"；约在顺治十五年（1658年）前后迁往南京，寓居达二十年之久，其一生事业，多成于南京；晚年返回杭州，圣祖康熙十九年（1680年）去世。其诗文汇编为《李笠翁一家言全集》十二卷，康熙十二年（1673年）芥子园初刊，1991年浙江古籍出版社出版有《李渔全集》。

李渔早年即享文名，有"神童"之誉，然而科场并不顺利。崇祯八年（1635年）应童子试，以《五经》见拔，后应乡试不第，又面临明亡清兴的大变局。几经丧乱，使他绝意仕途。待到社会渐渐安定，他遂举家迁杭州，以刊印销售自己的作品为生。他的拟话本小说集《无声戏》《十二楼》，论者或以为其成就高于冯梦龙、凌濛初所纂辑的"三言二拍"；传奇作品《风筝误》《奈何天》《怜香伴》等脍炙人口，被吴梅先生所推崇。他的著作颇受市场欢迎，甚至常被书商盗版。南京地处南北东西交通枢纽，在当时又是重要的图书出版中心，对于李渔的出版活动和追究盗版当然都更为便利。

李渔寓居南京期间，不但继续进行传奇作品的创作，刊印了《笠翁传奇十种》，还组织家庭戏班巡回演出，创作了长篇小说《合锦回文传》，而且完成了他美学思想与人生经验结晶的《闲情偶寄》。他营建的芥子园，被视为中国园林建筑史上的典范。他经营的芥子园和翼圣堂书肆（也可能是一店而双名），不仅刊印他自己的著作，而且精刻精印《水浒传》《三国志演义》《西游记》《金瓶梅》等名著。凡李渔芥子园刻本书籍现在全数被列入善本书目，可见其在中国出版史上的地位。芥子园设计精制的笺纸颇为雅致，大受文人墨客欢迎；而李渔倡导编绘的《芥子园画谱》，更被俞剑华先生《中国绘画史》誉为"吾国空前绝后之画学教科书"。他的史论集《笠翁论古》，选辑明清案牍的《资治新书》，以及《笠翁诗韵》《尺牍新征》等，也都广受欢迎。像李渔这样在小说、戏曲、美学、编辑出版、园林建筑等多方面成就卓著的文化人，在中国历史上是少见的。

李渔在南京所建的私家园林芥子园，是他一生中居住最久的地方，也是他从事艺术活动的主要场所。园名取"须弥芥子"之意，而以小见大、以小喻大正是造园精义。《闲情偶寄·居室部》中写道，他曾自负地对人说"生平有两绝技"，"一则辨审音乐，一则置造园亭"，"创造园亭，因地制宜，不拘成见，一榱一桷，必全出自己裁，使经其地入其室者，如读湖上笠翁之书，虽乏高才，颇饶别致"。他不厌其烦地举出芥子园中的实例，以证明自己独到的园林美学精髓。李渔生性巧慧，胸有丘壑，而且周游全国时，留心考察过各地的名园建筑，积累了满肚子的泉石经纶；他又注重实践，亲手营建过数处园林，如曾在北京郑章王府建造惠园，为贾胶侯规划半亩园。李笠翁的朋友、也是戏曲家的尤侗曾说："入芥子园者，见所未见；读《闲情偶寄》者，闻所未闻。"现代造园大师童隽也说"李笠翁为真通其技之人"。芥子园虽已湮没，根据李渔为芥子园撰写的门联"孙楚楼边觞月地，孝侯台畔读书人"，推测其原址当在南京城南老虎头周处台一带。

李渔所自负的另一绝技，就是戏曲创作与表演，"性嗜填词，每多撰著，海内共见之矣。设处得为之地，自选优伶，使歌自撰之词曲，口授而躬试之，无论新裁之曲，可使迥异时腔，即旧日传奇，一概删其腐习而益以新格，为往时作者别开生面"。而南京正是他的"得为之地"，《笠翁传奇十种》

中的《比目鱼》《凰求凤》《慎鸾交》《巧团圆》四种，便是在南京创作的。李渔传奇创作的总数，历来说法不一。他在《闲情偶寄·词曲部》中曾说，所作有"已经行世之前后八种，及已填未刻之内外八种"，王国维先生《曲录》中且考列出十六种曲名；亦有研究者认为在十八种之上，多半写于南京，可能是因为未及改定或未及刻印，李渔晚年汇印的只有十种。

南京人文荟萃，周处台一带多文人园宅，李渔的传奇创作、出版与演出活动，受到更为广泛的关注。李渔曾撰联赠时任江宁织造曹玺，《红楼梦》有正本脂胭斋批语曾提到书中诙谐文字"极似李笠翁书中之趣语"；有研究者认为芥子园也是大观园原型之一。清初"江南三大家"之一的龚鼎孳曾为芥子园题碑文额，并多次资助李渔。曾在芥子园中观摩李家班演出的文人学士有周亮工、余怀、杜浚、白梦鼎、孙承泽、何采、纪映钟等。在他们的品赏、播扬之下，李渔传奇之影响日增。尤侗说他"携女乐一部，自度梨园法曲，红弦翠袖，烛影参差，望者以为神仙中人"，"南里北曲中，无不知李十郎者"，可见影响之大。李渔对昆曲的发展，起了不容忽视的作用。乾隆年间，李渔的传奇作品已流传到日本，被翻译编选入书。日本汉学家青木正儿在《中国近世戏曲史》中写道，李渔传奇因为通俗易懂，所以盛传天下，"德川时代之人，苟言及中国戏曲，无不立举湖上笠翁者"；其作品甚至被译为拉丁文，介绍到欧洲。

李渔传奇作品的最大特色，是具有浓厚的喜剧色彩，他可以说是中国第一位专写喜剧的剧作家。李渔在《风筝误》的尾声中写道："传奇原为消愁设，费尽杖头歌一阕。何事将钱买哭声，反令变喜为呜咽。惟我填词不卖愁，一夫不笑是吾忧。举世尽成弥勒佛，度人秃笔始堪投。"因为他是以此为谋生手段，所以创作目的很明确，就是要能吸引观众，让观众看得高兴。但是他的喜剧并没有停留在供人消遣的层面，而是于"嬉笑诙谐之处，包含绝大文章"，能从不同角度和侧面，反映社会现实，展现时代特征，塑造鲜活人物。这也是其作品能够传世的重要原因。

（薛　冰）

《天方至圣实录》

刘智是我国清代前期最负盛名的回族伊斯兰教学者和思想家，他的一生几经坎坷，但却不屈不挠，为理想而奋斗。他的众多的有关伊斯兰教的汉文著述和译著，出色地将伊斯兰教义和中国以儒家为代表的传统思想巧妙地结合起来，为伊斯兰教在中国的传播和发展做出了杰出的贡献，同时，在中国哲学思想史上亦占有重要地位。

《天方至圣实录》书影

一

刘智（约1660—约1730），上元（今南京）人，号介廉，自号一斋，穆斯林教众尊称"刘筛海"，"筛海"即宗教长老之意。刘智生活的年代大约在清朝顺治、康熙、雍正三朝期间。清朝前期，离伊斯兰教传入中国已有一千余年，距元明之际中国民族共同体的形成也有三四百年。通过西亚、中亚传入的伊斯兰教在中国已经有了固定的格局，稳定地生存在中国社会中间。此时，伊斯兰教在中国的特点可归纳为：一、它既没能像佛教、道教那样同中国儒家思想并驾齐驱，获得"儒道释"鼎足而三的尊荣地位，但在历史上也没有遇到如佛教"三武一宗"的法难，如道教那样名存实亡的式微结局。伊斯兰教牢固而顽强地遍布在中国大小城市和农村里，从西北到沿海，自漠河至海南，空间极大。二、伊斯兰教从不攻击儒学，并且尊崇孔子，但又严格遵守自己的教义、有自己的教规，饮食起居婚丧嫁娶的习惯。自为风气，世代相传。它不向外间传教，因而不惹外人嫉视，但外界对其所知也少。三、伊斯兰教同中国少数民族保持密切关系，不仅回族全民族信仰其教，撒拉、东乡、保安三族在形成过程中因伊斯兰教为其纽带，故而亦全民族信奉之；而西北新疆地区的维吾尔、哈萨克、塔吉克、乌孜别克、塔塔尔、柯尔克孜等族亦先后从原先信奉的其他宗教而改宗皈依伊斯兰教。伊斯兰教同化能力之强在中国实为罕见。伊斯兰教同少数民族关系深远。

刘智的父亲刘三杰，字汉英，是南京地区著名的伊斯兰教经师，学识渊博，信仰虔诚，著有《清真教说》。当年云南著名伊斯兰教学者马注曾携其名作《清真指南》手稿，风尘仆仆来到南京请教江南学者。刘三杰为之校阅，并赋诗相赠。由此可见清初南京伊斯兰教风气之盛，而刘家又是当地重要的伊斯兰教世家。刘智少年时随父"趋庭问学"，及长又师从当时武学园礼拜寺伊玛目袁汝琦（懋昭）学习"天方经书"（伊斯兰教经典），袁阿訇对刘智的评价是"（幼）即有大志，见者必其有成"（《天方性理·袁序》）。后来又师从山东济宁大阿訇马中卿。刘智生活在伊斯兰教氛围深厚的家庭里，又经过名师指点，阿拉伯文、波斯文基础极好，后来又学习了拉丁语，语文基础更加扎实。他在自述中说，他十五岁开始曾用十八年时间阅尽伊斯兰教经籍、儒家经史子集和佛老道藏，其后又阅读"西洋书一百三十七种"和大量自然科学书籍。和同代人相比，刘智不仅学问渊博，而且对外部世界亦有相当了解，在当时这是很难能可贵的。刘智曾经两次离开故乡南京游学外地。第一次渡江北上，经过皖鲁抵达北京。这时他的名著《天方性理》《天方典礼》手稿相继完成，这次远游带有求教同好、拜访宿老的意思。他在回归的路上还经过曲阜，拜谒了孔庙，时间大约在康熙四十三年（1704年）前后。第二次远游到过开封，在那里发现了阿拉伯原文版的《先知穆罕默德传记》，它比一般坊间的本子翔实许多，后来，此书成为他的《天方至圣实录》翻译的底本。这次游学时间不详。这以后，他似乎并没有再出过远门。刘智在南京生活期间，曾居住过南门三山街等地，似乎有一段时间还借居著名的净觉寺。晚年据文稿上说是在城北清凉山扫叶楼度过的。他僻居十余年，潜心译著。

二

刘智一生著作等身，自谓毕生著译数百卷，现在留下行世的有《天方性理》《天方典礼》《天方至圣实录》《五功释义》《天方字母解义》《真境昭微》《教典释难》《天方三字经》《五更月偈》等十余种五十余卷。其中《天方性理》《天方典礼》《天方至圣实录》还被《四库全书》收录在子部杂家类（存目）。

《天方至圣实录》是我国第一部编年体的伊斯兰先知穆罕默德传记，成书于清朝康熙六十年至雍正三年（1721—1725）间，全书二十卷，以法而西（波斯）人所著《忒尔准墨》（即《先知穆圣传记》）为主要底本，并参照阿拉伯、波斯及中国有关史料译撰而成。卷一、卷二首叙穆罕默德以前五十代先知身世；卷三系穆罕默德年谱；卷四至卷十五是穆罕默德历史，叙述详尽，征引该博，为该书主要部分；卷十六补遗；卷十七至二十为附录，录有汉文史籍中有关伊斯兰教敕谕、碑跋、评论等。这是研究中国伊斯兰教历史的重要资料。刘智的文笔生动流畅，连纪晓岚也承认"其文亦颇雅赡"（《四库全书提要》卷 125）。该书叙述更是娓娓传神，有史料和文学价值，向为穆斯林珍爱。正像刘智的其他译著一样，《天方至圣实录》亦常流露出作者自己的观点。例如，美国传教士马森（Mason）即认为《实录》中的穆罕默德是根据大量《圣训》材料写成，而刘智对浩如瀚海的《圣训》的取舍改造则是自有匠心的。刘智笔底的先知穆罕默德是一位多少中国化了的圣人。书中伊斯兰纪元与中国纪元合算有误，近人已有勘正。这部《实录》，现有英国传教士梅森的英译本，苏联艾哈迈德·勃列瓦涅夫的俄译本，日本田中逸平的日译本，在世界上有一定声誉。

刘智还写了不少通俗的伊斯兰教作品，目的是向教众宣传教义，以维护伊斯兰信仰；向教外介绍伊斯兰教，扩大影响，有着启蒙复兴伊斯兰教性质。

三

刘智是伊斯兰教本土化的一位大师，在保持"伊玛尼"信仰核心的前提下他熔伊斯兰教和中国儒家学说为一炉，著作里吸收了理学家的论点，采用了理学家的词汇。他甚至采用中国民歌的形式敷说伊斯兰教义，如《五更月偈》："一更初，月正生，参悟真主无影形。""一更中，月正生，参慧无极性理根。"他深信"天方之经，大同于孔孟之旨"，"圣人之教，东西同，古今一"。但是他的这种"折衷中西"的态度在当时是遭到非议的。不仅汉族中一些固守成见的人诽谤和讥笑他，就是穆斯林中也有人对他投以怀疑的目光，乃至表示反对。某些汉儒认为他的著作"杂援经义以文其说……根柢先非，巧为文饰无益也"。反映了当年满汉统治阶级及其文士对伊斯兰教的无知和对穆斯林的歧视和短见。刘智在《著书述》中叹言："生无同志，业无同事，即族属亲友且以予不治生产为不祥。"乃至晚年他不得不一年中迁徙数处。"心志之苦，筋骨之劳，可谓至矣！"尽管刘智毕生艰苦备尝，他仍然从宗教中获得力量，充满乐观精神。他说："于至难中有至美存焉，于至苦中有至乐生焉，吾于至苦至难中，寻斯美乐之境。" 所以，有人说他的思想"儒家化"了，实际上他用儒家特别是宋明理学约定俗成的术语和概念，娓娓叙述了伊斯兰教的核心观念，正确说应该是"化儒家"才对。有人说他是"以儒诠经"，实际上他忠实于伊斯兰教的信仰核心和原则，但用中国儒家的话语深入浅出地解释和说明之，正确说应该是"以经（伊斯兰教经典）诠儒"才是。更有人说刘智是位"回儒"，这更是本末颠倒。刘智是中国回族伊斯兰教学者，这是本；他深受中国儒家文化影响，儒是他的形式，这是末。正确说应该是一位"儒回"。晚年他完全过着一种隐退生涯，大约于 1730 年逝世，享年 70 岁左右。刘智墓在南京聚宝门（今中华门）外南北中村，始建何时亦无从考证。清代同治、光绪年间均修过。墓前有石门柱一对，华表一对，四周有数十穆斯林墓环绕。墓至今存在，并已重新修复。刘智一生矢志如一，他的思想适应了明末清初伊斯兰教既发展又困难的客观形势，在当年严峻的形势下，他没有率由旧章，而是披荆斩棘、筚路蓝缕地走出了一条革故鼎新的道路，成为伊斯兰教本土化的先驱人物。

（伍贻业）

《海国图志》

魏源（1794—1857 年），名远达，字默深，湖南邵阳人，中国近代史上著名的启蒙思想家，近代中国"睁眼看世界"的杰出代表。他所编著的《海国图志》成书于鸦片战争之后，是奠定其在中国近代史中崇高地位的名作，书中丰富的世界历史地理内容对近代中国、东亚历史产生了深远的影响。

1820 年，魏源首次抵达江苏，开始了以南京为中心的游学、从政生涯，先后任江苏布政使贺长龄、两江总督陶澍的幕僚，以及东台知县、兴化知县、高邮知州。1832 年，魏源于南京清凉山下乌龙潭西畔购三进宅，名曰"小卷阿"，魏氏后人亦久居于此，故址今在龙蟠里；另于扬州置挈园。"往来两宅，著述随之。"（魏耆《魏源南京故宅的历史变迁》）"小卷阿"

魏源

现为文物保护单位，2010 年为维修古建之需，经考古发掘重现龙蟠里故居的建筑与园林布局。在南京期间，他写下诗作数十首，以《卜居金陵买湖于草堂三首》《乌龙潭夜坐六首》《乌龙潭小泛二首》及《金陵怀古八首》等为代表，并有多部著述致力于阐述经世致用的观点，力倡兴利除弊和变革创新，主要有《皇朝经世文编》《筹漕篇》《筹河篇》《明代兵食二政录》《圣武记》与《海国图志》等，涉及历史、地理、水利诸方面，其中影响最大是《海国图志》与《圣武记》两书。

《海国图志》以林则徐主持编译的不足九万字的《四洲志》为基础，征引了历代史志、中外著述、各种奏折及魏源所了解的材料，以"师夷长技以制夷"的宗旨贯穿全书，详细介绍世界各主要国家的历史、地理、政治、经济、军事、科技、宗教和民族文化等。1822 年，魏源与林则徐

《海国图志》书影

相识于北京，两人均主张通经致用，相交甚密。后林则徐在广州禁烟与整顿海防期间，主持翻译《华事夷言》《滑达乐各国律例》《洋事杂录》等，以此了解西方的历史、地理、政治。1841年，林则徐因故被发配新疆伊犁，途经京口与魏源会晤，将翻译的《澳门月报》《四洲志》与《粤东奏稿》等资料交与魏源，嘱其编纂《海国图志》，以期唤醒国人，打开眼界。魏源为此次会面赋诗《江口晤林少穆制府》二首，在第一首诗后面加注"时林公属撰《海国图志》"（《魏源集》）。

南京地处江南，为晚清时期的东南重镇，毗邻富庶的江南太湖流域，魏源在以南京为中心的江苏南部生活、从政三十余年。这一地区在19世纪40年代经历了第一次鸦片战争，身处南京的魏源切身感受到西方的船坚炮利与"天朝上国"的闭塞，他努力了解西方知识，其间更是赴前线审问英军战俘以了解敌情，后成《英吉利小记》一文。1842年，魏源以林则徐给予的材料及自己搜集的海外资料，撰成《海国图志》50卷本，着重于"海国夷情"的介绍。1847年，又增补成60卷本，增加了介绍西方先进技艺的篇幅，强化了"师夷长技"的观念。随后，魏源又辑录徐继畬在道光二十八年（1848年）所成的《瀛环志略》及其他资料，于1852年增补成100卷本，100卷本涉及"西国政教例"，开始介绍西方各国的政治体制。《海国图志》100卷本的内容分为六个部分，第一部分为《筹海篇》（卷一卷二），为魏源亲撰；第二部分为地图（卷三卷四）；第三部分为各国分述，计66卷（自卷五至卷七十），按南洋、印度、非洲、欧洲、美洲的顺序介绍，其中详细介绍了南洋、印度与英国；第四部分为表，介绍西方的历法与宗教；第五部分为舆地总论；第六部分为《筹海总论》，书末附有《铸炮图说》《水电图说》《战船图说》等。

魏源在《海国图志》中提出对待西方各国的态度应平等，西人中有许多"上通天象，下察地理，旁彻物情，贯通今古"之士，"应怀柔远人，宾礼外国，是王者之大度；旁咨风俗，广览地球，是智士之旷识"。他还认识到西方科学技术的进步性，当时一般人只知"鸦烟流毒，为中国三千年未有之祸；而不知水战火器，为沿海数万里必当师之技"。还提出"师夷"的前提是要了解"夷情"。鸦片战争前后，迂腐之人一概以"蛮夷"称西方之人，视西方的工艺技术均为"奇技淫巧"，不了解西方，也不愿意去了解西方；主张"师夷"者，"凡有益民用者，皆可于此造之"，鼓励"沿海商民有自愿仿设厂局，以造船械或自用，或出售者"，奖励科学发明，长此以往可"尽得西洋之长技为中国之长技"。"师夷"是了解学习西方的科技、历史、地理、文化与政治，而"制夷"则要增强中国的综合国力。魏源在介绍西方历史地理的同时，敏锐地观察到瑞士与美国的政治制度与君主制不同，瑞士"不设君位，惟立官长贵族等办理国务"，是"西土桃花源"，美国以"分东西二部，而公举一大酋总摄之，匪惟不世及，且不四载即受代，一变古今官家之局，而人心翕然，可不谓公乎？议事听讼，选官举贤，皆自下始，众可可之，众否否之，众好好之，众恶恶之，三占从二，舍独徇同，即在下预议之人亦由先公举，可谓不周乎？"这里的介绍涉及了美国南北战争前的行政、选举与议会制度等方面，魏源通过对《海国图志》的不断增补，将对西方的介绍由科学技术层面进一步扩展到政治制度层面。咸丰二年（1852 年）他在《海国图志》百卷本的《后叙》中更宣称："至墨利加北洲（美国）之以部落代君长，其章程可垂奕世而无弊"，钦羡之情溢于言表。

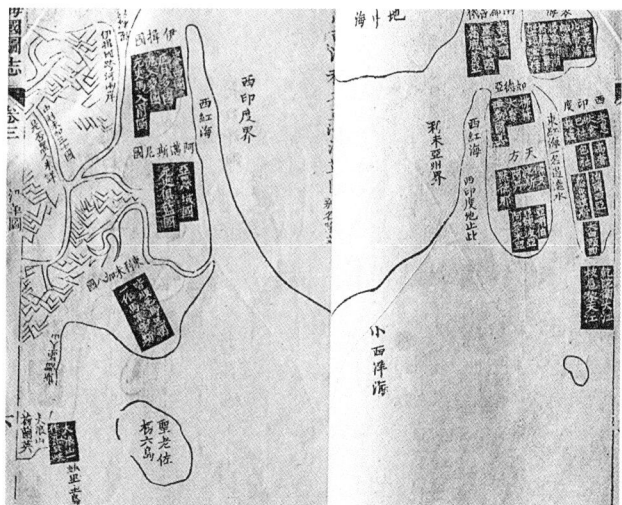

《海国图志》书影

19世纪中期，《海国图志》的出版与增补在晚清时期的中国并未引起太大的重视，但在1852年传入日本后，却引起了以佐久间象山、吉田松阴、西乡隆盛为代表的日本国内西学论者的推崇，他们受到《海国图志》的激励，吸取了中国鸦片战争的教训，从书中获得近代欧美列国的知识，学习西方的科技、军事与政治经济，此后日本维新潮流日趋高涨，倒幕运动一浪高过一浪，最终于1868年酿成了著名的明治维新运动，推翻了幕府统治，使日本走上了独立富强的道路。

《海国图志》在中国近代史上，是第一部较为详尽较为系统的世界史地著作，其划时代意义，在于给闭塞已久的中国人以全新的近代世界概念。它向人们提供了80幅全新的世界各国地图，又以66卷的巨大篇幅，详叙各国史地。这样，使当时的中国人通过《海国图志》这一望远镜，开眼看世界，既看到了西洋的"坚船利炮"，又看到了欧洲国家的商业、铁路交通、学校等情况，使中国人跨出了"国界"，认识到了近代中国与西方国家之间的差距。梁启超赞誉说："治域外地理者，源实为先驱。""魏书不纯属地理书，卷首有《筹海篇》，卷末有《筹夷章条》《夷情务采》《战舰火器条议》《器艺货币》……等篇，中多自述其对外政策，所谓'以夷攻夷，以夷款夷，师夷长技以制夷'三大主义……其论实支配百年来之人心，直至今日犹未脱离净尽……中国士大夫之稍有世界地理知识，实自昆始。"正如梁启超先生所言，魏源在《海国图志》中所阐发的"师夷"思想，不仅影响国内当时及其后史学界对世界史地等的研究，而且影响到日后的维新变法运动。

晚清的南京思潮激荡，魏源在南京通过各种方式接触到西方的科技与历史，认识到当时中国的闭塞与落后，开拓了视野，完成了自身由传统知识分子向近代启蒙思想家的转变，与林则徐、徐继畬等人共同成为近代中国"开眼看世界"的杰出代表，魏源在《海国图志》中所阐述的中国近代启蒙思想达到了那个时代的高峰，《海国图志》也因此成为经典传世之作。

（祁海宁）

《白下琐言》

《白下琐言》为清代著名学者、方志学家甘熙所著。书中远溯六朝以往旧事，近至嘉庆、道光年间南京大街小巷历史沿革、典故、山水脉络、水文地质、乡老遗闻轶事，无所不收，是清中晚期记述南京历史、地理、民俗、城市规划等的一部重要地方文献。

《白下琐言》原 8 卷，后又续 2 卷，共 10 卷，道光年间问世，光绪中叶由傅崧生刊行后在全国范围广为流传。1912 年 4 月至 1927 年 3 月，各路军阀角逐金陵，南京政权频繁更迭，政局动荡。甘熙侄孙甘宏文友陈荣之一次在旧

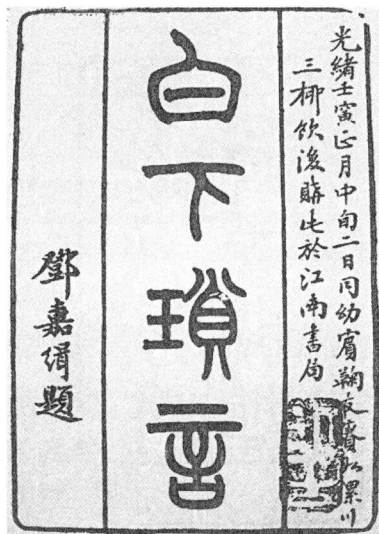

《白下琐言》书影

书肆竟然发现有叫卖《白下琐言》版页的，于是急忙告知甘宏。甘宏得知后，几经周折、费尽心思收回了这些珍贵的版页，最后仍缺十八页之多。于是，甘宏请人补刻，使之完整，终于丙寅年（1926 年）使《白下琐言》刊版复原其初。这不能不说是甘氏家族做出的又一贡献。这些版页原来一直收在南京甘熙故居大板巷 42 号四进楼上，甘宏去世后，又交于九五房甘贡三藏于南捕厅 15 号五进楼上。1951 年，甘氏家族迁出故居时，将版页连同古籍图书存放于龙蟠里国学图书馆内，由当时的金馆长接收。据已故的原江苏省文化厅《戏曲报》总编甘氏后人甘桂先生告知，他后来在扬州广陵书局发现过全套版页。

甘熙（1797—1852 年），字实庵，号石安居士，道光十八年（1838 年）进士，是晚清南京著名文人、藏书家、地方志专家。他精研金石之学，且擅长堪舆星相之术。他勤事撰述，潜心读书、考研。在撰写《白下琐言》的同时，他还与文友金鳌、朱绪曾等共同收集乡邦文献，撰写了《日下杂识》

甘熙宅第

14卷、《桐阴随笔》12卷、《重修灵谷寺志》14卷……为六朝古都南京古城留下了一份份极为珍贵的文史资料。

甘熙轻功名而重文务实。北京国子监石碑刻录甘熙为道光十八（1838年）年三甲十三名进士，与曾国藩同年同科，而曾国藩排名却在二十名以后。可甘熙仅官至礼部仪制司、户部广东司道员。道光年间，皇上准备采纳"筑青龙山，开后湖（今玄武湖）"之错误主张。甘熙闻之，不顾个人得失安危，力排众议，上书《后湖水利考》，以他广博的水文知识说服了皇上与众臣，使南京避免了一场灾难。南京人民感念他，故在省市文保单位命名时，将他的居所定名为"甘熙故居"。咸丰二年（1852年），甘熙奉命复勘北京魏家峪、平安峪，为道光皇帝与睿皇后确定陵地。史书记载甘熙"以微疾三日，卒于邸舍"，而一代又一代甘氏族人认定甘熙缘于"为帝造陵者无一生还"而死于非命。

说到甘熙故居，就不能不提及甘氏家族与甘熙宅第了。

金陵甘氏是江南望族。明万历中叶始，甘氏族人的一支从小丹阳甘墓岗迁至江宁城内，至今已繁衍了十代人。金陵城南南捕厅一带的甘熙宅第，周围数里，厅堂房屋300余间，黛瓦粉垣，雕梁画栋，花木扶疏，庭院深深。宅中建有"津逮楼"，藏书10余万卷，所藏宋赵明诚原版《金石录》作为国宝现藏于北京图书馆内。"津逮楼"于咸丰三年（1853年）毁于太平天国兵火。

据史书记载，甘氏祖先有甘茂、甘罗、甘宁、甘述、甘昌、甘卓等人。这里所提及的无论是战国秦丞相甘茂，还是三国吴折冲将军甘宁，以及三国吴尚书甘述或晋梁州刺史甘卓，都在证实一个事实，即甘氏家族族脉清晰。据考证，炎帝神农第十子奔羊与十二子祝梨当年在甘肃一带掌管事务。为了表示兄弟共管之意，他们将"十"加上"十二"造出"甘"字。甘字正是由廿二组成。是什么维系了甘氏家族长达几千年的族脉？甘氏族人总结了两个字："友"、"恭"，这就是甘氏宅第的老堂号"友恭堂"。

"友恭"源自《三字经》，寓意兄友弟恭，即不会为了毫厘之争伤了兄弟感情，而要世世代代延续下去；要求各自谦让、奉献，以真诚的心去温暖这个家，温暖这个社会，造就出和谐的音符。多少代以来，甘氏族人都将"友恭"精神奉为治家、处世、行事的灵魂和准则。甘氏家族以"友恭"为纲的家训，造就、教化出一代又一代学有所长，气质儒雅，爱家乡、爱祖国的后世子孙。《白下琐言》之撰写与复刊就是其中的一个例证。《白下琐言》不仅是一本地方史经典，还是一本善恶劝惩、有裨于风化的传统道德教育读本。没有甘氏家族牢固的"友恭"传统，《白下琐言》是不可能成为这样一本传世巨著的。

甘氏的"友"与"恭"造就了《白下琐言》。甘熙宅第与甘氏家族彰显了蕴藏在《白下琐言》中的我们伟大的民族精神、民族感情与民族智慧。它使人们世世代代记住了古城南京。

（尹晓华）

《仁学》

谭嗣同

中国近代资产阶级政治家、思想家谭嗣同是名垂千古的"戊戌六君子"中最受人敬仰的一位。他在南京的时间虽然只有一年多，但他在南京写成的《仁学》一书和创办"金陵测量会"一事，足以成为南京近代史上浓墨重彩的一笔。

中华亘古一"浏阳"

谭嗣同（1865—1898年），字复生，号壮飞，湖南浏阳人，生在北京，父亲谭继洵曾任湖北巡抚。他五岁开始读书，十五岁学诗，《晚晴簃诗话》说他的诗："流利雄健，如铜丸走板，骏马驻坡，不羁才也。"谭嗣同十一岁时，北京发生白喉瘟疫，母亲、大哥、二姐不幸感染去世。他在感染昏迷三天后，竟奇迹般苏醒，谭继洵特意为他取字"复生"。

少年时的谭嗣同就胸怀高远，志在济世。十九岁时他写了一首诗："策我马，曳我裳，天风终古吹琅琅，何当直上昆仑巅，旷观天下名山万迭来苍苍。"他把自己的书房取名"莽苍苍斋"，还为书房题了一副对联："为人竖起脊梁铁；把卷撑开海眼银。"上联取自《景德传灯录·宣鉴禅师》中一句话："德山老人一条脊梁硬似铁，拗不折。"其意是为人处世要坚强刚毅，勇于担当。"海眼银"是道家语，道家称人的双肩为"玉楼"，双眼为"银海"。下联意为读书学习要有一双锐眼，要有自己的见解。毛泽东的政治秘书田家英最钦慕谭嗣同的学问人品，把自己的书房取名为"小莽苍苍斋"。

光绪二十四年（1898年），谭嗣同和康有为、梁启超等人发起的"戊戌变法"（又称"百日维新"）遭到以慈禧太后为首的顽固派的镇压。

九月二十八日，他和杨锐、林旭、刘光第、康广仁、杨深秀在北京菜市口被杀害。在他被捕之前，侠士"大刀王武"（名王正谊）和梁启超都曾劝他并表示帮助他出走躲避，他拒绝了。他说："各国变法，无不从流血而成。今日中国未闻有因变法而流血者，此国之所以不昌也。有之，请自嗣同始！"他把梁启超送进日本使馆，自己却回到北半截胡同浏阳会馆等清兵来抓。

在生与死之间，为变法救国而毅然弃生、慷慨赴死的谭嗣同被人称为"戊戌变法第一完人"。他生前留下的绝命诗："望门投止思张俭，忍死须臾待杜根。我自横刀向天笑，去留肝胆两昆仑。"成为千古传诵的绝唱。著名清史专家戴逸说："谭嗣同是杰出的爱国主义者，先进的思想家、改革家，是为救国救民、为中国独立、繁荣、富强而流血牺牲的伟大人物。"（《语冰集》）

谭嗣同牺牲后，在众多的挽联中，有一副挽联说出了亿万人的心声："非笑大笑，横刀赞刀，菜市千秋光碧血；可逃不逃，当死立死，中华亘古一浏阳。"

值得一提的是，谭嗣同的夫人李闰是位博览群书的"女汉子"，她曾"集历朝烈女传，各系以论"。在谭嗣同遇害后，她"舆（坐轿）入湘抚署，跪地痛哭，袖出寸刃自刎，颈血溅陈右铭（即陈宝箴，湖南巡抚，陈三立的父亲）中丞衣袂而死"（易宗夔《新世说》）。

在南京写下"时代的强音"

由于谭嗣同无意仕途，在"六赴南北省试"都落第后，父亲谭继洵花重金为他捐了个候补知府，分发到南京等待委任。光绪二十二年（1896）春，谭嗣同奉父命去北京吏部报到并到京津等地游学后，于六月十八日出京，二十九日抵达南京，借住在卢妃巷杨鸿度家（王

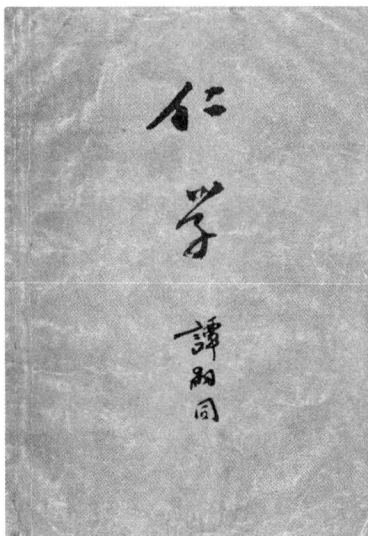

《仁学》书影

179

建华《谭嗣同传》）。杨鸿度，字彦槻，是湖南晚清名臣杨昌浚的长子，当时正主持江南督销局。十一月下旬，谭嗣同回湖南接来妻子、侄女后搬到了城南东关头居住。

第二年十月，已被委派为筹防局提调的谭嗣同，应陈宝箴一再邀请催促，弃官离开南京回湖南佐理新政。就在南京这一年多时间里，他写成了被邹容称作是"维新运动的《圣经》"的著作——《仁学》

《仁学》是谭嗣同应梁启超要求为香港《民报》而写的，是他最重要的一部哲学著作，全书五万字，共50篇，前30篇为上卷，后20篇为下卷。前有《自序》和《仁学界说》，书后附梁启超的《仁学序》。这是他将儒学、佛学、西方的基督教教义和自然科学与康有为的变法理论相结合，力图冲决封建罗网、寻求拯救民族危亡之路的产物。虽然思想十分混杂，且有用佛力普度众生的宗教倾向，但他在书中强烈批判了封建君主专制和纲常名教，大声呼吁维新变法和发展资本主义经济，既有改良的主张，更有激进的反清革命的思想。

《仁学》在谭嗣同生前并未出版，他遇难后的第二年，梁启超、唐才常才分别在报纸上连载发表，并刊发多种单行本。《仁学》的问世，被认为是"时代的强音"，对其后的资产阶级革命党人影响巨大。

在撰写《仁学》的同时，谭嗣同还在南京用石刻版刊印了他的四种旧学著作，即《寥天一阁文》二卷、《莽苍苍斋诗》二卷、《远遗堂集外文初编续编》二卷、《石菊影庐笔识》二卷。后都收入《谭嗣同全集》。

创办"金陵测量会"

在来南京之前的1895年，谭嗣同就在好友唐才常等人的支持下，在湖南浏阳兴办算学社，让学生从算学入手，进而分别学习天文、商务、医学等科学知识，这是他开始变法活动走出的第一步。

来南京后，谭嗣同随即拜访了金陵刻经处创办人、著名佛教学者杨文会（1837—1911年，字仁山），并拜其为师研读佛学。杨文会曾两次跟随晚清著名外交家、曾国藩之子曾纪泽出访英、法等国，购回不少先进的科学仪器。当谭嗣同在杨文会的庭院中看到高大的西洋望远镜以及在一间房中摆满的各种仪器后，产生了邀同友好共学西方仪器的想法，以此来提倡科学，反对迷信，推动革新。

据《谭嗣同评传》记载，1897年5月，他约了在南京的朋友郑孝胥（后未参加）、缪荃孙、蒯光典、刘世珩、茅子贞、徐乃昌以及杨文会等人成立了"金陵测量会"。他亲自为该会起草了十条章程，并筹钱买下了杨文会带回的仪器。当时测量会得到的仪器达到近三十种，有天文望远镜、子午仪、经纬仪、地平仪、记限仪、叠测仪、测向仪、罗盘、量风器、量雨器等。他还与杨文会合作制造了天地球。与此同时，他购买了相关图书，包括一些外文书，如托汪康年购买的英文版《行海通书》《对数表》《开方表》等。

测量会成立后，会员每天上午十点到下午两点集中练习使用仪器。会员还可根据自己的爱好，专精一门，然后绘图、记日记、写论文。会员们曾提出要到长江轮船上进行各种测试，到吴淞口测地形，测天气变化，测山川地势，绘军事地图等。这些是否实行及实行结果，因缺少资料，无法得知。

谭嗣同在南京创办的"金陵测量会"，是中国第一个测量学术团体，也是南京近代自然科学史上第一个学术团体，对当时人们了解学习西方科学知识和实用技术起到了积极的推动作用。

（杨松涛）

《金陵琐志九种》

陈作霖

《金陵琐志九种》，由清末民初南京著名地方文史专家陈作霖、陈诒绂父子共同撰写，是南京乡邦文献中的代表作。

一

陈作霖（1837—1920 年），南京人，字雨生，号伯雨，晚号可园，又号可园老人、重光老人。祖籍河南颍川。先祖于明末清初移居"南京红土桥西第九家"，后移居城南乾道桥新宅中（今南京秦淮区安品街 20 号），传至陈作霖时已是第七代。陈作霖诞生于道光十七年丁酉（1837 年 5 月 6 日），出身于书香门第，曾祖陈授，邑增生，入祀乡贤祠。祖父陈维垣，进士，内阁中书，记名军机章京。父亲陈元恒（陈葆常），举人，官学教谕。陈作霖自幼在父亲的言传身教下，熟读经史子集，对于乡邦文献的搜集不遗余力。陈作霖颇有传统文人风范，他一方面潜心治学，另一方面，每逢春秋佳日，遍访名胜古迹。南京的街头巷尾和山川湖泉之间，常常可以见到他的身影。陈作霖每到一处，细加品味，求根溯源。这为他日后从事南京地方文化史研究奠定了坚实的基础。清朝咸丰元年（1851 年），陈作霖补诸生。肄业尊经、钟山两书院，文名鹊起。后逢太平天国战事，出走江淮间。光绪元年（1875 年），陈作霖在江南贡院参加乡试中举。此后他三次赴京参加会试，然皆未及第，遂绝意仕途，潜心从事教书育人和史志撰述工作。历任崇文经塾教习、文正书院讲习、奎光书院山长、（上）元（江）宁县学堂总教习、上元县学堂长、崇粹学堂堂长、江南图书馆司书官等职。

陈作霖一生经历了清朝道光、咸丰、同治、光绪、宣统五朝，以及太平天国时期、中华民国临时政府时期、洪宪帝制时期、北洋军阀时期，亲眼目睹、亲身感受了中国由封建社会沦为半殖民地半封建社会这样一个屈辱曲折的历程。但王朝的兴替、社会的变迁并未能阻止他治学的激情和游览的兴趣。他遵循"两耳不闻窗外事，一心只读圣贤书"的古训，继承乾嘉学派的传统，既不标新立异，也不盲目苟同，勤勉治学，辛勤耕耘；同时，将自己反对输入和吸食鸦片、反对太平天国、主张中国走近代化道路的看法等，写进书中，表现了对现实的密切关注。他一生著述宏富，举凡教育、文学、经学、史学、地方志靡不涉猎。据其曾孙陈鸣钟先生统计，著作多达 36 种，共 200 余卷。

陈作霖擅长诗、词、文，诗名最盛。他与秦际唐、朱绍颐、顾云、蒋师辙、邓嘉缉、何延庆结成诗社，时称"石城七子"。他还与甘元焕、秦际唐等整理出版《金陵诗征》《国朝金陵文钞》《国朝金陵词钞》，并著有《可园文存》《可园诗存》《可园词存》《可园备忘录》《可园诗话》《寿藻堂外稿》《寿藻堂文集》《寿藻堂诗集》等。

陈作霖在南京地方文化方面的贡献尤为引人注目。他毕生致力于乡邦文献的采集、整理和编纂，对于金陵文献，搜辑详备，著述甚多，居功至伟。一方面，他积极参加官修志书的编纂工作。同治十三年（1874年），由上元知县莫祥芝、江宁知县甘绍盘领衔，在金沙井开志局，聘陈作霖、汪士铎、秦际唐、甘元焕等担任《同治上江两县志》分修，陈作霖完成了其中的《大事记》《兵考》《忠义谱》《名宦录》《乡贤录》《忠义孝悌录》。光绪六年（1880 年），应江宁知府蒋启勋之聘，汪士铎担任《光绪续纂江宁府志》总纂，陈作霖担任分纂，撰写了其中的《军制志》以及《人物传》中的《先正》《孝友》《仕迹》等篇。这两部志书，在南京地方志纂修史上成为承上启下的代表作。光绪二十七年（1901 年），陈作霖又被金陵官书局聘为分纂，纂成《孝弟图说一百条》《礼经初编》《江宁地形考》《江宁先正言行录》《古文初编》《历代遗民传》等。宣统元年（1909 年），江苏通志局开局，陈作霖受聘出任该局总校兼分纂。至宣统三年（1911 年），受辛亥革命的影响，通志局告停，此时，陈作霖已经完成了《江苏兵事纪略》《古迹志》《先贤传》《烈女传》《杂人传》

《金陵琐志五种》书影

的撰写。1918年，陈作霖以82岁高龄应冯煦的聘请出任江苏通志馆总纂，直至1920年正月去世。

另一方面，陈作霖独立编撰了相当数量的有关南京地方文化方面的著作。如《金陵通纪》《金陵通传》《上元江宁乡土合志》，以及《金陵琐志五种》——《运渎桥道小志》《凤麓小志》《东城志略》《金陵物产风土志》《南朝佛寺志》，此外还有随笔《炳烛里谈》等。这些作品大多是陈作霖经过实地考察，访问故老，归而检阅文献资料撰写而成。陈作霖在《凤麓小志》"自序"中的一段话可谓是准确地反映了这些著作的成书过程："……弦诵余闲，不废游览。每当春秋佳日，辄与李生师葛、郑甥鸣之，暨儿子诒绂、诒禄辈，陟跻冈阜，搜胜探奇，就父老以咨询，感古今之兴废。归即翻阅故籍，证以见闻，件系条分，慨然有撰述之志。"他将文献考据与实地调查相互验证和结合，奠定了这些作品的质量基础。

上述作品极富参考价值，其中的《金陵琐志五种》和《炳烛里谈》在20世纪60年代被纳入《金陵琐志八种》中。

《运渎桥道小志》撰于清朝光绪九年（1883年），光绪乙酉（1885年）仲夏刊印。是《金陵琐志五种》中最早完成的作品。运渎开凿于三国孙吴时期，是孙吴政权为了将江南的物资运入建业宫城里的仓城而开凿的一条人工河道。该书仿北魏郦道元《水经注》体例而有所拓展，以古运渎为主线，以横跨运渎之上的众多桥梁为纬线，忠实记录了这一地区流传的掌故逸闻，详细叙述并考证了里巷、街衢、桥梁、祠宇、园林的变迁以及人情风俗的变化。

《凤麓小志》撰于光绪十二年至二十五年间（1886—1899年）。"凤麓"指的是凤凰台山麓。凤凰台位于南京城西南隅，是南京人文积淀丰厚的一个地区，李白《登金陵凤凰台》使得凤凰台名声远播。书中以凤凰台为中心，按照地、人、事、文的顺序，精心考证了这一地区街道、古刹、园墅的兴替，记述了这一地区居住的历代名人，以及农业、手工业、商业的情况，并搜罗了有关这一地区的大量诗文等。尤其值得一提的是，该书详细地记载了南京丝织业，特别是云锦的生产时间、地点、季节、规模、工具、管理模式以及销售地区，是研究南京云锦发展史和我国近代经济史的重要参考文献。

《东城志略》光绪己亥（1899 年）可园刊印，成书时间仅次于《凤麓小志》。"东城"指中华门以东一隅，即南京人俗称的"门东"地区。其范围北以内秦淮河为界，东面和南面以明城墙为界。书中按照山、水、街道的脉络，考证、记录了这一地区自然景观和人文建筑的历史源流，辨析了历代名人与这一地区的渊源和联系。

《金陵物产风土志》光绪戊申（1908 年）可园刊印。该书以"上元之民善商，江宁之民善农，习尚如此，物产因之"，将南京的物产分为植物、动物、矿物、食物、用物五大类，详细考证了这些物产的源流，忠实记载了它们的发展状况。在自然环境日益恶化的今天，南京的许多特色物产已经灭绝或濒临灭绝，逐渐成为历史的记忆。该书为我们了解、研究南京的土特产和饮食文化提供了重要的参考资料。

《南朝佛寺志》刊刻于光绪二十六年（1900 年）。南京六朝时期佛寺多达 500 余所。明朝葛寅亮《金陵梵刹志》曾做过全面的研究。至清末，上元（今南京）学者孙文川（孙伯澂）（1822—1882 年）有感于家乡佛寺的衰落，于同治初年客寓北京贤良寺时，撰成《金陵六朝古寺考》。

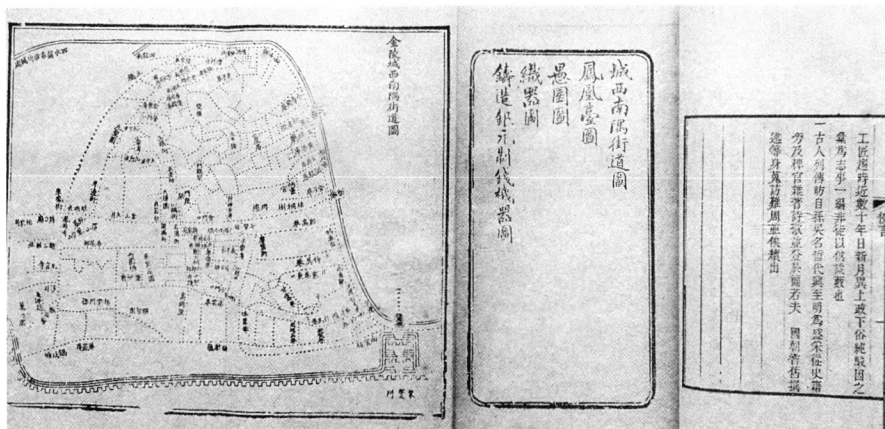

《金陵琐志五种》书影

该书一直未能刊行于世。陈作霖从友人刘世珩处借得该书的稿本后,进行了重新考订,改名为《南朝佛寺志》,分为上下两卷刊行,署名为"孙文川茸述,陈作霖撰"。该书共收六朝佛寺226所,上卷记录了孙吴、东晋、刘宋三代的佛寺;下卷收录了萧齐、梁、陈三代佛寺。对于每一座寺庙,该书都做了缜密的考证。该书是研究六朝佛寺的重要著作。

《炳烛里谈》系作者的随笔集。成书于光绪末年,宣统辛亥(1911年)六月刊行。书中记录了作者生平所见所闻,内容涉及政治、经济、文化、人物、民俗风情等方面,堪称是明朝周晖《金陵琐事·续金陵琐事·二续金陵琐事》和顾起元《客座赘语》的续篇。

陈作霖对江苏和南京的地方史志事业,作出了卓越的贡献。陈作霖去世后,葬于南京清凉山古林庵后。陈三立(陈散原)先生为其撰写《江宁陈先生墓志铭》,其中有云:"凡省府县志局、书院、学堂、官书局、官报局、图书馆之属,先生皆互董其役,终其身亦因以著书百数十卷,跻为通儒。"洵非溢美之词。1937年5月,当陈作霖先生百岁诞辰纪念日之时,其弟子及在宁文人学者尊其为"孝通先生"。1955年,因建设需要,在南京市市长彭冲的关心下,由市政府拨款,资助其后裔将骨灰迁葬于栖霞区迈皋桥奋斗三村坟头山小队,与其子陈诒绂合葬在一起。"文化大革命"期间,陈作霖墓被毁。1987年5月,南京市文物事业管理委员会对该墓进行整修,陈作霖的曾孙陈鸣钟等在墓前立碑。1987年5月,在陈作霖先生诞辰150周年之际,江苏省暨南京市学界隆重集会,纪念陈作霖先生对南京地方文化事业所作出的杰出贡献。1992年3月,陈作霖墓被列为南京市文物保护单位。2004年,南京市迈皋桥街道在奋斗村创办创业园,将陈作霖墓迁移到迈皋桥兴卫村兴卫二队永寿陵园公墓内。2014年10月,南京市秦淮区朝天宫在街道评事街社区甘雨巷26~32号(草桥清真寺后院综合楼内)成立"可园史志馆",以表达对陈作霖先生的纪念。

二

陈诒绂(1873—1937年),南京人,字稻孙,一字蛰斋,号无何居士、石头山人。陈作霖长子。温文尔雅,有南朝子弟遗韵。先后任南京中学堂、师范学堂教习近三十年。1918年,任江苏通志馆分纂。1921年,赴北京

协助徐世昌编辑《晚晴簃诗汇》，并任四
存学会编辑主任，专事研究颜李学派。陈
诒绂自小随父游历金陵山水，探胜搜奇，
对南京充满了深厚的感情。他于 1923 年由
北京返宁，绍承家学，致力于乡邦文献的
著述。撰有《钟南淮北区域志》《石城山志》
《金陵园墅志》《金陵陵墓志》《金陵艺
文志》《金陵小品丛书》《续金陵通传》
《金陵通传补》《金陵通传姓名韵编》《金
陵隐逸传》《金陵耆贤传》《续金陵祠祀
乡贤汇传略》《金陵祠祀孝弟汇传略》《江
宁祠祀列女韵编》《清代金陵兄弟同试题
名传集》。辑有《续金陵文钞》（一作《续
国朝金陵文钞》）。陈诒绂的作品，大多

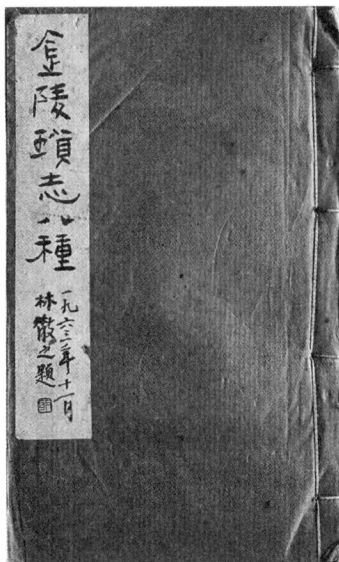

《金陵琐志八种》书影

未能刊行，部分稿本业已失传。在陈诒绂的众多作品中，《钟南淮北区域志》
《石城山志》在 1963 年被收入《金陵琐志八种》之中。2007 年，南京出
版社出版"南京稀见文献丛刊"，又将《金陵园墅志》与《金陵琐志八种》
合并，形成《金陵琐志九种》。

《钟南淮北区域志》　是作者继乃父陈作霖的《运渎桥道小志》《凤
麓小志》《东城志略》以及顾云《盋山志》之后而作，1919 年刊印。书
中记载的区域为钟山以南，淮水（秦淮河）以北。具体区域包括东至明
城墙，西到鼓楼，北沿明城墙达西北的仪凤门，南抵秦淮河的广大地区，
范围占当时江宁府城（今南京主城区）之半。该书依照《水经注》的体例，
分山冈、水渎、街巷三个部分，将城廨、宅第、园墅、祠庙、寺观、坟墓、
人物，随其所在各注于下，所言故实和考证源流皆有所依。

《石城山志》成书时间在 1917 年左右，1919 年刊印。石城山，又名
石头山，即今天南京城西的清凉山。该书以石城山为中心，参照顾云《盋
山志》，"略者使详，散者使整"，分山北路、山南路、山东路三个部分，
山北路至北城狮子山段城墙而止，山南路至新街口而止，山东路至干河
沿而止，西面以明城墙为界。作者按照三个部分，详细叙述了这一地域

的名胜古迹和风土人情。与陈作霖先生的《凤麓小志》《东城志略》《运渎桥道小志》，以及作者本人编撰的《钟南淮北区域志》共同构成了南京地域文化的系列图书。

《金陵园墅志》成书于1933年，同年由翰文书店出版。该书溯自上古，下讫民国，是一部专门记载南京园林别墅的专著。全书分为三卷：上卷按时代先后顺序，记述南京历代园墅地址、建筑、姓氏、台榭、位置；中卷收录相关的园墅游记50余篇；下卷汇编与这些园墅相关的诗词200余首。该书保存了许多珍贵的历史资料，有些游记和诗词弥补了文献记载的缺漏，对于我们了解南京园林乃至江南园林的发展历史具有重要的参考价值。

《金陵琐志九种》书影

三

陈作霖、陈诒绂父子作为南京地方文史名家，治学严谨勤奋，注重实地考察。他们撰写的这些作品，为我们描绘了一幅系统而又全面、真实而又客观的清末民初南京的城市概貌，也演绎了南京文坛父子共同著述"一家之言"的佳话。从这九部作品中，我们不仅可以领略到陈氏父子的渊博家学，还可以感受到他们对于故乡桑梓的挚爱之情。同时，这些作品，对于我们研究南京城市发展历史和解读南京街巷地名、名胜古迹、风俗民情等均具有重要的参考价值，也为我们今天南京城市规划和历史文化名城的维修保护提供了重要的史料依据。

（卢海鸣）

《金陵岁时记》

民俗是一个国家和民族文化精神的体现。民俗文化的内容丰富多彩，既包含基本的衣、食、住、行，又包含婚、丧、嫁、娶以及节庆、娱乐、信仰等方面。

岁时民俗是民俗文化的重要组成部分。在我国历史上，岁时民俗方面的专著很多，仅流传下来的就有梁朝宗懔《荆楚岁时记》，唐朝韩鄂《岁华纪丽》，北宋孟元老《东京梦华录》，南宋吴自牧《梦粱录》、周密《武林旧事》、陈元靓《岁时广记》，明朝刘侗、于奕正《帝京景物略》，清朝潘荣陛《帝京岁时纪胜》、富察敦崇《燕京岁时记》、让廉

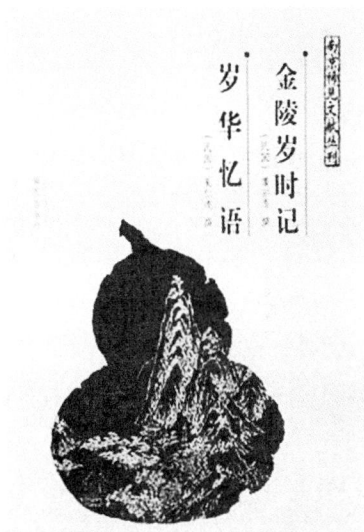

《金陵岁时记》书影

《京都风俗志》、袁景澜《吴郡岁华纪丽》，民国潘宗鼎《金陵岁时记》、夏仁虎《岁华忆语》等。其中潘宗鼎《金陵岁时记》是历史上第一部有关南京岁时民俗的作品。

潘宗鼎，字禹久，号姜灵，又因好蓄须髯，人称"髯翁"。江宁（今南京）人。生于1870年，1930年代中期去世。祖籍苏州元和，父潘志刚，母江氏。潘宗鼎出身于书香门第，兄弟姐妹6人，排行老大。自幼资质聪颖，年十五习文，师从南京籍举人吴鸣麒，品学俱纯，后授廪生，入尊经书院，同学有仇埰、孙濩源、石凌汉等。此后，潘宗鼎以诸生考取小学校长，校舍在南京中华门西仓顶惜善堂。曾言："余在仓顶上，日日见三山二水之胜，此至可乐。"遂与同学孙濩源在凤凰台觅得一地，拟在此筑屋以居。民国三年（1914年），潘宗鼎宦游赣南，充当赣南道尹幕僚，长达十余年之久。至民国十五年（1926年）辞归故里，略有积蓄，遂与孙濩源在凤凰台筑屋，比邻而居，孙濩源宅第在北半边，潘宗鼎宅

第在南半边，中隔一墙，有门可通。潘宗鼎给自己的宅第取名为"凤台山馆"，大门有联云："闭门种菜；隐居放言。"表达了潘宗鼎归隐田园、以读书著述终老的意愿。潘宗鼎为人"幽默合道"，家中常常是高朋满座。每逢胜日，友人在"凤台山馆"诗酒唱和，畅叙幽怀，一觞一咏，乐而忘忧。潘宗鼎一生著述颇丰，除《金陵岁时记》外，还有《扫叶楼集》《凤台山馆骈散文集》《凤台山馆题咏录》《鹤唳集》《续琼花集》《莱舍随笔》《马经》《金陵癸丑劫灰录》《金陵识小录》等。

潘宗鼎生活在清末民初，正处于中国社会转型时期，《金陵岁时记》记载的许多南京民俗在朝代更替中已经成为历史的记忆。癸亥上元节（1923年正月十五元宵节）潘宗鼎在赣南道官廨为该书撰写的《自序》中写道："即此一编，记于光绪之季，证以父老之谈，已觉见不逮闻，十未得一。洎乎民国，改用阳历，未免夏时既易，汉腊谁知……"该书于1923年成稿后并未刻印，直到潘宗鼎回到南京后，才将该书列入以自己宅第命名的"凤台山馆"丛书中付梓。从书中夏仁溥己巳年（1929年）仲夏为该书撰写的序言中，我们可以推定这部作品出版时间不早于1929年。《金陵岁时记》原书扉页王孝煃先生的题签是"姜灵先生著"，作者自署为"江宁姜灵潘宗鼎辑"，其老师吴鸣麒所写的潘宗鼎像赞言："江宁姜灵，存意谐声。惟姜性辣，惟灵学成。"以"姜灵"名，以示不忘"江宁"之意也。

《金陵岁时记》堪称是记述南京岁时民俗的开山之作。这部作品对南京岁时民俗进行了全面、系统的介绍。在这之前，南京的岁时民俗在南京地方文献中仅占一个很不起眼的部分。例如，在元朝张铉编纂的《至正金陵新志》第八卷《民俗志》中，记载南京民俗的内容只有寥寥千字，而与岁时民俗有关的内容几无一字。在明朝刘雨编纂的《正德江宁县志》第二卷《风俗志》中，专门描写南京岁时民俗的内容也只有千字左右。在这之后，南京岁时民俗受到了世人的重视。1935年，正中书局出版了王焕镳编纂的《首都志》一书，在该书第十三卷《礼俗志》中，专门辟有"岁时习俗"一节，以5000多字的篇幅对于南京的岁时民俗进行了详细的描述，其中许多资料直接引自《金陵岁时记》。

《金陵岁时记》一书，仿照梁朝宗懔《荆楚岁时记》的体例，按照时间顺序，从元旦写到大年三十，共有88个条目，包括春联、门神、黄钱、纸马、灯节、灯市、走百病、关帝会、老郎会、十月朝、消寒会、腊八粥、十景菜、压岁钱、馂岁等。翻开《金陵岁时记》，仿佛是打开了南京岁时民俗的长卷，令人目不暇接；而字里行间所蕴藏的浓郁的南京民俗文化气息更是令人陶醉。作者一方面记录亲见亲历亲闻，另一方面，引经据典，追根溯源，无形之中增加了南京岁时民俗的历史厚重感。例如，"春联"条引用清朝陈云瞻《簪云楼杂记》："明太祖都金陵，于除夕前忽传旨：'公卿庶士之家，必须加春联一副。'帝微行以观，以为笑乐。""腊八粥"条引述宋朝孟元老《东京梦华录》："初八日，各寺作浴佛会，并制七宝五味粥与门徒，谓之'腊八粥'。"

这部作品写出了南京岁时民俗的特色和亮点，为我们了解南京民俗的历史源流和传承变化提供了重要的依据，对我们继承、弘扬优秀、健康的南京民俗文化具有重要的借鉴意义。例如，春联起源于五代西蜀国主孟昶撰写的"新年纳余庆，嘉节号长春"（也有学者认为起源于唐代），但是真正将贴春联的习俗扩广到民间的是明代开国皇帝朱元璋，他的一道旨令使贴春联的习俗首先在南京普及，然后蔓延到全国。贴春联可谓是南京人的首创。元宵灯会这一古老的民俗至今仍是南京人岁时习俗的一项重要内容，并发展成为夫子庙灯会，成为当今南京每年的重要文化活动之一。而正月十六爬城头这一起源于明清时期的民俗，在上个世纪六七十年代南京拆城运动中悄然消失，成为南京人心中的一个挥之不去块垒。近年来，随着南京城墙的修复，不断有学者提议恢复这一民俗。

岁时民俗随着时代的递迁而不断发展变化。它在演变过程中，烙上了深深的时代特征和地域印记，正因如此，这部书所记录和展示的缤纷多姿的昔日南京岁时习俗，无论其存在与否，一样都具有迷人的魅力。

（卢海鸣）

《首都志》

《首都志》16卷，民国叶楚伧、柳诒徵主编，王焕镳编纂。

叶楚伧（1887—1946年），原名宗源，字卓书，别字小凤，楚伧是他从事新闻工作时所用的笔名。江苏吴县周庄镇（今昆山）人。民国政治活动家、文化名人，历任《民立报》记者、《民国日报》编辑长、复旦大学中文系主任、国民党中央宣传部部长、江苏省政府主席、立法院副院长等职。著有《楚伧文存》《世徽楼诗集》等。

柳诒徵（1880—1956年），字翼谋，亦字希兆，号知非，晚号劬堂，江苏镇江人。著名学者、历史学家、古典文学家、图书馆学家、书法家，曾任东南大学等校教授、江苏省立国学图书馆馆长、中央研究院第一届院士、国史馆纂修，1949年后任上海市文物保管委员会委员。主要著作有《中国文化史》《国史要义》《中国版本概说》等。

王焕镳（1900—1982年），字驾吾，号觉吾，江苏南通人。史学家、目录学家，历任江苏省立国学图书馆编目、浙江师范学院中文系教授、杭州大学中文系主任兼校图书馆馆长、浙江文史研究馆馆长。编有《江苏省立国学图书馆总目》《首都志》《明孝陵志》等，著有《先秦寓言研究》等著作多种。

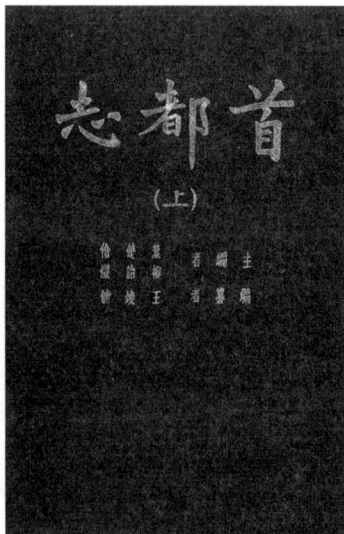

《首都志》书影

民国二十三年（1934年），叶楚伧鉴于南京作为国民政府首都七年之久却未有专志，中外人士了解南京历史沿革及全面状况仅有书坊旧书提供，无法适应宣传的需要，遂专门到江苏省立国学图书馆所在地——陶风楼找到柳诒徵，希望他能承担《首都志》的编纂任务。柳诒徵因馆务繁重，无暇兼及，乃荐英年硕学的王焕镳主事编辑，阅六月而志成。王焕镳先生在

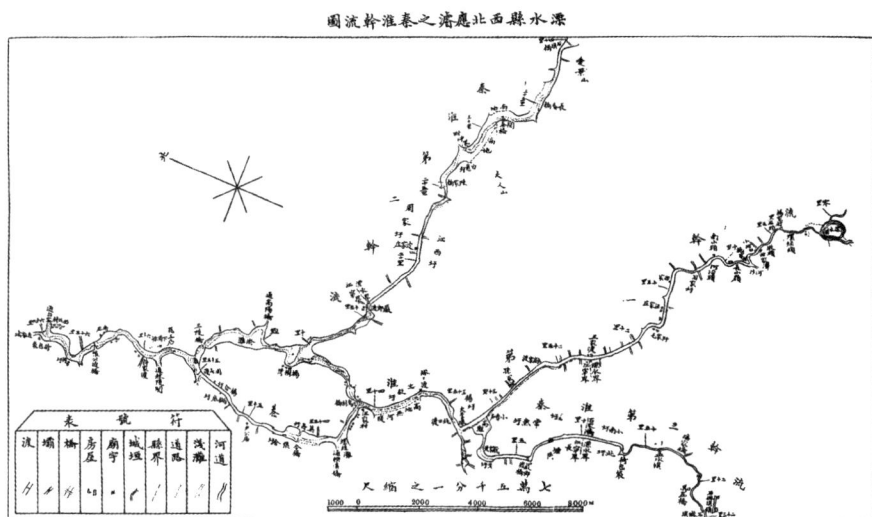

《首都志》书影

《首都志》的凡例中说："是编每一篇成，辄请益于本师柳劬堂先生，扬榷体例、补苴罅漏，获益宏多。同学周君雁石为之校雠文字、离析句读，胡君淀咸搜集材料，制佛寺、道观等表，辛勤相助，高谊可感！"《首都志》的修纂缘起及经过大致如此。

《首都志》全书 50 余万字，16 卷 24 目，依次为沿革、疆域、城垣、街道、山陵、水道、气候、户口、官制、警政、自治、财政、司法、教育、兵备、交通、外交、食货、礼俗、方言、宗教、人表、艺文、历代大事表。书分上、下两册，另有附图一册，真实、清晰地反映出南京不同时期山川地貌和古迹建筑的分布状况。

《首都志》是我国唯一一部以"首都"命名的志书。该书网罗历代南京古籍文献的记述，详尽地将见于载籍的南京三千年历史变迁编汇于一集，为了解并研究南京的历史沿革提供了较为详尽的资料。《首都志》也是中国较早的近代城市志，该志编撰体例、内容较旧志有不少突破，如气候、警政、自治、司法、外交等篇目为旧志所无；交通、礼俗、方言、宗教于旧志为附庸，该志中则蔚为大观；人物一目，历来旧志记载甚详，该志仅表其名，以省篇幅，体现了鲜明的时代特色和较为准确的取舍。该志所记纵起于建置之始，横限于管辖所及，志中图表丰富，所引资料翔实，几乎各目均有插图附表，堪补行文之不足，体现了编纂者的博学和眼光。如街道一目，以警局管辖为序，将近代南京的街道名称及原有街名、现驻官署（学校、机关）、历史事迹等列表记载，是民国时期南京最全的城市地名总录，对今日已经消失、变更的地名查询，对南京城建史的了解，有不可替代的作用。

柳诒徵先生在序言中提到："初稿成，叶先生促付手民，诒徵与王生谓是尚有待于删润，未可以璞示人。先生谓求者孔亟，曷先印行，其有罅漏，待再版时增损未晚。"故此，限于时日，《首都志》亦有不甚完善之处。如人物一目，近现代人物未曾收录，造成缺憾，而对南京当地的古迹及其他一些状况，也未能作全面的搜集和调查。尽管如此，仅仅六个月的时间就拿出了这部"循原竟委、融冶旧新"的《首都志》，无论从哪方面来看，都是令人称道的，无愧于"民国年间之良志"的美誉。

（王明发）

《太平天国史纲》

太平天国是 19 世纪中叶中国刚刚进入半殖民地半封建社会初期，农民阶级探索救国救民道路的一次大规模运动。这次运动始于 1850 年秋冬之际，1853 年 3 月攻占南京，并建都于兹，直至 1864 年 7 月失陷，1866 年 2 月南方余部在广东被歼，1868 年 8 月北方余部在山东覆亡，历时十余年，遍及十数省，沉重打击了清王朝的腐朽统治，英勇抗击了外国列强的武装干涉，大大推动了中国近代化的历史进程。

罗尔纲

太平天国失败后，与之相关的大量文献文物遭到损毁，历史真相湮没在"成王败寇"的官私文献和百姓的口口相传中。20 世纪初，革命党人出于反清需要，编造一些太平天国文献鼓吹革命，但那只是一种宣传，并非历史真实。随着清王朝的覆灭，国内外相继发现了一部分太平天国文献文物公布于世，才使得太平天国的真相露出了冰山一角，但其真实的历史究竟如何，仍多扑朔迷离，难以知晓。

1934 年夏，关押在南京监狱的新文化运动主将、中共中央原总书记陈独秀"打算做太平天国史研究"。他通过友人找来几本坊间出版的太平天国史书和一本《太平天国广西起义史》未刊稿，阅后特别赞赏那本未刊稿。当他得知该稿作者罗尔纲是个跟熟知的北京大学文学院院长胡适做学问的青年时，便托胡适转请罗来南京和他谈谈太平天国，但遭到胡的拒绝。胡适认为，陈作为革命家是有政治偏见的，怕有失史家公正，"研究不得太平天国，还是让尔纲努力研究吧"。那么罗尔纲是谁？又何以得到陈独秀、胡适两位大师这般的青睐呢？

罗尔纲，广西贵县（今广西贵港）人。1901 年 1 月 29 日出生于一个家境稍裕的书香世家。幼年入私塾受业，先后入读县立小学、中学，并在家自学，喜看各类文史、小说。1925 年 2 月进入上海浦东中学，暑假又入南京东南大学暑期学校学习，次年秋考入上海大学社会学系。1928年 8 月上海大学遭国民党查封，转入胡适任校长的上海中国公学文学系。在校期间，中国社会激烈动荡，他除努力学习外，还关心时政，参加反帝反军阀运动，发表《怎样集中革命的势力》等鼓吹农民运动和革命的文论及诗歌、小说。1930 年 6 月毕业，立志史学研究。随后应邀到胡适家，一边从事家教并整理胡父《铁花遗著》，一边跟胡氏学考证。11 月从胡适离开上海到北平工作。

由于罗尔纲在大学读过社会学，最初的志趣是中国上古史，也在这方面做过研究，曾写《春秋战国民族考》一文，并在此基础上着手写一部《春秋战国民族史》。1931 年除夕夜，胡适为慰藉罗尔纲佳节思亲的寂寞，特地把他叫到书房，细问其研究情况。罗便把写成的两章拿给胡适看。胡阅后指出，中国上古史料本身是存在问题的，用有问题的史料来写历史是不好的事。"我劝你还是研究中国近代史吧，因为近代史的史料比较丰富，也比较易于鉴别真伪"。正是在胡适的指导下，罗尔纲克服了短期的茫然，决心改做中国近代史的研究。

这一年 9 月，罗尔纲因母病返乡探视，并因贵县县中校长坚留，在贵中教书两年。1932 年秋，他偶然从一册《光绪贵县志》残本的《张嘉祥传》中，发现与晚清学者薛福成《庸庵笔记》所记《张忠武公轶事》的内容大相径庭，为辨伪求真，从此走上了研究太平天国史之路。贵县是太平天国运动的发源地。次年春，县里成立修志局，聘罗氏做特约编纂。他利用在贵中教书的课余时间，遍览广西各府州县方志及与太平天国有关的书籍，写成了一部《太平天国广西起义史》。

1934 年春，罗尔纲离开家乡再赴北平，继续师从胡适做学问。胡要他每天去北平图书馆看书，使之得以博览各种太平天国史料，来从事专题的考证与研究。10 月，罗拒绝了待遇优厚的中华教育文化基金董事会文书工作，经胡适介绍，去薪酬较低的北京大学文科研究所考古室做助理，整理艺风堂金石拓本。在近三年的工作中，他受到乾嘉学派治学方法的系统训练，并养成了一点一划"不苟且"的工作习惯和精神。

同样是在这一年的 5 月，罗尔纲应好友吴晗的邀约，参加了一个叫作"史学研究会"的学术小团体。该团体以清华大学和北平社会调查所（后并入中央研究院社会科学研究所）的青年学者为主，成员有汤象龙、吴晗、梁方仲、罗尔纲、谷霁光、朱庆永、罗玉东等十余人，由汤象龙任总务，吴晗任编辑（第二年吴因病休养，罗尔纲继任编辑），谷霁光任文书。其宗旨是"站在友谊的立场交换各人研究的心得，以尽对建设中国新史学的一点绵力"。主张史学研究应舍去以帝王将相为主体的传统模式，改以整个民族或各民族的发展为主体，关注基层社会和普通民众；按不同时代和专业分工合作，侧重社会史和经济史的研究，理论联系实际，考证和论述并重；重视史料与数据的搜集；运用社会学、经济学及统计学等多学科的理论和方法，客观地"叙述文化的进步，经济的变动，社会的变迁。"

史学研究会成员每月聚会一次，每逢春秋佳日，常常约期郊游，每年还召开年会，交流各自的研究，共商学问。当时由史学研究会主办的天津《益世报》和南京《中央日报》的史学副刊以及《中国近代经济史研究集刊》等报刊，成为他们的学术基地，发表大量研究会成员撰写的史学文论。

罗尔纲本是个离群索居的人，在大学里及毕业后，除了几个同乡外，几乎没有朋友。自从入了史学研究会，与这些志同道合又富于热情，有学养、讲友谊的朋友交往，让他潜移默化地接受了唯物史观，开阔了眼界，获得新的观点方法，尤其是考察社会经济背景来研究历史问题，他从中感受到切磋鼓励的乐趣，提高了学术水平。

按照罗尔纲的计划，要用 20 年时间撰写一部太平天国史。吴晗、汤象龙则催迫他先写一本适应一般读者阅读的简明易懂的史纲之作，作为史学研究会主编的史学丛书第一部先行问世。在写作过程中，罗听从汤氏的建议，从社会经济入手，考察太平天国运动的背景。他

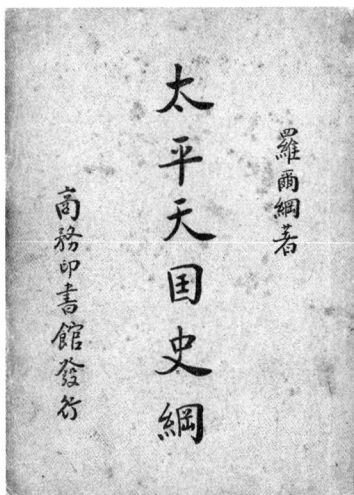

《太平天国史纲》书影

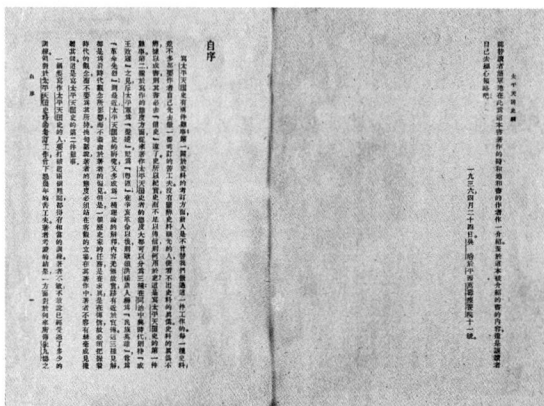

《太平天国史纲》书影

白天去北京大学文科研究所考古室工作，晚上回来自学一些社会经济学的书，撰著时着重对太平天国运动的经济背景施以浓墨重彩，并把"我们社会研究所历年所研究的成果，诸如关税、外债、厘金、货币等等，都给他以惊人的敏锐，扼要地采撷到他这部史纲来"。诚如罗尔纲《自序》所言，这部分的内容，"都是本书中最精彩的地方"。1936 年 4 月《太平天国史纲》完稿，交汤象龙带往南京，1937 年 1 月由上海商务印书馆出版。

《太平天国史纲》序言、凡例、目录 15 页，正文 134 页，从右竖排，每页 14 行，每行 45 字，全书约 9 万字。正文共分八章，分别为革命的背景（上）、革命的背景（下）、革命的酝酿及爆发、十五年战争的经过（上）、十五年战争的经过（下）、《天朝田亩制度》下的社会之展望、革命的性质及其失败的原因、革命的影响等。其中第一章和第二章的背景，分为豪强兼并、人口增加、金融外溢、连年灾荒、满人的压迫与汉族秘密会社的反抗运动、政治贪污、军备废弛与鸦片战役的影响七部分，叙述了太平天国之所以发生在那个时代的经济、民族、政治、军事等社会背景。第三章分为上帝会创立与洪冯入桂、洪冯入桂时代的广西、金田发难三部分，分析了太平天国为何会在广西酝酿和爆发的客观原因。第四章和第五章的战争经过，分为永安建国、建都天京、湘军的兴起与前半期的战局、杨韦之乱、后半期的战局、天京的陷落与余众的被扑灭六部分，讲述了太平天国从金田起义、定都南京到最后失败十五年战争的全过程。第六章分为《天朝田亩制度》的内容、制度下的社会及其制度来源、实施问题三部分，详析了太平天国纲领、理想社会、思想来源及其实施与否的具体情况。第七章分为革命的性质与失败的原因两部分，提出了太平天国是贫农的革命，其失败在于阶级和时代的局限及内外部多种因素所致。第八章则从军制、政治、财政经济（包括厘金、外人管理海关、货币变动、长江流域减赋、外债的嚆矢五点）、社会、文化及革命运动五方面，指出了太平天国对中国近代社会发展所产生的巨大影响。

《太平天国史纲》作为20世纪早期研究太平天国的专著之一，摈弃了封建史家对太平天国"发匪"、"逆贼"的诬蔑，又不同于所谓客观主义旧史家视之为"民变"，或单纯地认作是"宗教革命"、"民族革命"，首次提出了太平天国的性质是"贫农的革命"，含有民主主义的要求，并掺入了社会主义的主张，在中国历史上有它特殊的地位和意义。这种开创性的新观点，既肯定了太平天国的进步作用，也比前人的研究更接近于历史的真相。此外，该书还用较大的篇幅，最先运用社会经济学的理论方法，通过大量经济史料数据，深刻剖析了太平天国运动发生发展的社会因果关系，以及对中国近代社会的深层次影响，不仅具有说服力，也是该书的一大特色。

《太平天国史纲》出版后，时人好评如潮。全书结构严密，资料丰富，态度谨慎，是现代中国史学界里一部难得的著作。且写作极佳，文笔清畅，夹叙夹议和专事叙述亦极得体，"是一部很可读的小史"。《大公报》将其誉为一部具备时、地、人条件的好著作。1944年出版的《中国史学史》特地把此书列入唐宋以来的私修史目录，并强调："近人撰太平天国史者……以吾所知，惟罗尔纲之《史纲》着墨不多，而语语扼要，颇能详其始末。后来者虽不可知，而旧有诸作，殆恐无以胜之。"直到近年出版的美国著名学者费正清主编的《剑桥中国晚清史》还评论说："罗尔纲的《太平天国史纲》，现在仍然是最好的一部概论性著作。"

的确，《太平天国史纲》让读者耳目一新，并得以了解太平天国运动的真实，触摸到那段曾经发生在南京十多年的历史真相。这或许就是它持续几十年仍被赞誉不绝的原因吧。

（张铁宝）

《金陵大报恩寺塔志》

《金陵大报恩寺塔志》书影

明永乐十年（1412年），朱棣下令在南京长干里天禧寺旧址修建皇家寺院大报恩寺，其规格之高、用料之精、工艺之繁、气势之宏、历时之久，堪称绝唱，此后明清两代佛教建筑皆无出其右者。而其九层五色琉璃宝塔，更是登峰造极，达到中国传统造塔工艺的最高水平。

以特殊手段登上皇位的永乐帝，之所以要如此大兴土木，原因固然很多，但其中最重要的一条，就是南京长干里作为江南佛教圣地之一，始终寄托着他浓烈的宗教情怀和远大的政治抱负。因此，大报恩寺的兴建，从一开始就承载着宗教和政治的双重使命。

正是长干道场所拥有的丰富而又宝贵的佛教遗产，诸如建初寺和长干寺对江南佛教的肇始之功、六朝以来长达千余年的佛脉绵延、舍利供奉的神圣传统以及崇高声誉，加上明朝开国之君朱元璋对长干道场的重新首肯等因素，使大报恩寺注定要成为当时体现皇朝文化意志、诠释正统美学价值、展示永乐帝政治抱负的国家宗教工程。对此，明人张岱曾一针见血地指出："报恩寺塔成于永乐初年，非成祖开国之精神，开国之物力，开国之功令，其胆智才略，足以吞吐此塔者，不能成焉。"

事实上，大报恩寺的兴修，其意义确实要远远超出一般的宗教建筑。建成以后的大报恩寺及其琉璃塔，很快就成为全国最重要的地标之一，向天下臣民不断昭示着永乐朝的辉煌。更重要的是，这一建筑，还充分展示了宗教作为政治修辞的奇特功能，并让永乐帝巧妙地掩饰了当时最高权力斗争的残酷，有效地弥合了因发动"靖难之役"而产生的巨大社会裂痕。

单就宗教意义而言，大报恩寺的贡献也不可估量。大报恩寺的修建，一方面固然是对六朝以来长干道场千年佛脉的直接继承,但更重要的是开创了南京乃至江南佛教的新局面。大报恩寺在佛教制度、佛寺建筑艺术、佛经刻印流通、晚明佛教复兴运动、中西文化交流等方面所取得的一系列突出成就,使长干道场赢得了中国其他寺院难以企及的极高声誉。尤其值得一提的是,从清初开始,大报恩寺琉璃塔也在欧洲逐步成为中国建筑乃至中国文化的重要象征,家喻户晓,影响巨大。

张惠衣(1898—1960年),名任政,号莘伊,浙江海宁硖石人。还在襁褓中时即丧父,由母亲靠针线活抚养。自幼刻苦学习,曾读书于开智学堂。1916年在莫干山补习中学任教,俭省积钱进入北京大学学习。1922年开始任职浙江国学专修馆。1927年任教于南京中央大学。1930年进入北京大学研究所国学门深造。1932年应章太炎之请,在苏州振华女中任教。1936年担任中央古物保管委员会专门委员,兼光华大学、大夏大学教授。1939年在无锡国学专修馆任教授。1941年迁居杭州,后任浙江大学教授、浙江博物馆馆长。1949年新中国成立后,任浙江省文物管理委员会常务委员,主要从事教育和考古,并研究古乐府、音韵。所撰《金陵大报恩寺塔志》,对国内外具有较大影响。其他作品有《历代平民诗集》《纳兰成德年谱》《灵璪阁诗》。

该书出版发行于1937年抗日战争爆发之前。张惠衣的同学,北平研究院吴世昌所作《序言》署款为民国二十六年三月十七日(1937年3月27日),故此书之撰写应当更早一些,即至晚应为1936年。全书连同采撷书目,计分10个部分,虽只有10万字左右,而一寺千年兴替,了然于一册。其突出之处,首在网罗面广。收集资料涉及古今中外。其次为诗文部分,以清代历史、方志学者章学诚理论,用编文征之法收录诗116首,文20篇,读者借此可概览大报恩寺和琉璃塔全貌。再次是补遗部分,记载建筑规模,详至分寸;录其庙产公费,细到钱厘。于此可见作者闻见之博,搜罗之辛勤。然而,由于此书撰写于民国时期,正是中国方志由旧志向近现代新志转变时期,故其编辑方法一味地采用清代"纂辑派"手法摘录、汇编法,既不同于旧志编著方法,又不同于当代新志编写方法,致使一些资料造成建初寺是金陵大报恩寺源头之误,似为缺憾。当然,这无碍于该志和张先生对历史、方志的巨大贡献。

(杨献文)

《丹凤街》

张恨水

《丹凤街》，张恨水著，1940年1月以《负贩列传》为题开始在上海《旅行杂志》连载，因太平洋战争爆发而中断。1943年11月上海新新书店出版《负贩列传》，分上、下两集；同年12月重庆教育书店出版《丹凤街》，它是以抗战爆发前夕南京市井生活为背景的长篇小说。

张恨水，原名心远，笔名恨水、愁花恨水生、哀、梨、哀梨、归燕、於戏、画卒、逐客、报人、崇公道等，祖籍安徽潜山，清光绪二十一年（1895年）出生于江西广信府（今江西上饶），13岁赴南昌求学，后入南昌甲种农业学校。父亲病故后，又因包办婚姻离家出走，辍学自谋生路。1914年秋即为汉口一家小报做补白，同时写诗歌、小说，并开始以恨水为笔名（典出于李煜《乌夜啼》词句"自是人生长恨水长东"）。自24岁任芜湖《皖江日报》编辑起，他即一面办报，一面写小说，1919年任北京《益世报》校对兼任上海《申报》驻京记者、世界通讯社编辑，不久调任天津《益世报》记者。1924年任北京《世界晚报》副刊《夜光》编辑，次年兼任《世界日报》副刊《明珠》主编。此后数年间他在多家报纸同时连载小说，尤其是《春明外史》《金粉世家》《啼笑因缘》三部作品，让他声名大振。他的小说先在所主持的报纸副刊上连载，一方面为报纸吸引读者、提高订数，一方面也为小说扩大了影响，可谓相得益彰。

1936年，张恨水调任上海《立报》副刊《花果山》主编，不久到南京，以稿费为资本与张友鸾合创《南京人报》，张恨水任社长兼副刊《南华经》主笔，张友鸾任副社长、经理兼总编。如果说此前张恨水都是在别人的报社里打拼，《南京人报》则是张恨水自己的报纸。该报4月8日出报，首发达一万五千份。张恨水在《南华经》上同时连载《鼓角声中》和《中原豪侠传》两部新作。张恨水亦将全家从北平迁来南京，即住在丹凤街口的唱经楼，《丹凤街》的素材渐在心中蕴蓄。1937年七七事变后，社会动荡不安，报纸发行锐减，张恨水又患病，至十二月初不得不停刊。1938年初，张恨水与张友鸾、张慧剑同时担任重庆《新民报》主笔，时有"南京三张"之誉；也就是在这时，张恨水完成了《丹凤街》的创作。抗战胜利后张恨水去北平，任《新民报》北平版经理并主编副刊《北海》；1948年底中风，几乎丧失写作能力；1949年后历任全国政协委员、文化部顾问、中央文史研究馆馆员，1967年病逝。张恨水一生著有中、长篇章回小说一百多部，其中多部被改编为影视剧。

近年来，研究者对于张恨水小说的评价渐趋客观，认为他的一系列优秀作品，热诚关心并积极再现社会现实，不仅继承了传统章回小说的特点，同时吸取了西方小说的某些技巧，使传统形式与现代社会生活相适应，章回体与新文学相融洽。他的小说虽通俗，却追求词章笔法的典雅，所以能雅俗共赏，大大提升了中国通俗文学的水平。

张恨水在南京生活时间虽不长，却对南京留下了深刻的印象，写出了多部以南京为背景的长篇小说，如《秦淮世家》《石头城外》《满江红》等。尤其是抗日战争爆发后，沦陷中的民国首都南京成为他的一种精神寄托。《丹凤街》即产生于这样的背景之下。作者在《自序》中写到，创作《丹凤街》的触发点，是他在南京办报时期，"每夜自报社归，见受训市民，于街灯尚明中，辄束装裹腿，成群赴夜校操练"，"每一口令下，持械枪上刀，动作敏捷，宛如军人"，听说这样的壮丁南京大约在二十万名，"私念一城之壮丁如此，全国可知。即此一事，将不患与倭人一战矣"。他还专门在清晨去观察他们下操时的情景："晨操既毕，壮丁散队回家，陆续去其武装，一一验之，则其人也，非商店中持筹码算盘者，即街头肩挑负贩之流。平日视其行为，趋逐蝇头之利，若不足取。而其一旦受军事训练，则精神奋发，俨然干城之寄，人之贤不肖，孰谓为一定不移之局乎？"因此，张恨水当时就打算选取其中的若干人物作为创作素材。听到日寇在南京疯狂大屠杀的消息，他不免为这些人担心："则我当日所见去其扁杖竹箩束装裹脚步以受训者，有若干恐不免于难矣！一念至此，心辄凄然。"他深知这些人"大半有血气，重信义，今既受军训，更必明国家大义，未可一一屈服，若再令其有机会与武器，则其杀贼复仇，直意中事耳"。

张恨水对于都市风情、市井生涯有着敏锐的观察力，尤其擅长描写小人物的悲欢离合，以街头巷尾、茶馆酒肆中发生的琐碎生活细务，写出他们的希望与失望、挣扎与挫败，写出他们的平平常常与轰轰烈烈。《丹凤街》的故事也同样如此。菜贩何德厚欲将亲甥女陈秀姐卖给赵次长做姨太太，引起童老五、杨大个子等菜贩的不平，他们在设法帮助秀姐母女，而为赵次长作媒的许樵隐，则设下毒计，由放高利贷的梁胖子出面，软硬兼施，诱秀姐母女落入圈套。童老五等人打算邀人打会筹款代秀姐还债，不料有年轻人气不忿，夜间用屎罐子砸了许樵隐，许樵隐趁机出动警察要抓童老五这一班朋友。陈秀姐不愿街坊朋友为她受难，只得同意提前"结婚"。到第十二章《新人进了房》，陈秀姐沦入豪门，童老五奉母离城回乡，他们常聚会的茶馆伙计洪麻皮也因此失业，故事暂告一段落。

杨大个子之妻得知秀姐母亲孤独思女，而秀姐则被幽居在城南某处，不许与亲人相见，且赵家大老婆已扬言要不利于秀姐。杨大嫂生性豪侠，扮作缝穷妇人到城南暗访，居然被她找到秀姐被困之地。秀姐巴望脱出囚笼，杨大个子遂下乡找到童老五、洪麻皮，商定救人之法，先将秀姐母亲接到乡间居住，再安排妥当接秀姐出城，不料功亏一篑，被许樵隐手下偷听到消息，赵次长在最后关头截住秀姐，并再次以朋友们的安危，逼迫秀姐随他前往上海，不久传说秀姐病死。来年清明，童老五进城，和朋友们在秀姐家老屋祭奠秀姐，看到正在受军训的杨大个子等人，他们的精神感染了童老五，他决定回城来参加军训，准备打日本。这一群菜贩伙计，从此成了"丹凤街"的英雄。

张恨水说，这本《丹凤街》原打算

《丹凤街》书影

写成上、下两大部，"一部写肩挑负贩者之战前生活，一部则为战时景况"。但他考虑到，"南京屠城之惨，及市民郊外作游击战之起，不容以传闻幻想写之"，所以在重庆时仅完成了战前生活的部分。他以《丹凤街》作为书名，就是因为特别重视这个地方，希望"他日回归丹凤街头，访其人而面谈之，更写有声有色之一页也"。但抗战胜利后他没有机会再来南京，《南京人报》1946年在南京复刊，是张友鸾先生主持的。这一夙愿，也就未能实现。

在《丹凤街》中，张恨水对丹凤街一带街景市况、风俗民情做了栩栩如生的描绘，行文中大量运用南京方言，都使老南京读者感到分外亲切。南京当年商市繁茂，市民以商贩为业者尤多，这些人正如作者所描写的，为了几十个铜线，可以争执吵打，但为了朋友义气，则可以两肋插刀。张恨水相信他们在受军训明道理之后，就会是抗日救国的生力军："友朋之难，死以赴之，国家民族之难，其必溅血洗耻，可断言也。"他高度赞扬他们："'礼失而求诸野'，这是中国古圣贤哲承认的一句话。但仁又失而求诸下层社会，倒是一般人所未曾理会得到的。"正因为官绅权贵们的为富不仁，所以"仁"这个封建道德的核心，竟也是由下层社会的负贩在担承着啊！

（薛　冰）